JN114892

駿台受験シリーズ

現代文読解 基礎ドリル 改訂版

池尻俊也　著

駿台文庫

はじめに

「わからないことがあったら、質問にきてください。」

この一言で、先輩の先生から涙が出るほど怒られました。私が大学生のときです。地元の小中学生相手の塾で講師のアルバイトをしていたときでした。授業が終わり、冒頭の言葉を何気なく口にして教室を出たとたん、先輩の先生が怒りだしたのです。「おまえは教師失格だ」と。

最初、なぜそこまで言われるのか、まったく理解できませんでした。しかし、先輩の話を聞いているうちに納得ができたのです。先輩の話をまとめると、次のようになります。

授業の内容がわからない生徒は、自分が「何がわからないのか」がわからないのだ。どの部分がわかっていないのかをわかっていれば、それはかなり優秀な生徒だ。「何がわからないのか」がわからない生徒に、「わからないことがあったら、質問にきてください」と言えば、その生徒は質問に来られなくなってしまうではないか。

以上のような趣旨の話を、実際はかなりコテコテの関西弁で（ラ行の発音が「R」の巻き舌になっていたのが記憶に残っているのですが…）聞かされました。初めは頭ごなしに言われた反感が大半を占めたのですが、しばらくして、まったくその通りだと思えるようになってきました。それ以来、「わからないことがあったら、何がわからないのかがわからなくてもいいから、質問にきてください。『先生、さっきの説明、まったくわかりませんでした』でもいいから」と言うようになったのです。

さて、現代文の問題集の冒頭になぜ、このような個人的回顧からはじめたのかといいますと、この経験が本書の根底にあるからです。この問題集は、現代文という科目について、「何がわからないのか」がわからない、あるいは、何をやったらいいのかわからない、という人に手に取ってほしいのです。長くて難しい文章を読み、内容説明やら理由説明やら空所補充やら知識問題やら、様々な設問を解いてはみたものの、今一つ成長が実感できない生徒のために書いてみたのが本書なのです。

本書は、比較的に短い文章（基本的には1ページ）を問題文とし、ポイントを明確にした設問に絞り込む形式で作成しました。使用方法は後で詳しく述べますが、先に求められる読み方・解き方を理解してから、実際に問題を繰り返して解くことで、本文の何に注目すればよいのか、設問で何が問われているのか、を具体的に理解できるように作成しています。つまり、学習のポイントが各章ごとにはっきりとつかめるようにしているのです。

本書で学んだ人が、現代文という科目について、どう読み、どう考えればよいのかをつかみとってくれたら、何より嬉しいです。

著者

本書の構成と使用法

◆本書は、評論12章、小説2章の全14章で構成されています。

1　読解法を確認！

各章冒頭の導入を読みましょう。基本的には、その章で学習する読解法の簡単な説明とわかりやすいイメージ図を掲載しています。ここをよく読んで、求められている力を具体的につかみとりましょう。

2　演習問題で読解法をマスター！

冒頭の導入で確認した内容を使いこなしつつ、目標時間内で解くことを意識してください。本書では各章4題～5題ずつのポイントを絞った演習問題を実際の入試問題から抜粋するなどして掲載しています。反復演習することにより、その章で学習すべき読解法をマスターしてください。

3　「解答・解説」で確認！

正解の場合でも、学習した読解法を使って解くことができたかを確認しましょう。解説に示された問題文のポイントが自分でもチェックできていたかどうかをもう一度見直してみてください。

4　「復習問題」にチャレンジ！

第6章、第12章、第14章の後には「復習問題」を掲載しています。やや長めの文章にチャレンジし、それまで学習した内容が身についているかを確認しましょう。

5　「check!」問題で知識の確認！

各ページの下段には、問題文（------部）や設問に登場する語に関しての知識問題をつけました。やや難しめの問題もありますが、気軽にクイズ感覚で解いてみるといいでしょう。ただし、漢字問題は共通テストレベルのものがほとんどですので、正解できるようにしておきましょう。

◆最終章まで解き終わったら、もう一度解きなおしてみましょう。現代文という科目で求められている読み方・解き方が最初よりもはっきりとイメージできるはずです。「継続は力なり」です！

目次

第1章　「論」と「例」①

文章の基本構造「論」と「例」をつかむ

本章では、「論」と「例」の関係に注目して文章を読み、問題を解く練習をします。文章の中心には筆者の主張があります。それは、**筆者の抽象的な意見・考え**によって構成されています。これを「**論**」と言います。文章は、「論」だけではわかりにくいので、それをサポートする**例示や引用**、たとえなどを示します。これをひとまず「**例**」という呼び名でくくります。

イメージとしては、次の通りです。

論＝**筆者の意見・考え（抽象的）**
例＝**「論」をサポートする例示・引用・比喩など（具体的）**

さらに大切なことは、多くの場合、この「例」をはさんで「**論**」**の内容が繰り返される**という、一種のサンドイッチのような構造になっていることです。イメージとしては、次の通りです。

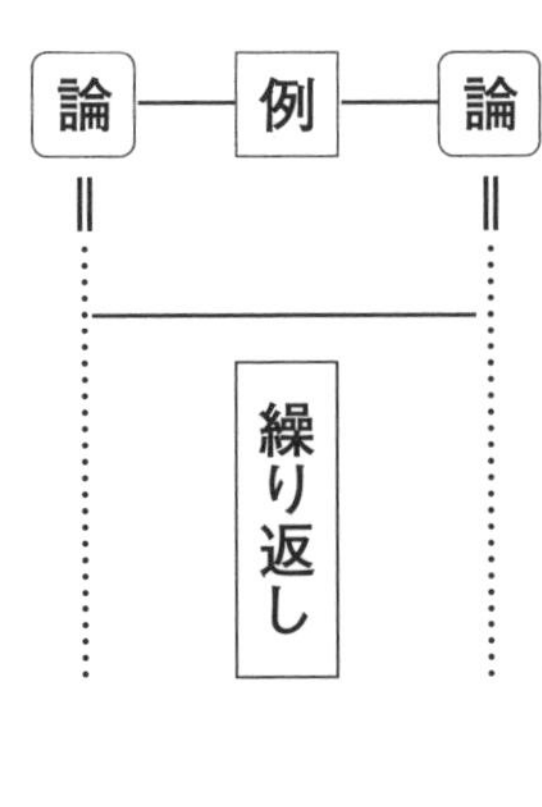

●具体的な手順

1　文章を読みながら「例」になっている部分をさがします。できれば、（　　　）でくくってみましょう。

2　設問を解くときは、先に示したイメージを意識して、空欄部もしくは傍線部が関係する「論」と「例」の関係を整理してみましょう。**「例」をはさんだ「論」の繰り返し**に注目できれば大丈夫です！　ちなみに、第1章では、「例」の前後の「論」が空欄部もしくは傍線部になっており、もう一方の「論」を見れば、答えが出るようになっています。

では、全問正解目指してチャレンジしましょう！（目標時間も忘れずに！）

演習1　目標時間4分

私は、一九九五年に刊行した『宗教クライシス』以来、現代日本人の空しさの核心は、自分がどこまでも交換可能であるという意識からくる、「かけがえのなさの喪失」だということを訴え続けてきた。『宗教クライシス』では、その前年に起きた「オウム真理教事件」を受け、一見豊かで何の不足もなく見える若者たちがあのような事件を引き起こしてしまう背景にあるのは、若者たちに広がる「空しさ」であり、そうした「かけがえのなさの喪失」は、若者だけに限らず日本社会全体に広がっており、右肩上がりの経済成長の利得によってその「空しさ」の構造は覆い隠されてきたが、いまや日本全体がそこに直面させられていると、問題を提起した。それにもかかわらず、一九九五年の時点ではそういった指摘はまだまだ「　X　」として受け取られることが多かった。「こんなに豊かな社会なのに、いまの若者はどうしてあんなに元気がないんでしょうねえ」「いまの若者にはどうしてこんなに夢がないのかねえ」と、年長世代は若者を奇異の目で見ていたのだ。

しかし、それからの十年は、そうした「交換可能」の空しさ、かけがえのなさの喪失が若者だけに限らず、年長世代にも広がっていることが実感させられる時代だった。一生勤められると思っていた会社からある日突然リストラされる。「お前のような人間はいくらでもいるから、別にお前でなくてもいいのだ」と言われるのである。そしてそのときに私たちは、それまで会社にとっても仲間にとっても「かけがえのない存在」であると信じていた自分の存在が、どこまでも交換可能なひとつの部品でしかなかったという事実に直面するのである。

（上田紀行『生きる意味』）

問　空欄Xに入る語句として最適なものを一つ選びなさい。

①　現代世代論　②　現代社会論　③　現代若者論
④　現代経済論　⑤　現代青春論　⑥　現代批判論

check!　漢字　語句　文学史

〈覆い隠されて〉

▼「覆」を用いるものを選びなさい。

①　薬をフクヨウする
②　フクスイ盆に返らず
③　ある地震の最大シンプク
④　フクシキ呼吸
⑤　意識がカイフクする

答　②（服用・覆水・振幅・腹式・回復）

演習2

目標時間6分

学習日　／

学習日　／

私の少年の頃は、手まわしの蓄音機で、一枚毎に針を換えながら、両面で十分あまりのSPレコードをかけるのがふつうであって、電気蓄音機などを持っているのは特権階級と言ってよかった。だが、戦後になって、手まわし蓄音機は姿を消し、SPはLPへ、LPはCDへと急速に姿を変えた。そのことによって、扱い方の点でも、音質の点でも、思いもかけぬほどの進歩が見られるのである。

だが、このことが、レコードとの関係を次第に稀薄なものにしていったように感じられる。かつて、おさない私は、貧弱で分解力の弱いSPレコードに耳をすりつけるようにして、その奥にあるものを何とか聴きとろうとした。だが、今や、レコードそのものが、われわれの努力の大半を代行してくれている。特に聴覚を緊張させようと試みなくても、レコードの方で、精密に分解され再現された音を、われわれの耳に運んできてくれる。かくして、われわれの耳は、おのずから、受け身の、怠惰なものと化するのだ。

（粟津則雄『世紀末文化私観』）

問　傍線部「このことが、レコードとの関係を次第に稀薄なものにしていったように感じられる」とあるが、これはどのような意味か。その説明として最適なものを一つ選びなさい。

① レコードの質的向上は、扱いの点でも音質の点でも飛躍的な恩恵をわれわれにもたらした反面、音楽を聴くという行為から主体性を失わせてしまったということ。

② レコードが扱い方の点で進歩したことは、手軽に聴けるという音楽享受の新たな可能性に道を開いた反面、聴くことがなかば習慣化したために、その新鮮さが失われてきたということ。

③ レコードの普及は、特権階級のみが享受することのできた音楽を身近なものにした反面、音楽を聴くという行為に対する執着心を失わせてわれわれを怠惰にしたということ。

④ レコードの進歩向上は、われわれを煩雑な操作から解放した反面、よりよい音を獲得するために装置に工夫をする熱意を奪い、聴き手を受け身にしてしまったということ。

⑤ レコードが扱い方や音質の点で進歩したことは、聴き取りやすさの点で多大な恩恵をもたらした反面、繊細な音を聴き分ける耳の機能をおとろえさせてしまったということ。

漢字　語句　文学史

〈蓄音機〉

▼「蓄」を用いるものを選びなさい。

① システムをコウチクする
② チクバの友
③ チクサン業が盛んな地域
④ 事件をチクイチ報告する
⑤ ガンチクのある言葉

答 ⑤（構築・竹馬・畜産・逐一・含蓄）

演習3

目標時間5分

子どもたちが生まれてはじめての買い物をしたときに、どんな印象を受けたでしょうか。それほどむずかしい想像ではありません。

それは「お金には色がついていない」ということです。

正味の人間として社会関係の場に出現した場合、四歳の子どもを交渉相手として対等に遇してくれる大人はまずいません。けれども、お金を使う人間として立ち現れる場合には、その人の年齢や識見や社会的能力などの属人的要素は基本的に誰もカウントしない。そこで使われるお金の多寡だけが問題で、誰がそれを使うかということには誰も顧慮しない。それが「お金の［X］」という特権的性格です。ですから、社会的能力がほとんどゼロである子どもが、潤沢なおこづかいを手にして消費主体として市場に登場したとき、彼らが最初に感じたのは法外な全能感だったはずです。

幼い子どもがこの快感を一度知ってしまったら、どんなことになるのかは想像に難くありません。子どもたちはそれからあと、どのような場面でも、まず「買い手」として名乗りを上げること、何よりもまず対面的状況において自らを消費主体として位置づける方法を探すようになるでしょう。当然、学校でも子どもたちは、「教育サービスの買い手」というポジションを無意識のうちに先取しようとします。彼らはまるでオークションに参加した金満家たちのように、ふところ手をして、教壇の教師をながめます。

「で、キミは何を売る気なのかね？ 気に入ったら買わないでもないよ」

それを教室の用語に言い換えると、「ひらがなを習うことに、どんな意味があるんですか？」という言葉になるわけです。

（内田樹『下流志向』）

問 空欄Xに入る語句として最適なものを一つ選びなさい。

① 一元性　② 可算性　③ 軽量性
④ 多様性　⑤ 透明性　⑥ 偏在性

check!　漢字　語句　文学史

〈多寡〉
▼意味を答えなさい。
▼「寡」を用いるものを選びなさい。
① 衆カ敵せず
② カ人薄命
③ 十字カ
④ カ報は寝て待て
⑤ 手カ減を加える

答 ▼多いことと少ないこと。多少。
▼①（寡・佳・架・果・加）

演習4

目標時間 5分

西欧においては、時間は直線的なものであり、したがって次第にもとの地点から遠ざかり、[X]と[Y]をもたらすものと考えられていた。西欧美術の図像表現において、「父なる時」が、しばしば「死神」と同じく、大きな鎌を手にした老人の姿で表わされるのは、そのためである。シェイクスピアは、『リュクリースの凌辱』のなかで、「時」に対して、

お前は存在するすべてのものを育み、そしてまた、すべてのものを滅ぼす。

と語りかけている。

＊アーウィン・パノフスキーは、「時」の持つこのような破壊力を示すために、「時の歯」という言い方もしばしば用いられたことを、多くの例を挙げて説いている。例えば、シェイクスピアの『異釈報尺』のなかの次のような公爵のせりふがその例である（第五幕第一場）。

おゝ！　お前さんの功労は著明の事実である。当然、黄銅の文字に刻んで、「時」の歯も、「忘却」の鑢も及ばない処に安置してでも置くべきであるのに、それをば誰も知らない胸の牢獄内に蔵っておくなんぞは、済まんことだ。

（坪内逍遙訳）

また十七世紀に出版された図版集『妬み深い時の歯の破壊を免れたローマ彫刻百選』の扉頁には、大きな鎌を持った「父なる時」が、文字通り大きく歯をむき出して＊「ベルヴェデーレのトルソ」をかじっている図が掲載されている。つまり「時」は危険な破壊者にほかならない。その「時」の容赦ない破壊作用と忘却作用に抵抗して記憶を永続させるために、堅牢な材料によるモニュメントが造られたのである。

（高階秀爾『記憶の遺産』）

---

check!　漢字　語句　文学史

〈挙げて〉

▼「挙」を用いるものを選びなさい。

① 反撃のキョに出る
② キョシュウを決める
③ キョを構える
④ キョシ的に見る
⑤ 相手のキョをつく

＊アーウィン・パノフスキー――ドイツ生まれの芸術史家。

＊ベルヴェデーレのトルソ――バチカンの展望室（ベルヴェデーレ）にある彫刻。

答 ①（挙・去就・居・巨視・虚）

問　空欄Ｘ・Ｙに入る語として最適なものをそれぞれ一つずつ選びなさい（順不同）。

①　忘却　②　神性　③　歴史　④　親和

⑤　永遠　⑥　距離　⑦　芸術　⑧　破壊

check!　漢字　語句　文学史

〈坪内逍遙〉

▼作品を一つ選びなさい。

①　高野聖

②　当世書生気質

③　蒲団

④　武蔵野

⑤　不如帰

答　②（①泉鏡花　③田山花袋　④国木田独歩　⑤徳冨蘆花）

第2章 対比①

論理的関係をつかむ（対比）

本章では、**対比関係**に注目して文章を読み、問題を解く練習をします。「ヨーロッパでは〜だが、日本では…だ」「昔は〜だったのに対して、今は…だ」といった言い回しはよく目にしますね。このような対比関係に注目すれば、筆者の言いたいことを理解できますし、設問の意図をつかみやすくなります。イメージとしては、次の通りです。

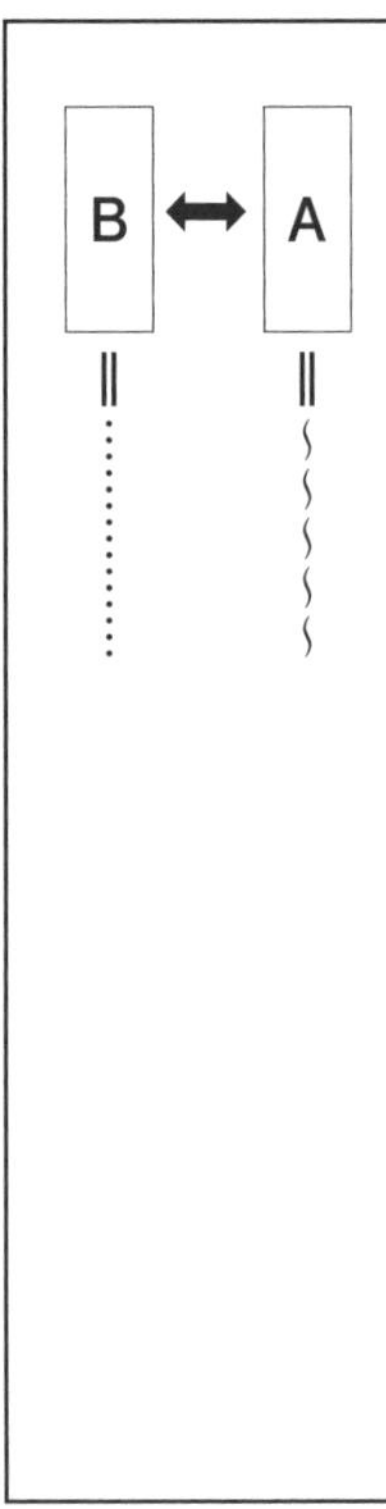

もう少し具体的にすると、

〈文　章〉ヨーロッパの人は、家の中で靴を履くのに対して、日本人は、家の中で靴を脱ぐ。

↓

〈対比関係〉

ヨーロッパの人 ＝家の中で靴を履く

⇔

日本人 ＝家の中で靴を脱ぐ

という感じです。この構造を意識しながら、問題を解いていきましょう。第2章では、比較的わかりやすい対比構造の問題を並べました。全問正解だけでなく、できれば先に示した対比構造を自分で書いてみましょう。なお、解説では対比関係になっている部分に「――」線と「……」線を引いてあります。このマーキングも真似してみてくださいね。

●具体的な手順

1 **「何と何が対比関係になっているのか」**（差異・違い）を意識しながら本文を読みます。そのとき、自分で対比関係になっている部分に線を引きましょう。

2 線を引いた部分を手掛かりに、設問を解いてみましょう。
※ここまでを目標時間内でやってみましょう。

3 正解を確認しましょう。そのとき、「何と何が対比関係になっているのか」を自分で書いて確認してみましょう。

演習５　目標時間３分

記憶と憑依（ひょうい）というふたつの要素は、能の発達史上、重要な役割を果たしてきた。観阿弥＊は『卒塔婆小町（そとばこまち）』のように死者の霊に取り憑（つ）かれることで人が狂気に陥るという作品を書いた。この〈死者の霊〉を、抑圧され、いつか本人の意志に反してよみがえり、その人を苦しめる記憶の像と重ねて考えることもできるだろう。世阿弥は、狂気を観阿弥とは違った形で捉えた。世阿弥の能では、女たちが子供や恋人を奪われ、この〈喪失〉が原因で狂気に陥る。死者に取り憑かれて気が狂うという話はなくなる。が、だからと言って能の舞台から死者たちが姿を消したわけではなく、世阿弥は死者たちに別の姿形を与えた。死者たちは、夢幻能では、身体を伴って舞台に現れることができるようになったのだ。この霊たちは、まるで記憶の像が、身体を与えられ、言葉を話せるようになったかのように舞台に現れる。

（多和田葉子『身体・声・仮面』）

問　傍線部の内容として最適なものを一つ選びなさい。

①　死者たちの霊が現世によみがえり、怨念（おんねん）に憑かれた霊が夢幻の世界をひきずって舞台に現れるようになったこと

②　死者の霊に取り憑かれて、狂気に陥った人たちの霊が現れるようになったこと

③　死者の霊に憑依されて死んだ女人の話が、怨霊の復讐譚（ふくしゅうたん）として姿を変えて舞台に現れるようになったこと

④　死者の霊が憑依して狂気に陥った話が姿を消し、死者たちの霊が身体を与えられて舞台に現れるようになったこと

check!　漢字　語句　**文学史**

〈世阿弥〉

▼(1)活躍したジャンル　(2)活躍した時代　(3)代表的な著作を答えなさい。

＊観阿弥――世阿弥の父。

答　(1)能楽　(2)室町時代　(3)風姿花伝

演習6　目標時間5分

現代のアメリカ有数の人気劇作家ニール・サイモン（一九二七〜）の『おかしな二人』は、観客を笑わせるための趣向が基本的にはひとつしか含まれていない喜劇――いわゆる「ワン・ジョーク・コメディ」の典型である。この喜劇の中心人物はふたりの中年男だが、そのうちのひとりは非常にだらしなくて整理能力を欠いており、もうひとりは極度に几帳面（きちょうめん）で整理癖がありすぎる。このふたりが共同生活を送るという状況を設定し、そこで生じるさまざまの滑稽な現象を描いたのが、『おかしな二人』である。

ただ、一幕物ならまだしも、多幕物の喜劇をただひとつの趣向を用いて成立させることには、実はかなりの無理がある。もちろん、たとえばシェイクスピアの『間違いの喜劇』は双生児という設定によって、またゴルドーニの『主人二人の召使アルレキーノ』は一人二役という設定によって成立している。だから、これらの喜劇もただひとつの趣向しか用いていないと言えないことはない。だが、シェイクスピアの喜劇やゴルドーニの喜劇とサイモンの喜劇とのあいだには、重要な違いがある。すなわち、双生児や一人二役という設定は、当の人物だけでなく他者をも巻きこんで混乱を起こす。別の言い方をするなら、こういう設定は人物の内面的なあり方ではなくて、人物と状況との関係に関わっている。だからそれには、相当な長さをもった喜劇をもちこたえさせるだけの力がこもっている。ところがサイモンの作品の基本的設定は、ふたりの中心人物の性格ないし性癖に依存しているにすぎない。ふたりのあいだの《性格の不一致》は、いったん具体的に示されたら、それで終わりなのであり、当人以外の人物を巻きこんで混乱を次々に起こす力をもっていない。つまり『おかしな二人』とは、設定について無理をした結果、傑作になりそこねた喜劇なのだということになる。

（喜志哲雄『喜劇の手法』）

問　傍線部について、「設定について無理をした」とはどういうことか。最適なものを一つ選びなさい。

① 中心人物と外的状況との関係を描くことによって、相当な長さをもった喜劇をもちこたえさせようとしたこと。
② 中心人物だけでなく、他者をも巻きこんだ混乱を起こさせることで、一幕物の喜劇を成立させようとしたこと。
③ 中心人物の対照的な性格から生じる滑稽な現象を描くというひとつの趣向で、多幕物の喜劇を作ろうとしたこと。
④ 中心人物の性格を極端に滑稽なものにするというひとつの趣向を用いて、短い喜劇に仕立て上げようとしたこと。
⑤ 中心人物の性格の不一致を、様々な趣向を用いて描くことで、多幕物の喜劇をもちこたえさせようとしたこと。

check!　漢字　語句　文学史

〈シェイクスピア〉
▼作品をすべて選びなさい。

① オセロ
② 人形の家
③ 月と六ペンス
④ グレート・ギャッツビー
⑤ ロミオとジュリエット
⑥ クリスマス・キャロル
⑦ 罪と罰
⑧ ハムレット

答 ①・⑤・⑧
（②イプセン　③モーム　④フィッツジェラルド　⑥ディケンズ　⑦ドストエフスキー）

演習7

目標時間5分

学習日 ／
学習日 ／

実は、日本語でいう意味の「近代文学」は、日本近代文学の規範となった英文学やフランス文学には存在しない。英文学やフランス文学の歴史は、「古典文学」と「近代文学」とに分かれる。そして「古典文学」とは、昔ギリシャ語とラテン語で書かれた文学を指し、「近代文学」とは、もとは「口語俗語」であり、今は〈国語〉となった言葉で書かれた文学のすべてを指すのである。ということは、十七世紀に書かれた文学でも「近代文学」である。中世期、まだ「出版語」として確立されていない「口語俗語」で書かれた文学は初期近代とよばれることが多いが、そのあとは、十六世紀文学、十七世紀文学、十八世紀文学、十九世紀文学、二十世紀文学などとなるだけである。「西洋の衝撃」を受けなかった英文学やフランス文学は、「出版語」が確立してからは、まっすぐに通った一本の道を、数百年にわたって、過去から現在、現在から過去へと自在に行き来できる文学であり、ここから先が「近代文学」だという断絶はない。断絶があることによって、近代文学という概念が存在するのは、「西洋の衝撃」を受けた非西洋の国々の文学、そのなかでも、かつては別の文学の伝統をもっていた国々の文学においてのことなのである。

「西洋の衝撃」は、非西洋に文学の断絶――究極的には、文化の喪失そのものを強いる。

日本近代文学がおもしろいのは、日本が近代以前から成熟した文学的な伝統をもっていたおかげ――まさに、漢文も含めた長い文学の伝統、しかも、市場を通じて人々の間に広く行き渡っていた文学の伝統をもっていたおかげである。日本の文学は、「西洋の衝撃」によって、〈現実〉の見方、そして、言葉そのもののとらえ方に「曲折」を強いられた。世界観、言語観のパラダイム・シフトを強いられた。だが、日本の文学はその「曲折」という悲劇をバネに、今までの日本の〈書き言葉〉に意識的に向かい合い、一千年以上前まで遡って、宝さがしのようにそこにある言葉を一つ一つ拾い出しては、日本語という言葉がもつあらゆる可能性をさぐっていった。そして、新しい文学として生まれ変わりながらも、古層が幾重にも重なり響き合う実に豊かな文学として花ひらいていったのである。

（水村美苗『日本語が亡びるとき』）

問　傍線部の特徴として最適なものを一つ選びなさい。

①　英語やフランス語などの普遍語で書かれていたこと
②　「西洋の衝撃」による断絶によって生まれたこと
③　外部からの直接的影響を受けなかったこと
④　古典語から「口語俗語」へと移行したこと
⑤　「口語俗語」で執筆・出版されたこと
⑥　十七世紀以降に書かれていたこと

漢字　語句　文学史

〈パラダイム・シフト〉
▼「パラダイム」の意味として最適なものを選びなさい。
①　理想的な存在様式
②　特定の地域独特の文化のあり方
③　特定の時代における考え方の枠組み
④　言葉を別の言語に変換すること
⑤　特定の考え方を他者に強制されること

答　③

一般に西欧の社会では、労働を中止する日すなわち休日のことを二様に表現するならわしがあった。ヴァケイション vacation とホリデイ holiday がそれである。前者の vacation はラテン語の vacare 'to leave (one's house) empty' に由来し、家のなかを空にして外に出ることを意味する。家のなかを空にして外をぶらぶら歩いていくことであるから、それはまさに「遊び」の原点を指しているといってもいい。その意味でヴァケイションという休日は、「遊び」そのものをあらわす休日であった。

これにたいして後者の holiday は、むしろ家のなかにとどまって共同体にとっての聖なる日 holiday を祝うことを意味した。ぶらぶら歩きどころか、家のなかに閉じこもって祈りと感謝の時間を過ごす一日であったといってよい。その点では、遊びごころとは対極に立つ禁欲の一日であったといわなければならない。

みてきたように、休日を意味する vacation と holiday は、もともと労働を中断するという点では共通していた。しかし労働を中断するとはいっても、そこに家を離脱する行動パターンと家に残留する行動パターンという二つの型があったということに、ここでは注目しよう。さらにいえば休日というものが、遊びに向かう面と身を慎む面という、二つの正反対の顔をもっていたということである。

その休日のなかで遊びに向かう面がしだいに強調されて、今日のヨーロッパにおける余暇とかレジャーの過ごし方へと引きつがれていったのであろう。家を空にしてぶらぶら歩きをするヴァケイションの効用がもてはやされてきたのである。その結果、もう一方の身を慎んで聖なるものに対面しようとする態度が薄れていった。生活環境がすべて近代化の波に洗われていくなかで、聖なるものと俗なるものが区別され、それに応じてヴァケイションとホリデイが機能分化をとげてしまった。遊びは聖日から切り離され、ひとり歩きをして今日にいたったのである。

これにたいして日本の場合はどうだったのだろうか。今日、一般によくいわれることであるが、日本人は休日の過ごし方が下手であるという。レジャーや余暇の時間をもてあます、遊びごころを知らない仕事中毒の人間であるという。そこには一面で、思い切って家を空にすることのできない心性が表白されているのではないだろうか。休日の過ごし方として、家を空にするヴァケイションの習慣がついに身につかなかったのだといってもよい。あるいは、休日とはかぎらずにむやみに家を空にすること自体に、何らかのうしろめたさを感ずるということであったのかもしれない。かならずしも家にこもって身を慎んだり聖なるものを祝ったりするわけではないにしても、しかし家を離れることにある種の

---

check! 漢字 **語句** 文学史

〈共同体〉

▼意味として最適なものを選びなさい。

① 金銭や利害関係で結ばれた集団
② 地縁や血縁で結ばれた集団
③ 一定の社会的責任や役割を担う集団
④ 生計を共にする家族集団
⑤ 精神的に自立・独立した個人の集合

答 ②

罪責感のようなものを感じつづけてきたのではないだろうか。あえていえば、日本の社会では休日という考えに含まれるヴァケイションとホリデイの二つの機能が、ヨーロッパにおけるようにうまく分離しなかったように思うのである。それが何ごとによらず、遊びごころと身を慎む心性を未分化のまま結びつける作用をはたすことになったのであるにちがいない。

（山折哲雄『近代日本人の美意識』）

問　傍線部の説明として最適なものを一つ選びなさい。

① 労働を中止し家を出てぶらぶら歩くヴァケイションは、本来は低俗なものであると考えられ軽視されてきたが、レジャーとして様々な遊びが作られると、聖日に匹敵する価値が認められるようになってきたこと。

② 西欧では本来、遊びは家の中に留まる宗教的な聖日においても行われるものであったが、休日に家の外に出ることが多くなると、聖日の過ごし方としての遊びの意味がしだいに薄れていったこと。

③ 西欧において労働の中止はもっぱら身を慎む期間を意味し、遊びに向かう側面は本来なかったのであるが、遊びが生活環境の近代化の中で休日の過ごし方として位置づけられるようになると、後にレジャーの考えと結びつくようになったこと。

④ 西欧における休日には家を出ることと家で身を慎むこととの二つのパターンがあったが、ヴァケイションの効用がもてはやされると、聖なるものに対面しようとするホリデイの面が弱まり、家を出て遊ぶ側面が強まったこと。

⑤ 西欧においてもてはやされたヴァケイションの効用は、日本においても多くの人に受け入れられるようになったために、もはや西欧だけのものではなくなり、ホリデイとは異なる独自の機能を獲得していったこと。

---

check! 漢字 語句 文学史

〈匹敵〉（問①）

▼「匹」を用いるものを選びなさい。

① □夫の利
② 三□の礼
③ □山の石
④ □夫の勇
⑤ 四□楚歌

答 ④（漁夫の利・三顧の礼・他山の石・匹夫の勇・四面楚歌）

※それぞれの意味を確認しておこう。

第3章　リニア①

論理的関係をつかむ（リニア）

いきなり「リニア」ってどういうことでしょう？　これは「LINE」の派生語「LINEAR」のことで、つまり「直線状の」という意味の言葉です。現在工事中の中央新幹線で使われる「リニアモーターカー」の「リニア」ですね。本章では、「変化」「因果」といった関係性について学習するのですが、これらの関係性をひとまとめにすると「リニア」という表現がしっくりくるんですね。あまり一般的ではありませんが、本書ではこの表現を使用します。

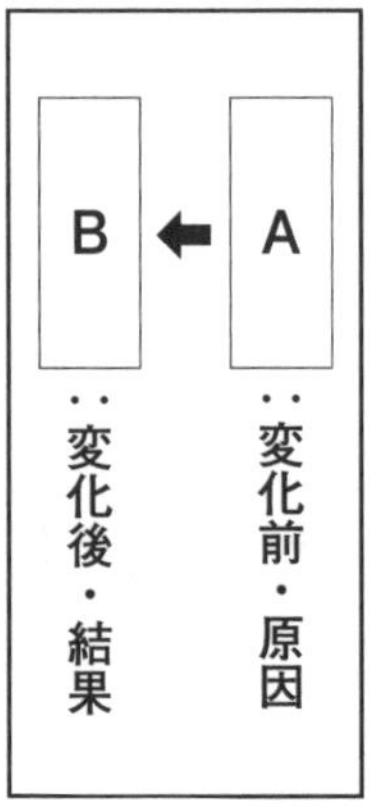

A → B

A：変化前・原因
B：変化後・結果

こういった関係の特徴は、逆方向は成り立たないということなんです。たとえば、人は「子供」から「大人」になるのであって「大人」から「子供」になることはありません。また、「台風が接近している」から「運動会が中止になる」のであって、「運動会を中止にした」から「台風が接近している」なんてことはありません。このように「→」の前後を正確に理解することが重要です。

また、「変化」においては「きっかけ」も重要となる場合があります。何が「変化」を引き起こしたのかということですね。この場合、次のように考えます。

変化前 →（きっかけ）→ 変化後

以上の関係性について、問題演習を通じて理解していきましょう。

演習9　目標時間5分

学習日　／
学習日　／

このところ折にふれて、私はいわゆる日記文学の古典と考えられている『土佐日記』『蜻蛉日記』『和泉式部日記』あるいは『更級日記』それに『讃岐典侍日記』等の作品を読んでいるが、ほとんど作者のいずれもが、物語を否定し、あるいはしりぞけ、現実におこった事象をしるしている点に関心をそそられる。

ところで私はこのような日記文学を読みながら現代の小説の一つ、阿部昭の『十二の風景』を思い出さずにはいられなかった。それは日記の形で一年間、雑誌に書いたものであるが、彼はそこでこう書いている。

……この人生という漠々たるものを、いきなり言葉にしようとしたって、それは出来ない相談である。さしあたって、われわれが呼吸しているのは、私の言葉で言えば、人生の一日、である。一日につづく一日、そのまた一日につづく一日があるばかりである。つまり、日記のようなものである。

このような認識は、人生を時間の相で見るよりも一日一日の区切りにより、それを一つの風景と見、予期できない事柄の描かれる絵とも考え、その重なりを人生とするものであり、それを書きとどめる時、時間はさながら空間化され、思い出の「風景」か絵のように、一つ一つが自立してたちあらわれてくると言ってよい。

気をつけてみると阿部昭の作品には時間に関するものが多い。『大いなる日』『千年』『人生の一日』『日日の友』『過ぎし楽しき年』というように。してみればこの作者が日記の形で作品を書いたとしても不思議ではない。彼は「私」の生活を基軸にしながら、人生の時間を一日一日の区切りによって空間化し、そこに生起する出来事を絵のごとく、あるいは「風景」のごとく描くことによって、まがうことのない文学的リアリティをつくりあげたのである。


（饗庭孝男『喚起する織物』）

問　傍線部「時間はさながら空間化され」とは、ここではどういうことか。それを簡単に説明する文として最適なものを一つ選びなさい。

① 人生という漠々たるものを、そのまま言葉に記しとどめること
② 現実に流れる時間が、そこに生起する出来事によって止まること
③ 人の生きる時間と場所が一つになって人生の時空と認識すること
④ 人生を一日一日で区切って、その一日を一つの風景、一枚の絵と見ること
⑤ われわれがこの目に見える空間の中で、人生という時間を過ごしていること

check!　漢字　語句　**文学史**

〈**『土佐日記』『蜻蛉日記』『更級日記**』〉
▼それぞれの作者を答えなさい。

答　紀貫之・藤原道綱母・菅原孝標女

演習10　目標時間4分

学習日　／　学習日　／

文章が上手いというのは、つまりは、自分の書いた文章を客観的に読み直せるかどうか、であり、それは結局「視点」の［X］能力なのだ。自分以外の誰かになったつもりでそれが読める、架空の人物の視点で文章を読める、ということである。

最初のうちは、この読み手が、ある特定の人物になる。学生であれば、先生がその人だ。先生にわかってもらえる文章を書く、という訓練をすることになる。ところが、先生は、自分の視点だけで見るのではない。不特定多数が読んでもわかる文章になっているかどうかをチェックする。それが、文章の最終的な目標だからだ。

相手が誰なのかわかっているうちは、文章は極めて書きやすい。これは、つまりは手紙であり、会話の延長上のものだからだ。話が上手な人というのは、このレベルであり、たいていの場合、話が面白いのは、相手の反応を見て話しているからである。芸人であれば、観客を見て、その反応を感じて、話し方を微調整している。話の間（ま）というのは、そういうものだ。

しかし、これが、ラジオやTVの放送になり、話す相手がその場にいない状況になると、途端に難しくなる。これが、文章でいうと、手紙の書き手から、一般の作家へのステップにほかならない。プロであれアマチュアであれ、物書きであれば、不特定多数の読者に対して文章を書くわけだから、あらゆる理解と誤解を想定して文章を書くことになる。

（森博嗣『読書の価値』）

問1　空欄Xに入る語として最適なものを一つ選びなさい。

①　スキップ　②　シェア　③　シャッフル　④　ソート　⑤　シフト

問2　傍線部「途端に難しくなる」とあるが、ここでの「難しさ」を具体的に説明したものとして最適なものを一つ選びなさい。

①　話す相手の反応を見ることができないラジオやTVの放送には、誤解が付き物である
②　話す相手が不特定多数になるときは、プロとしての話し方の訓練を積むことが要求される
③　話す相手の反応が見えない状況でも、プロであれば常に面白い話をすることが求められる
④　話す相手が不特定多数になり、あらゆる理解と誤解を想定して言葉を選ぶことが必要となる
⑤　話す相手が誰なのかわからなくなると、話が上手な人でも話の間が取れなくなってしまう

漢字　語句　文学史

〈架空〉
▼「架」を用いるものを選びなさい。
①　カキュウテキ速やかに行う
②　コロナカを生き抜く
③　朝の読書をニッカとする
④　兄のショカから借りた本
⑤　どちらにもカタンしない

答　④〈可及的〈できるだけ・なるべく〉・禍・日課・書架・荷（加）担〉

演習11

目標時間４分

学習日 ／

学習日 ／

学生のころにバイト先で極めて厳しく注意されたおかげで、社会に出ても電話に臆することはなかった。そこは社長と社員ひとりの小さな広告代理店で、お得意様と出入り業者さんとでは、受け答えを違えないと社長のご機嫌が悪くなった。同じように丁寧な調子で話しているのはまずいといわれ、敬語を微妙に使い分けなくてはならないのが、当時は難しくて苦痛だったのを想い出す。

もっとも「社長さんいらっしゃいますか」と訊かれたら「出かけております」と答えるくらいは教わらなくても最初からできたので、それはまだ常識の範囲内だった。

敬語の使い方に限らず、常識というものが揺らぎだしたのはいつ頃からなのだろうか。

たとえば固有名詞をあげても、通じる相手の範囲が昔に比べると格段に狭まっている。有名人も世代や業種によって限定されて、誰もが知っている人はごく稀だし、その多くがすぐに忘れられてしまう。かくして「常識力」というおかしな言葉が定着し、テレビではクイズ番組が大流行りで、非常識ぶりを嗤ったり、逆に些末な知識を競いながら、常識の境界線がどんどんと壊されてゆく。

一方で学校や、病院や、警察にまで「モンスター」と呼ばれる人たちが押し寄せて、それらの行為は常識はずれという生ぬるい表現では追いつかない、深刻な心の病を感じさせたりもするのだった。

そもそも「常識」は明治期に誕生した訳語で、原語のコモンセンスを直訳すれば「共有感覚」ともなる。これまでの人間にとって共有する最大の環境は自分たちが住む土地だから、国民の常識というものも成り立った。しかし凄まじいテクノロジーの進歩によって、今や同じ国に住んでいても、取り巻く環境は短いスパンで激変してしまう。だからこそ常識というものも同世代や身近な関係者の間でしか通用しなくなったのだろう。

（松井今朝子『「常識」のはなし』）

問 傍線部「常識というものが揺らぎだした」とあるが、その引き金となったのは、どのようなことだと筆者は考えているか。最適な一三字の語句を問題文から抜き出しなさい（句読点等も字数に含む）。

〈臆する〉

▼意味として最適なものを選びなさい。

① こだわる
② 対応する
③ 控えめになる
④ こまりはてる
⑤ 気おくれする

答 ⑤

演習12 目標時間6分

人は似たものが似たものと友になるのか、それとも自分とは異なる相手だから友となるのか。

学習日 ／ 学習日 ／

プラトンの対話篇『リュシス』では、この問題の上にさらに善と悪の問題が重ねあわせられているため、なかなかこみいったディアレクティック＊がくりひろげられていた。だがこの古代的論理は、われわれにはなじみにくい。私はそこをもう少し簡単に考えてゆきたい。つまり、「友」を善悪とのかかわりで捉えるのではなく、年齢、成長とのかかわりで見てゆくのだ。そうはいっても「成長」もさまざまで、いつも同じ「成長」として括っていいのか、ということもある。幼児、子供、少年、青年と、人間は順を追って刻刻に育ち、成長してゆくのだから、幼児と子供とでも「成長」の様相に少し違いがあるだろうし、まして幼児と青年とではその懸隔は大であると言うべきなのかもしれない。しかし彼らを広い意味での若年層と見なして、彼らには大人、ひいては老人とは別の、若い人間特有の共通心理、生理、思考、感情があると見てもいい場合があるのではないか。友情問題はそういう共通性をうかがい知るのに好適なジャンルをなしている。

若年層の友情の特徴は、似たものが似たものに興味を抱き、好きになり、友だちになるということに他ならない。個別的にはそうではない場合もあるだろうが、大局的にみれば若者には類似、相同、同質に惹かれるという傾向が著しいのだ。またそれと共に、若者の場合には、第一印象の占める割合がきわめて大であるということもいえよう。人生経験がまだ浅く、感覚・直観の機能が敏活である年齢層の人々は、よく似た同士が出会った瞬間に好きになり、たちまち意気投合するようなことが起りやすいのは自然である。しかし第一印象は持続力の点であまり信用できないことが多いのは、年をとるにつれて人が実感するところである。

そこから人は次の段階に入ってゆく。人は青春を脱け出し、人生経験を蓄積してゆくにつれて、同質性とか第一印象とかに倚りかかる度合をしだいに低減させ、同質性ではなく差異や異質性を、第一印象ではなく経験と判断を重んずるようになってゆくはずであり、このことは人間性の必然として見えてくるだろう。古くプラトン、アリストテレスの古代的人間観察が、似たもの同士の友情ときわめて顕著な対比様態をなすものとして、似ていないもの同士、異ったもの同士の友情を論じたことには、然るべき理由があったのだ。プラトン、アリストテレスとも、そのさいに年齢とか時間といった要素に言い及んではいなかったが、彼らの友情論の思索的背景にも、やはり年齢の問題はひそんでいた、と指

〈プラトンの対話篇〉

▼弟子であるプラトンの「対話篇」でその思想を知ることができる古代ギリシアの哲学者を答えよ。

＊ディアレクティック――弁証法。

答 ソクラテス

摘したい。

（高橋英夫『友情の文学誌』）

問　傍線部「年齢とか時間といった要素」とあるが、その要素と友情との関係を筆者はどのように考えているか。問題文中の語句を抜き出して空欄を埋めるかたちで答えなさい。

人は年齢とか時間を重ねる中で、友情について A□□□ や B□□□□ ではなく、C□□□ や D□□□□□ を重視するようになるということ。

check! 漢字　語句　文学史

〈懸隔〉

▼「懸」を用いるものを選びなさい。

① ケンメイに走る
② 試合をキケンする
③ ケンカイを表明する
④ ケンキョになる
⑤ ソウケンに担う

答　①（懸命・棄権・見解・謙虚・双肩）

第4章 「論」と「例」②

文章の基本構造「論」と「例」をつかむ

第1章でも学習した「論」と「例」の関係です。本章では**「例」の部分から出発してその前後の「論」に解答根拠がある問題を集めました。よく確認**して、全問正解を目指しましょう！

イメージとしては、次の通りです。

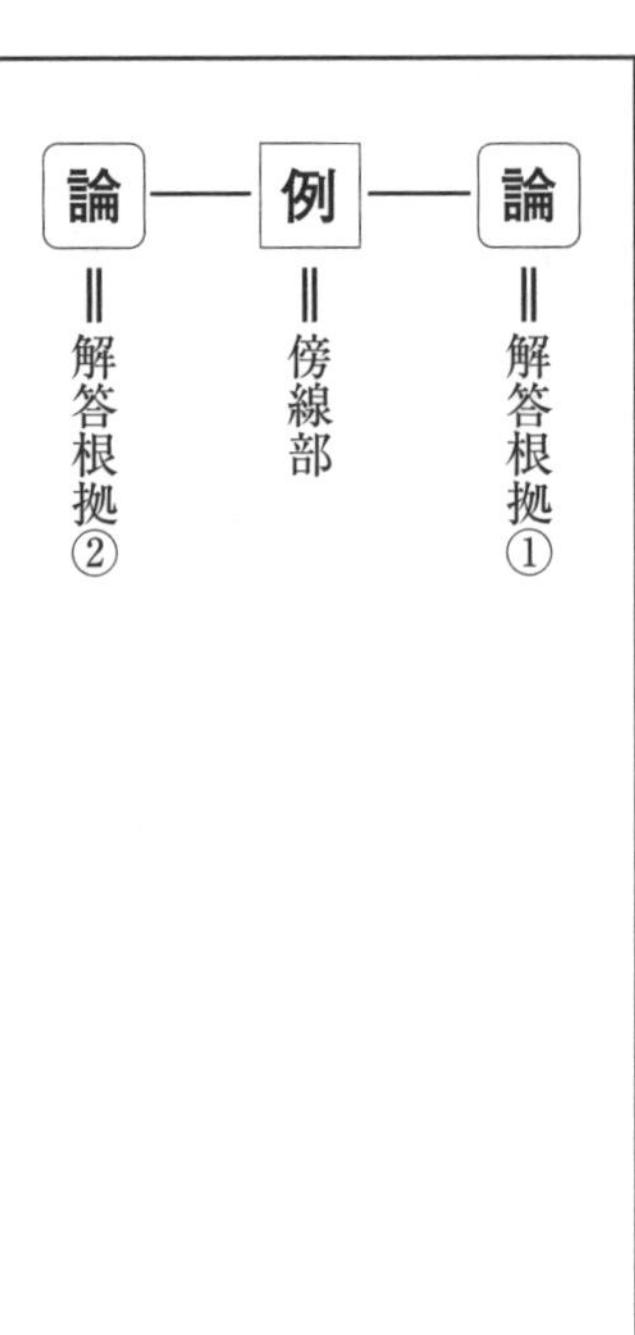

演習13

目標時間4分

学習日 ／　学習日 ／

五月になった。私は五月六日に生まれている。五月生まれなので、五月という月は好きである。五月闇（さつきやみ）、五月山、五月晴、五月雨（さみだれ）――五月という名を冠した自然界の現象はみな好きである。闇の深さにも、山々の樹木の茂りにも、雨の降り方にも、澄みきった空の晴れ方にも、五月だけの持つむんむんしたエネルギーが感じられる。

一昨年、末娘が嫁いだ時、娘のために一編の詩を作った。娘も五月生まれである。娘よ、汝（なんじ）は五月に生まれた。五月山の濃い憂悶（もん）の緑の中から生まれた。刺客が縦横に走っている五月闇の中から生まれた。河童（かっぱ）という河童が溺れ流される五月雨の中から生まれた。ああ、娘よ、汝は無数の鯉が体を水平にして泳ぐ五月晴の中から生まれた。汝は汝の父と同じように五月に生まれた。

五月が好きだということには、特に理由はない。私の、自分の生まれ月に対するエチケットでもあり、私が自分に課した甚（はなは）だ自分本位の信仰でもある。五月に限らず、六月でも、七月でも、それぞれ他の月の持たぬよさを持っている。ただ、私は五月に生まれたので、五月という月と私との間に置かれてある機縁を大切にしようと思うだけである。長男は十二月、長女と二男は十月に生まれている。それぞれの生まれ月を大切にするように勧めている。

（井上靖「木の下蔭」）

問　傍線部の説明として最適なものを一つ選びなさい。

① 暗殺者が自在に走りまわっているような不吉な凶事をはらんだ美しい闇
② 暗殺者が自在に走りまわっているような反体制的な生き方を肯定する不逞（てい）な闇
③ 暗殺者が自在に走りまわっているような戦争の時代の混沌の深さを暗示する闇
④ 暗殺者が自在に走りまわっているような過剰な生命の営みを感じさせる闇

check!　漢字　語句　文学史

〈井上靖〉
▼作品を一つ選びなさい。
① 天平の甍（いらか）
② 仮面の告白
③ 俘虜記
④ 砂の女
⑤ 人間失格

答 ①（②三島由紀夫　③大岡昇平　④安部公房　⑤太宰治）

演習14

目標時間5分

「そもそものはじめは紺の絣かな」とうたった詩人がいて、わたしはこの句にひどく感心した。しかし考えてみると、わたしは幼時に紺絣を着たことがないのだから、つまりまさにその経験がないということのためにとくにこれにいかれてしまったような気が、しないでもない。昭和初年、千葉県市川市はすでに東京のベッドタウンであり、小学生に着物を着る習慣はなかった。と同時に、この郷愁句が思い浮かべている安定した変らぬ生活の実体というものも、そこにはなかったような気がする。

つまりすべてが、変貌の大きなうねりのなかにあった。父親の転勤、異動、引越しなどでふいに新しい見なれぬ子が現われたり、突然いなくなったりする。いつのまにか空地に新築の借家が建ち、町の外観がたえず変る。小学生は増加する一方で、新しい小学校が真間にできる。町を横に流れる真間川だけは変らぬように見えたが、その真間川さえいつか工場廃水で赤茶けた沈澱物を川底や杭にためている。町がつねにそういう変化変貌の過程にあって、変るということだけがたしかな現実のように感じられたのである。現在自分たちがいる貧しい平凡な日常は、これも変らなければならないもので、変るとしたら必ずいいほうに上っていくはずであった。現状への不満が、現在を不安定な仮の状態と見做すことで、進歩や向上という希望によって緩和されるようであった。とくに一九三五年以後、この変化のうねりが忙しくなっていったと思う。

（中野孝次『ブリューゲルへの旅』）

問　傍線部から筆者は何を表現しようとしているのか。最適なものを一つ選びなさい。

① 近代化の波とともに、日本の風景が環境汚染にさらされつつあるという危機感。
② 近代化の波とともに、日本にもついに工業化の時代がやってきたという期待感。
③ 近代化の波とともに、日本もいやおうなしに工業化にさらされるという恐怖感。
④ 近代化の波とともに、日本の風景からかつての姿が失われていくことへの悲哀。
⑤ 近代化の波とともに、日本も工業化なしでは今後はやっていけないという覚悟。

---

check! 漢字　語句　文学史

〈緩和〉

▼「緩」を用いるものを選びなさい。

① 利益を消費者にカンゲンする
② カチカンの違いに注目する
③ カンキュウをつけた投球
④ カンゲイ会を開く
⑤ カンテンの慈雨

答 ③（還元・価値観・緩急・歓迎・干天）

演習15　目標時間4分

現在の科学でも、夢についてはほとんどわかっていないが、この不思議な現象は、古来ひとびとの興味を引いてきた。日本では、古くから、夢は神のお告げと考えられ、政治などが夢判断によって執りおこなわれることもまれではなかった。

フロイトやユングによってさかんに研究された夢による診断は現在でも実施されている。夢判断をおこなう精神医学者たちは、夢が人間の深層心理を反映していると考えているが、これには、はっきりした実験的根拠はない。夢が何をあらわしているのかは、いまだにわからないのである。

ある研究者は、昼のあいだに入ってきた情報のなかからいらないものを捨てるために夢を見ているといい、ある研究者は、昼間の経験をビデオの早送りのようにプレイバックして再度体得しているのが夢であるという。

夢のなかには、昼間見たことや考えたこと、気にかかっていることがでてくることはよくある。しかし、まったく何の脈絡もないことが突如としてあらわれることもある。夢判断の精神科医たちはそれにもっともらしい意味を創作していくのであるが、それにどれほどの意味があるのであろうか。

　夢のなか果つるともなく真っ黒な牛のまなこが広がりてゆく

夢一面に広がった大きな牛の瞳。精神科医は私の異常な心理として説明するのではなかろうか。私が昼の意識を失ってぐっすりと眠っているときに、夜の意識である夢だけはさかんに活躍している。［X］さえ思われる。

　細長き管となりきり眠るとき夢は傍(かたえ)にきて横たわる

（柳澤桂子『生と死が創るもの』）

問　空欄Xに入る比喩として最適なものを一つ選びなさい。

① まるで大きく真っ黒な動物が私を圧するかのように
② まるで私の深層心理を夢で再現しているかのように
③ まるで私の異常な心理をやさしく慰めるかのように
④ まるで夢という別の人格が私の隣りに寝ているかのように
⑤ まるで昔、親しかった友達が夢で会いに来たかのように

---

check!　漢字　語句　文学史

〈執り〉
▼「執」を用いるものを選びなさい。
① シツジツゴウケン
② 後輩をシッセキする
③ シツジュンな気候
④ 業務上カシツ致死の疑い
⑤ 最新作をシッピツする

答　⑤（質実剛健・叱責・湿潤・過失・執筆）

演習16 目標時間5分

日本の美術工芸品を通じて日本の美意識が欧米社会に認められ、既存の伝統的欧米文化に刺激を与えた。欧米文化が少しずつ変容していく様相が今世紀（二〇世紀）はじめには終焉を迎えたかのように見えたのは、欧米人が日本文化の精神性を理解し、彼らなりに咀嚼（そしゃく）、吸収されたからであろう。

一方戦後、日本文化の荒廃は目に余り、日本人は過去の日本人がもっていた美意識をあっさり捨て去り、アメリカ型文化に追従し、精神性においても敗戦国になってしまった。

朝鮮戦争の特需をきっかけに戦後の経済復興は、驚異的に回復した。ところが、安かろう悪かろうという日本製品の代名詞は外国製品の模倣というコピー商品をも生み出した。

かつての日本人の美意識はどこへいったのだろう。

繊細で感性豊かなものづくりの精神性は欧米と異なり、ごく普通の庶民の日常生活にまで及んでいた。貧しくとも日本人はみな一様に生活をエンジョイし、人生を豊かにする美意識をひとりひとりがもち合わせていたのである。開国当時、日本を訪れた欧米人を驚かせたのは階級を越えて美を育み、楽しむ日本人の姿であり、生活美術と言わしめた、装飾美術や工芸を絵画と分け隔てなく扱う日本人の生活美学であった。

私の手元に明治初期の尋常小学校の美術教科書があるが、これを見ると絵画は欧米追従型の臨画*教育であるのに対し、考案画（現在のデザインや構成にあたる）の教科カリキュラムでは当時の欧米では見られない幾何学パターンの作図や数理性、リズムの表現、バランスとコンポジション、分割や比例によるプロポーションの美学など、現在私が在職している大学のデザイン教育に匹敵するほどの高度な授業内容である。明治の美術教育にみられる造形の数理性も非定形のバランスやコンポジションのコンセプトも生活に密着した知恵のごくありふれた常識の範囲であり、当時の日本人にとっては決して高度な内容ではなかったのである。

木と紙からできた家で畳の部屋にキモノを着て暮らし、床の間に花を絶やさず、茶を飲み、四季の豊かな自然を求め、人生を楽しみ、そこから美を見いだそうとする姿勢が日本人の美意識をつくりあげたことは当然の成り行きであった。

（三井秀樹『美のジャポニスム』）

check! 漢字 語句 文学史

〈咀嚼〉

▼ここでの意味として最適なものを選びなさい。

① 表面上は理解すること
② よく考えて味わうこと
③ わかりやすく説明すること
④ 大まかに感じとること
⑤ 十分に満足すること

*臨画――手本を見て絵をならうこと

答 ②

問　傍線部の内容として最適なものを一つ選びなさい。

①　ごく普通の庶民によって生み出された生活様式
②　普通の日常生活のなかで自然に育まれた生活美学
③　日常生活のなかにのみ美を見いだそうとする工夫
④　豊かな生活をおくるために誰もがもっていた知識
⑤　欧米の高度な美術教育に裏打ちされた美的感覚

check! 漢字 語句 文学史

〈幾何学〉
▼「幾」を用いるものを選びなさい。
①　イまわしい
②　ハタ織り
③　カガやく
④　イクばく
⑤　ウツワ

答 ④（忌・機・輝・幾・器）

第5章 対比②

論理的関係をつかむ（対比）

第2章に引き続き、対比関係に注目して文章を読み、問題を解く練習をします。第2章に比べて、抽象的な文章が含まれていますので、一読して内容をイメージしにくいものもあるかと思います。そんなときこそ、**「何と何が対比関係になっているのか」**を意識しながら文章を読んで、設問を考えましょう。目指せ、全問正解！

演習17　目標時間6分

〔次の文章は、映画において「映像」の語が用いられることについて述べた文章である。〕

映画が光と影の芸術だとは、よくいわれることである。しかし、その光と影は日常の光と影ではない。光をさえぎる物体の、光と反対側にできる、日常でいう影を、そのまま映画が用いることはない。野外でおこなわれるロケーション撮影の場合も、この事情は変わらない。映画の影は、ある影をつくろうと意図して光をあて、そうしたうえで初めて生まれるような、そんな影である。そこには、光のあたっていない影はない。スクリーンに映しだされた像が、たとえ真っ黒で、なんの光もあたっていないように見えたとしても、たいていは意図された光があたっている。映画の光と影は、つくられた光と影、それぞれが別個につくられた光と影である。映画の影が、どんな影であれ、かならず光を含んでいるとすれば、映画のつくりだす像を、まったく光の射さないこともある「影像」という言葉で、よびつづけることはむずかしかったろう。映像という、あたらしい言葉が映画と結びついたのも、理由のないことではない。逆にいえば、映画という、あたらしい表現が、あたらしい言葉を必要としていたともいえよう。映画のなかのものはすべて、つくられたものである。つくられたものを見せて、そこに見えないものを、たとえば人間の優しさを、映画は表現する。なにをいちばん見てもらいたいか、つぎはなにか。それを映像の光と影が示す。必要とあれば、現実にも紛うふんだんな光、底なしの影さえ映像はつくりだす。若葉に泥絵具を塗り、森に鏡をもちこんで、黒澤明のために『羅生門』で太陽の光をつくりあげたように。また『雪之丞変化』で市川崑のために、捕り縄が光って飛ぶ漆黒の空間をつくりあげたように。光と影まで自在につくる映画の可能性をまえにすれば、たしかに影像よりは映像のほうがふさわしかったと思われる。

（上倉庸敬「映像の光と影」）

問 傍線部「あたらしい表現が、あたらしい言葉を必要としていた」とあるが「あたらしい言葉」が求められた理由は何か。最適なものを一つ選びなさい。

① 映画の影は、つくられた影であるため、自然に出来る影を意味する「影像」という語は使いにくかったから。
② 映画の像は、視覚メディアというあたらしい表現であるため、昔ながらの「影像」という語は使いにくかったから。
③ 映画の影は、絶対に光と相関するため、光とほとんど関わりのない「影像」という語は使いにくかったから。
④ 映画の像は、わざと光をさえぎって出来る像であり、自然な影を意味する「影像」という語は使いにくかったから。
⑤ 映画の影は、必ず光を含んでいるため、光を全く含まないこともある「影像」という語は使いにくかったから。

check! 漢字 語句 **文学史**

〈羅生門〉

黒澤明の『羅生門』は、〔 X 〕の同タイトルの小説と、同じく〔 X 〕の〔 Y 〕とを原作にした映画である。

▼Xに入る人名を答えなさい。

▼Yに入る作品を一つ選びなさい。

① 藪の中
② 彼岸過迄
③ 暗夜行路
④ 春琴抄
⑤ 濹東綺譚

答 X＝芥川龍之介　Y＝①
（②夏目漱石　③志賀直哉　④谷崎潤一郎　⑤永井荷風）

演習18

目標時間8分

「始まりとは何か」[A]という問いに答えることは難しい。だが、その困難は、たとえば「人間とは何か」「魂とは何か」というような種類の問いの困難とは違って、そこで問われている対象の謎めいた複雑性に帰せられるものではない。ある対象があって、それがわれわれの言語から限りなく逃げていくというのではなく、むしろ「……とは何か」というような問いが差し向けられるべき端的な対象がそこにはないということこそが、われわれの困難なのである。

実際、「……とは何か」と問うことができるような始まりがどこにあるだろうか。始まりとは、かならず何かの始まりである。その「何か」については「……とは何か」と問うことができるとしても、しかしその始まりについて、どうしてさらに「それは何か」と問うことができるだろう。むしろ始まりについて問うべきなのは、「何か」ではなく、「どこから」あるいは「どのように」ではないだろうか。それはどこから始まるのか。始まるとき、それはどのようにあるのか。たとえば、生命の個体発生の連続性のなかで、《人間》はどこから始まるのか。始まったときの状態はどのようなものであるのか。このような問いが可能であるということ自体が、始まりという概念が[B]対象的な概念ではなく、機能的な、あるいは操作的な概念であることを、すでにはっきりと物語っている。始まりは、対象の側にあるのではなく、むしろ対象を表象する人間の側にあるのであって、つまりわれわれが始まりを決定し、そうして対象を規定しているのである。

あるいは、別の言葉で言うのなら、始まりは存在しているものとしてあるのではない。始まりは存在のカテゴリー*には属さず、文化の厚みを通じて決定された区切りとして、つまり文化的な生産物としてある。言語のすべての要素がそうであるのではないが、しかし言語においてしか可能ではないような、対象的な意味を持たず、純粋に操作的な区切りを強制するさまざまな位相語のなかでも、始まりは、それと対をなす終わりと並んで、人間の文化のもっとも根源的なオブセッション*であることは間違いない。始まりを決めること、終わりを決めること、そうして時間的な、あるいは空間的な区切りの線を引くこと、それは、内実のある個別的な決定があくまでもローカルなものに止まるのに反して、形式的であるが故に一層、文化の全領域を貫く根源的な身振りなのである。

（小林康夫『出来事としての文学』）

学習日　／

学習日　／

〈端的〉

▼「端」を用いるものを選びなさい。

① タンラク的な考え方
② 土下座してタンガンする
③ タンセイなふるまい
④ タントウチョクニュウ
⑤ トタンの苦しみ

＊カテゴリー――同じ性質のものが属する部類。範疇（はんちゅう）。

＊オブセッション――強迫観念。

答 ③（短絡・嘆願・端正・単刀直入・塗炭）

問１ 傍線部Ａ「始まりとは何か」という問いに答えることは難しい、のはなぜか。その理由として最適なものを一つ選びなさい。

① 「始まりとは何か」という問いには、問われている対象に謎めいた複雑性があるから。
② 「始まりとは何か」という問いには、問われている対象がわれわれの言語から限りなく逃げていく性質があるから。
③ 「始まりとは何か」という問いには、「……とは何か」というような問いが差し向けられるべき端的な対象がそこにはないから。
④ 「始まりとは何か」という問いには、「……とは何か」と問うことはできても「それは何か」と問うことができないから。
⑤ 「始まりとは何か」という問いには、人間や魂についての問いと同じく、対象を表象する側の人間の機能や操作が関係するから。

問２ 傍線部Ｂ「対象的な概念」とはどのようなものと筆者は考えているのか。最適なものを一つ選びなさい。

① 文化的に生産されたととらえられるもの
② 根源的な位相を表現するととらえられるもの
③ 空間的・時間的な形式を示すととらえられるもの
④ 存在的カテゴリーに属するととらえられるもの
⑤ 連続的に発生するととらえられるもの

---

check! **漢字** 語句 文学史

〈位相〉
▼「相」を用いるものを選びなさい。
① 借金をソウサイする
② 功をソウする
③ ソウセイ児
④ ヒョウソウ的なものの見方
⑤ ヒソウ感あふれる詩

答 ①（相殺・奏・双生・表層・悲壮（愴））

演習19　目標時間5分

学習日　／　学習日　／

　家裁で調停の仕事をしている知人から、こんな話を聞いたことがある。言い合って、言い合って、言い合ったはてに、万策尽きて、もはや歩み寄りの余地、「合意」の余地はないとあきらめきったそのときから、ようやっと「分かりあう」ということがはじまる、と。この話はいろんなことを考えさせる。
　むしろ同じことに直面しても、ああこのひとはこんなふうに感じるのかというように、自他のあいだの差異を深く、そして微細に思い知らされることだということ。いいかえると、他人の想いにふれて、それをじぶんの理解の枠におさめようとしないということ。そのことでひとは他者としての他者の存在にはじめて接することになる。
　ということは、他者の理解においては、同じ想いになることではなく、じぶんにはとても了解しがたいその想いを、否定するのではなくそれでも了解しようとおもうこと、つまり、その分かろうとする姿勢にこそ他者はときに応えるということである。そして相手には、そのなんとか分かりたいという気持ちそのものが、かろうじて、しかしたしかに、伝わるのだ。つまり、［X］という感触のほうが、［Y］ということよりも意味が大きい。言っていることが認められたというよりも、言った言葉が、たとえまちがっていても、しかしとりあえずそのまま受け入れられた、それがそれとして肯定されたという感触が大切なのだとおもう。

（鷲田清一「臨床と言葉」）

問　空欄X・Yに入る組み合わせとして最適なものを一つ選びなさい。

① X　言葉を受けとってくれた　Y　主張を受け入れてくれた
② X　言葉を受けとってくれた　Y　気持ちを受け入れてくれた
③ X　主張を受け入れてくれた　Y　気持ちを受け入れてくれた
④ X　主張を受け入れてくれた　Y　言葉を受けとってくれた
⑤ X　否定的に受け入れられた　Y　主張を受けとってくれた

漢字　語句　文学史

〈微細〉
▼「微」を用いるものを選びなさい。
① ビコウ欄に書き留める
② 人情のキビにふれる
③ 容疑者をビコウする
④ ジビ咽喉科の医者
⑤ ビジレイク

答 ②（備考・機微・尾行・耳鼻・美辞麗句）

演習20

目標時間5分

学習日 ／

学習日 ／

私は常々こう考えていた。経済が発展して生活に余裕ができ、生活様式が近代化するに従って、人々は迷信を重んじる日常から解放されるはずだ、と。ところが、高層ビルだらけの大都会に暮らし、ハイテク製品を自由自在に使いこなし、ビジネスに関しては非常に合理的でドライなものの考え方をする香港の人たちが、一方では異様なほど迷信に拘泥する。それが最初のうち、私には奇異に映った。

しかし暮らしているうちに印象が変わった。彼らは器用だから体は街のスピードに合わせているけれど、心はそこまでの速度についていけない。迷信に固執することで、かろうじてバランスを保っているのかもしれない。

街が自然から逸脱すればするほど、彼らは風水や迷信に回帰する。彼らの迷信深さは、自然に戻りたいという心の叫びなのではないか、と私は思った。

しかし彼らの、時には滑稽にさえ映る真剣さが、現在東京で暮らす私には羨（うらや）ましくも感じられる。彼らの迷信深さが、尋常ではない速度で変わりゆく社会に対する無言の抵抗だとしたら、そんな抵抗力すら失い、迷信どころか何も信じられなくなってしまった私たちは、一体どこへ行ってしまうのだろう。自分たちの行き着く先が、私にはますます見えなくなるのだった。

（星野博美「迷信という抵抗」）

問　傍線部の理由として最適なものを一つ選びなさい。

①　香港の人たちが生活の中で風水などの迷信や風習に回帰する姿は、都会を自然破壊から守りたいという真剣な心の叫びとして感じとれるから。

②　香港の人たちは今もなお迷信に固執しており、それが経済発展し近代化する社会への明確で意識的な抵抗や批判となり得ていると感じるから。

③　香港の人たちの迷信深さがめまぐるしく変化する社会へのある種の抵抗と映る一方で、私たち日本人は信頼感や拠り所を失ったと感じたから。

④　香港の人たちのドライなものの考え方と迷信深さとが兼ね備わって、近代化する生活様式や合理性への抵抗となり得ていると感じているから。

check!　漢字　語句　文学史

〈拘泥〉

▼意味を答えなさい。

答　こだわること。

第6章　推論・統合（具体と抽象）

傍線部の言い換えに注目する

この章では、抽象的な内容を具体化する問題を解く練習をします。こう書くと、簡単そうに思えますが、意外と正答率が低いのです。なぜでしょうか？　実は、この問題は傍線部だけでは正解が見つからないのです。なぜ、そう言えるのか、ここでは出題者の側に立つとよくわかります。

〔問題作成の手順〕
1　本文中のある部分を根拠に正解をつくります。
2　次に、本文に傍線を引きます。このとき、解答根拠となっている部分に線を引くと、あまりに簡単すぎます。したがって、**「解答根拠の不十分な言い換え」となっている部分**に線を引きます。ここに引くことで問題の難度を調整するのです。

したがって、解く手順は以下のようになります。

1　まず、傍線部を確認する。
2　次に、**傍線部のより詳しい言い換え**となっている解答根拠をさがす。
3　2でみつけた根拠の内容の具体例となっている選択肢をさがす。

イメージとしては、次のようになります。

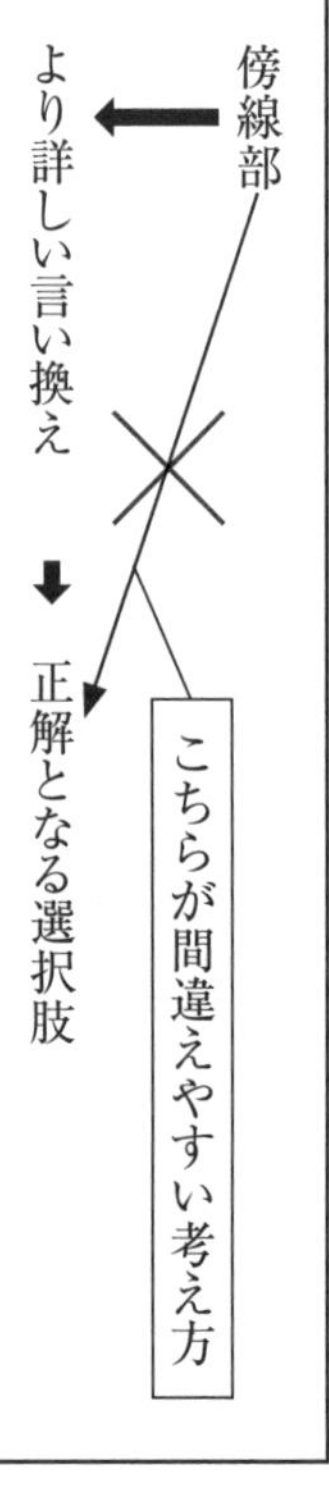

なお、最後に文章と内容をまとめた「図」を選択する問題もあります。近年の入試で出題されている視覚資料に関する問題です。これも同じように「解答根拠」（複数あります）を探しながら考えましょう。

演習21　目標時間5分

学習日　／　学習日　／

リアリティ＝「リアルであること」が問題にされるのは、どんな方法であれ「表現されたもの」の場合に限られる。通常、私たちは実際に肉眼で目視し、体感をともなって体験したこと、とりわけ「日常」の経験についてリアリティを問うことはない。少なくとも、それが問題とされるのは何らかの感覚的な「媒介」がなされている場合に限られる。さらにリアリティとは、「もっともらしさ」と「現前性」とに分けて考えることができる。作中世界の事件やものごとをいかにも「実際にありそうなこと」に感じさせるという意味の「もっともらしさ」と、作中世界を、あたかも自分の目の前で起きているように感じさせたり、作品世界の出来事がありそうかありそうでないかにかかわらず、作品世界そのものがあたかも「ある」かのように錯覚させることである「現前性」である。

「リアリティがある」という言い方がされる場面を思い起こしてもらえれば判るように、一般にリアリティとは「もっともらしさ」の意味で使われる。これに比べて「現前性」は、普通は意識されない。これを提供するメカニズムは、受け手からは「見えない」ものになっているからである。

何であれ「表現」が作中世界を受け手の前に現前させるということは、受け手がじゅうぶんに作中世界に「没入」していることを意味する。そのために、さまざまな工夫がされ、表現上の技術は蓄積される。受け手が作中世界に没入している以上、普通はその「没入」をもたらす装置のことは意識されない。たとえば、普通の観客が映画を見てもカットのつなぎには気がつかないといったことは、その好例だろう。本書で見ていこうとするリアリティとは、この「現前性」のほうなのである。

（伊藤剛『テヅカ・イズ・デッド――ひらかれたマンガ表現論へ』）

問　傍線部「リアリティとは、『もっともらしさ』と『現前性』とに分けて考えることができる」について、「現前性」にあてはまるのはどのような場合か。適切なものを二つ選びなさい。

① ハリウッドのSF映画に登場する宇宙船内部のメカニズムが、たいへん精巧にできていた。
② 自動車レースのテレビゲームをすると、ゲームに合わせて身体が左右に動いてしまう。
③ 推理小説の裁判シーンは、展開に少しでも嘘が入ると読者の気持ちが一気に冷めてしまう。
④ 京都が舞台であっても、必然性がないならテレビドラマに有名な観光地は出てこないほうがよい。
⑤ 昨日観たホラー映画は、観客をハラハラさせる工夫を随所にこらしていて時のたつのを忘れた。

check! 漢字　語句　文学史

〈媒介〉
▼「媒」を用いるものを選びなさい。
① 損害バイショウを請求する
② 純粋バイヨウの試験物質
③ 米国のバイシン員制度
④ バイシャク人をつとめる
⑤ 所得がバイゾウする

答 ④（賠償・培養・陪審・媒酌・倍増）

演習22　目標時間5分

学習日　／　学習日　／

明治時代の日本人に共通の葛藤を形づくったのは、日本の精神伝統対西洋文明という構図であった。この構図は、複数の伝統の対立とせめぎ合いの中での伝統の自覚と守護、ないし伝統の否定と破壊というものが、ある集団のアイデンティティの成立と解体に関して要となるものであることを、教える。

だが現代に至って、伝統の対立の構図はこのような並列的な対比に納まり切らなくなって、一方で並列的対比を維持しつつ、他方で伝統的なものと伝統的でないものという相反的対立の形が前面に出てきているように見える。一般的に言うと、伝統的でないものとは、承け伝えによらずに新たに始められたもの、したがって系統性も持続性もまだもっていないものということになろう。だが、この意味での伝統的でないものと伝統的なものとの対比は、我々の伝統との関わり合いの中で、或いは伝統そのものの展開の過程で、常に出てくるものである。現代世界でこの対立関係が特に前面に出てきているということは、それを際だたせる何ものかがあるからである。それは、近代に特徴的に見られる反伝統的な傾向である。

近代は個の自覚が形成され自立的な主体が確立された時期であり、それに伴って、自分自身の判断と自由な意志による主体的活動が称揚されることになった。芸術活動においても、個性や独創性が重んじられ、伝統は芸術家の自由な創造を妨げるものだとする傾向が強く出てきた。近代のこのような反伝統的動きを促進する鍵となったのは、科学の発達がもたらした大きな技術的成果と、科学知により人々は啓蒙されるべきであるとする考え方であろう。伝統的なものと伝統的でないものとの対立の形は、科学および科学技術の成果をめぐって特記すべきものとなったと言ってよい。つまり、科学技術によって生産された製品や建物や芸術作品などは伝統的でないもの、昔ながらの材料と技法で生産された製品や建物や芸術作品などは伝統的なもの、という対立の構図が、我々の生活の中に深く根を下ろしているのである。

（氣多雅子『ニヒリズムの思索』）

問　傍線部「相反的対立の形」とあるが、この対立の例として最適なものを一つ選びなさい。

① 「日本の伝統」と「西洋の伝統」
② 「並列的伝統」と「相反的伝統」
③ 「近代における個の自覚」と「芸術活動における独創性」
④ 「科学」と「科学技術によって生産された製品」
⑤ 「現代の科学技術文明」と「ヨーロッパの思想伝統」

漢字　語句　文学史

〈啓蒙〉

▼意味として最適なものを選びなさい。

① 進化すること
② 理性に目覚めること
③ 自然の支配から脱すること
④ 真理に到達すること
⑤ 教え導くこと

答 ⑤

演習23 目標時間8分

学習日 ／　学習日 ／

ヴェニスの商人――それは、人類の歴史の中で「ノアの洪水以前」から存在していた商業資本主義の体現者のことである。海をはるかへだてた中国やインドやペルシャまで航海をして絹やコショウや絨毯（じゅうたん）を安く買い、ヨーロッパに持ちかえって高く売りさばく。遠隔地とヨーロッパとのあいだに存在する価格の差異が、莫大（ばくだい）な利潤としてかれの手元に残ることになる。すなわち、ヴェニスの商人が体現している商業資本主義とは、地理的に離れたふたつの国のあいだの価格の差異を媒介して利潤を生み出す方法である。そこでは、利潤は差異から生まれている。

だが、経済学という学問は、まさに、このヴェニスの商人を抹殺することから出発した。

> 年々の労働こそ、いずれの国においても、年々の生活のために消費されるあらゆる必需品と有用な物資を本源的に供給する基金であり、この必需品と有用な物資は、つねに国民の労働の直接の生産物であるか、またはそれと交換に他の国から輸入したものである。

『国富論』の冒頭にあるこのアダム・スミスの言葉は、一国の富の増大のためには外国貿易からの利潤を貨幣のかたちで蓄積しなければならないとする、重商主義者に対する挑戦状にほかならない。スミスは、一国の富の真の創造者を、遠隔地との価格の差異を媒介して利潤をかせぐ商業資本的活動にではなく、勃興（ぼっこう）しつつある産業資本主義のもとで汗水たらして労働する人間に見いだしたのである。それは、経済学における「人間主義宣言」であり、これ以後、経済学は「人間」を中心として展開されることになった。

たとえば、リカードやマルクスは、スミスのこの人間主義宣言を、あらゆる商品の交換価値はその生産に必要な労働量によって規定されるという労働価値説として定式化した。

実際、リカードやマルクスの眼前で進行しつつあった産業革命は、工場制度による大量生産を可能にし、一人の労働者が生産しうる商品の価値（労働生産性）はその労働者がみずからの生活を維持していくのに必要な消費財の価値（実質賃金率）を大きく上回るようになったのである。労働者が生産するこの剰余価値――それが、かれらが見いだした産業資本主義における利潤の源泉なのであった。もちろん、この利潤は産業資本家によって搾取されてしまうものではあるが、リカードやマルクスはその源泉をあくまでも労働する主体としての人間にもとめていたのである。

だが、産業革命から二百五十年を経た今日、ポスト産業資本主義の名のもとに、旧来の産業資本主義の急速な変貌（へんぼう）が伝えられている。ポスト産業資本主義――それは、加工食品や繊維製品や機械製品や化学製品のような実体的な工業

check! 漢字 語句 文学史

〈剰余〉

▼「剰」を用いるものを選びなさい。

① ジョウジョウ酌量の余地なし
② ショギョウムジョウ
③ カジョウな在庫品を抱える
④ ジョウゾウ工場を見学する
⑤ ヨーロッパのジョウサイ都市

答 ③（情状・諸行無常・過剰・醸造・城塞（砦））

生産物にかわって、技術、通信、文化、広告、教育、娯楽といったいわば情報そのものを商品化する新たな資本主義の形態であるという。そして、このポスト産業資本主義といわれる事態の喧騒（けんそう）のなかに、われわれは、ふたたびヴェニスの商人の影を見いだすのである。

なぜならば、商品としての情報の価値とは、まさに差異そのものが生み出す価値のことだからである。事実、すべての人間が共有している情報とは、その獲得のためにどれだけ労力がかかったとしても、商品としては無価値である。逆に、ある情報が商品として高価に売れるのは、それを利用するひとが他のひとと異なったことが出来るようになるからであり、それはその情報の開発のためにどれほど多くの労働が投入されたかには無関係なのである。

まさに、ここでも差異が価格を作り出し、したがって、差異が利潤を生み出す。それは、あのヴェニスの商人の資本主義とまったく同じ原理にほかならない。

（岩井克人「資本主義と『人間』」）

問 傍線部について、この場合、「情報そのもの」が「商品化」されるとはどういうことか。その具体的な説明として最適なものを一つ選びなさい。

① 多くの労力を必要とする工業生産物よりも、開発に多くの労力を前提としない特許や発明といった技術の方が、商品としての価値をもつようになること。

② 刻一刻と変動する株価などの情報を、誰もが同時に入手できるようになったことで、通信技術や通信機器が商品としての価値をもつようになること。

③ 広告媒体の多様化によって、工業生産物それ自体の創造性や卓越性を広告が正確にうつし出せるようになり、商品としての価値をもつようになること。

④ 個人向けに開発された教材や教育プログラムが、情報通信網の発達により一般向けとして広く普及したために、商品としての価値をもつようになること。

⑤ 多チャンネル化した有料テレビ放送が提供する多種多様な娯楽のように、各人の好みに応じて視聴される番組が、商品としての価値をもつようになること。

---

check! 漢字 **語句** 文学史

〈**ポスト**（産業資本主義）〉

▼「ポスト〜」を表す日本語としてふさわしいものを選びなさい。

① 〜の次
② 〜の反対
③ 〜の延長
④ 〜の類比
⑤ 〜の前

答 ①

演習24

目標時間7分

学習日 ／
学習日 ／

童謡はもともと、大正時代の半ば頃に、先行する唱歌への反発を重要な原動力として生まれてきたのでした。では、そんな大正時代の童謡とそれ以前の唱歌とを分ける本質的な相違とは何だったのか。もちろんミクロに見ていけば、童謡にしても唱歌にしても様々な性格の歌が入り交じっており、一概に「童謡はこう」「唱歌はこう」とまとめるのは困難です。しかしここではそうした枝葉を敢えてばっさりと切り落とし、できるだけマクロな視点で問題を捉えてみましょう。

まず先行する唱歌（とりわけ文部省唱歌）ですが、これは時の政府が望ましい国民をつくり出すためのツールとして用意したものでした。日本人として弁えておくべき心構えや知識を子供たちに教え込むための歌、それが唱歌であったわけです。そんな唱歌の、当時の社会における本質を（乱暴を承知で敢えて一言で）表すならば、それは何よりもまず「実用性」の音楽であった、ということになるでしょう。

他方、大正時代の童謡は、そんな実用第一の唱歌の性格を生硬で道徳教育的なものと退けつつ、子供の歌の世界に「芸術性」という新たな評価軸を持ち込みました。彼らが追求した「童心」も、そうした芸術性の発露の一様態であったと言うことができます。ならば、唱歌と大正童謡とを隔てるのは「実用性か芸術性か」という対立軸であった、と考えることができそうです。

しかし、そんな童謡は昭和に入り新たな展開を見せるようになります。商品としての性格をより強く持ち、またそれゆえに世間一般からの人気を重視するようなタイプの童謡、いわゆる「レコード童謡」が登場し、従来の芸術指向的な童謡と新たに対立するようになるのです。そんな「レコード童謡」に認めうる本質が「大衆性」であることは疑いようがないでしょう。従って大正童謡とレコード童謡を分けるのは「芸術性か大衆性か」という軸であった、とまとめられます。

ここで重要なのは、以上に見た「実用性」「芸術性」「大衆性」の三つが、それぞれ自律的な（他と特段に深い関係を持たない）ベクトルである、という点です。唱歌（実用性）とレコード童謡（大衆性）はどちらも大正童謡（芸術性）と対立しましたが、だからといって唱歌とレコード童謡が互いに近しい関係にあったのかといえば決してそうではありません。唱歌、大正童謡、レコード童謡は、それぞれが有する本質に従い、互いに異なるグループを形成していました。以上の話を概念図にまとめると、概ね次のようになるでしょう。（概念図参照）

ただし、概念図の中に示したA～Cのグループは、各ベクトルに対応する指向性を基本的には持っているものの、個々

check! 漢字 語句 文学史

〈童謡〉

▼「童」を用いるものを選びなさい。

① ドウタイ視力を鍛える
② ドウドウ巡りの議論
③ ドウシンに帰る
④ シャクドウ色に日焼けした体
⑤ イッシンドウタイ

答 ③（動体・堂堂・童心・赤銅・一心同体）

の歌のレベルにまで下りて見ていくと、その程度はまちまちです。唱歌やレコード童謡のなかにも芸術的な評価に耐えうるものはあったでしょうし、逆に実用性や大衆性を兼ね備えた大正童謡というものもあったでしょう。図のなかで各グループの範囲を示す輪（点線）が部分的に重なり合っているのはそのためです。

また、このグループA〜Cのなかには、今日私たちが一般的にイメージする「童謡」像にはそのまま対応しないものも含まれていました。たとえば、「実用性」を重視するグループAのなかには、終戦を境にうたわれなくなった軍国主義的トーンの歌が多く含まれていましたし、あるいは「芸術性」を指向するグループBのなかには曲のつけられていない詩だけの童謡もありました。

さらに、これら三つのグループには時間の経過と共に新しい仲間も加わっていきました。たとえば第二次世界大戦に際し多く作られるようになった戦時童謡は「童謡」と銘打たれてこそいるものの、それは決して芸術的高尚さや大衆的人気を狙ったものではなく、子供たちを戦時下の総動員体制に組み込んでいくための実用的な歌でした。あるいは戦後に登場してきた『うたのおばさん』に代表される新しい「子どもの歌」はレコード童謡批判をその根底に持っており、その意味で芸術性志向の強いものであったと言えます。他方、テレビ・ラジオの番組主題歌やアニメソング、また一九六〇年代後半のちびっこソングなどが大衆性によって際立つものであったことは今更説明の必要もないでしょう。

（井手口彰典『童謡の百年』）

問　傍線部「概念図」として最適なものを一つ選びなさい。

check! 漢字　語句　文学史

〈退け〉

▼「退」を用いるものを選びなさい。

① カンコツダッタイ
② タイフウイッカ
③ タイキバンセイ
④ ヒョウリイッタイ
⑤ シュッショシンタイ

答 ⑤〈換骨奪胎〈古人の作品の趣意に沿いながら新たな工夫をこらして独自のものに作りかえること〉・台風一過・大器晩成・表裏一体・出処進退〉

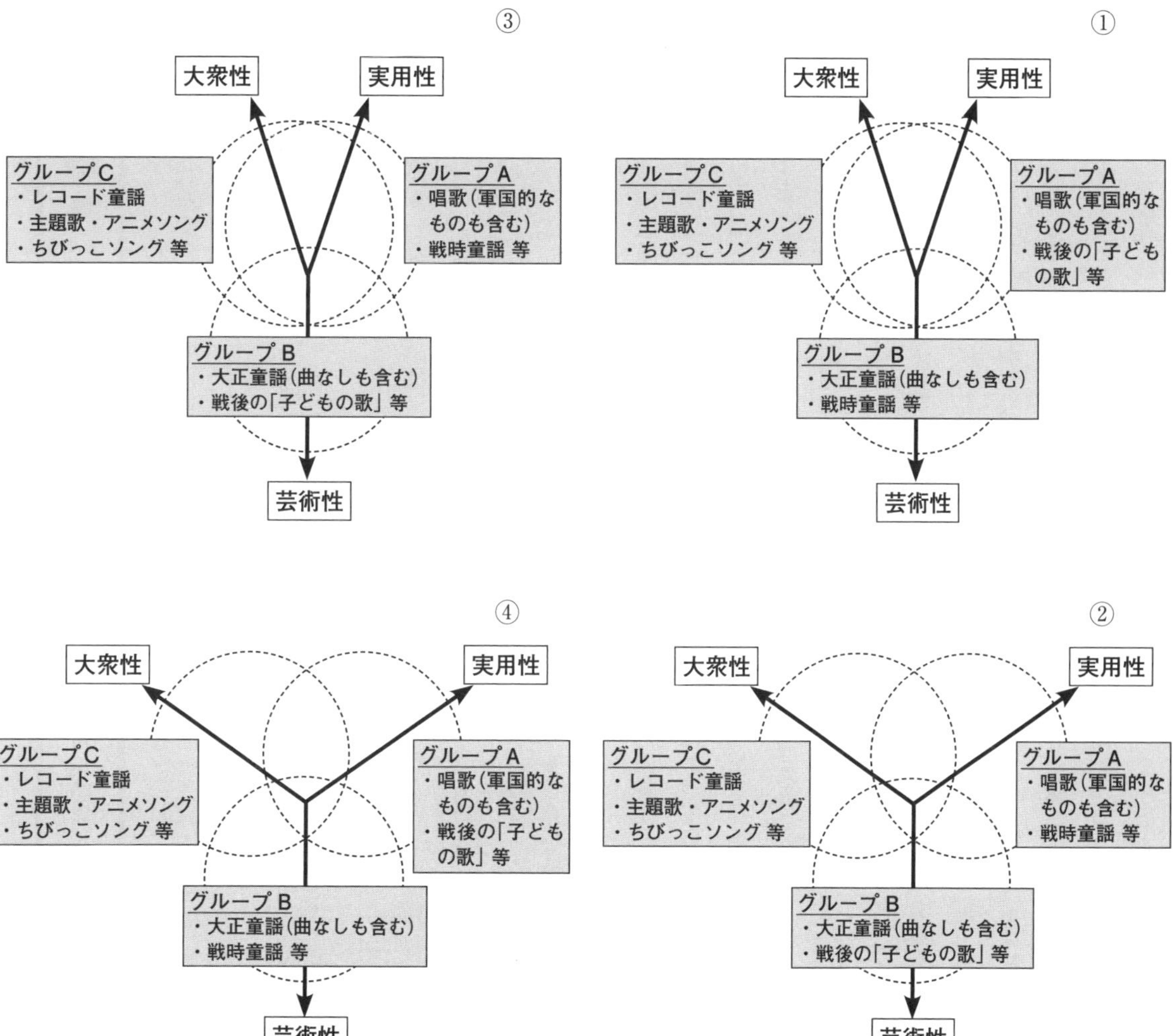

答
②

check! 漢字 語句 文学史

〈銘打たれて〉

▼意味として最適なものを選びなさい。

① 深く心にきざみつけられて
② 特別な呼び名をつけられて
③ 古い来歴のある名で呼ばれて
④ 重みのある名をきざまれて
⑤ 高級なものと称されて

●評論● 復習問題1

目標時間15分／30点

学習日 ／

学習日 ／

次の文章を読んで、後の設問に答えなさい。

円は完全な図形であり、それ故に、天体は円を描いて回転するというプラトンの教義に反し、最初に、惑星の軌道は楕円を描くと予言したのは、デンマークの天文学者ティコ・ブラーエであったが、それはかれが、スコラ哲学風の思弁と手をきり、単に実証的であり、科学的であったためではなかった。プラトンの円とおなじく、ティコの楕円もまた、やはり、それがみいだされたのは、頭上にひろがる望遠レンズのなかの宇宙においてではなく、眼にはみえない、頭のなかの宇宙においてであった。それにも拘らず、特にティコが、円を排し、楕円をとりあげたのは、かれの眺めいった、A その宇宙に、B 二つの焦点があったためであった。すくなくとも私は、ティコの予言の根拠を、かれの設計したウラニエンボルクの天文台にではなく、二つの焦点のある、かれの分裂した心に求める。転形期に生きたかれの心のなかでは、中世と近世とが、歴然と、二つの焦点としての役割をはたしており、空前の精密さをもって観測にしたがい、後にケプラーによって感謝されるほどの業績をのこしたかれは、また同時に、熱心な占星術の支持者でもあった。いかにかれが、星の人間にたいする影響力を深く信じていたかは、決闘によって自分の鼻の尖端を切り落とされたとき、その原因のすべてを星に帰し、いさぎよく諦めてしまったという、無邪気な挿話からでもうかがわれる。

円の跳梁するときもあれば、円に代わり、楕円の台頭するときもある。たとえば、コクトー*は、――たしかコクトーであったと思うが、神戸の埠頭で、日本の子供が、きわめて無造作に、地上に完全な円を描くのをみて感動した。それはかれが、そのなにげない子供の一動作に、日本人全体のもつ芸術的天稟のいかなるものであるかをみたからであり、二つの焦点のない、その純粋な心の状態に、讃嘆の念を禁じ得なかったためであろう。かれの観察は、正しくもあれば、また、間違ってもいる。いかにも葛飾北斎は、定規もコンパスも手にとらず、神戸の子供よりも、もっと巧みに、完全な円を描いたでもあろう。しかし、我々は、――はたして我々もまた、我々の子供や、昔の芸術家のように、苦もなく、見事な円を描き得るであろうか。いまもなお、そういう純粋な心の状態にあるであろうか。我々の描く円は、ことごとく歪んでおり、そのぶざまな形に嫌気がさし、すでに我々は、円をかこうとする気持ちさえ失っているのではなかろうか。二葉亭の『其面影』の主人公は、苦しげに呟く。

*コクトー――フランスの作家。芸術家。

check! 漢字 ／ 語句 ／ 文学史

〈占星術〉

▼「占」を用いるものを選びなさい。

① センパクな考え方
② セイセン食品を販売する
③ センボウのまなざし
④ 道路を無断でセンユウする
⑤ 選手センセイを行う

答 ④（浅薄・生鮮・羨望・占有・宣誓）

　君はよく僕の事を中途半端だといって攻撃しましたな。成程僕には昔から何だか中心点が二つあって、終始その二点の間を彷徨しているような気がしたです。だから事に当って何時も狐疑逡巡する、決着した所がない。

　すなわち、これによってみても、我々の魂の分裂は、もはや我々の父の時代からのことであり、しかも私の歯痒くてたまらないことは、おそらく右の主人公が、初歩の幾何学すら知らないためであろうが、二つの焦点を、二つの中心として、とらえているということだ。かれの「狐疑逡巡」や、「決着した所がない」最大の原因は、まさしくここにある。何故にかれは、二点のあいだに、いたずらに視線をさまよわせ、煮えきらないままでいるのであろうか。円を描こうと思うからだ。むろん、一点を黙殺し、他の一点を中心として颯爽と円を描くよりも、いくらか「良心的」ではあるであろうが、それにしても、もどかしいかぎりではないか。何故に、決然と、その各々の点にピンを突き刺さないのであろうか。何故にそれらのピンに、一個の木綿の糸の輪をかけないのであろうか。何故に鉛筆で、その糸の輪をつよく引きながら、ぐるりと回転させないのであろうか。つまるところ、何故に楕円を描かないのであろうか。『其面影』を書いた以上、二葉亭は、この楕円の画法を知っており、不完全ながら、とにかく楕円らしいものの図形を描きあげたが、我々の周囲には、二点の間を彷徨し、無為に毎日をすごしている連中か、二点のうち、一点だけはみないふりをし、相変わらず円ばかりを描いている、あつかましい連中かが、みあたるにすぎない。転形期における錯乱の痛烈な表現を、まだ誰ひとりあたえてはいないのだ。自分の魂の周辺が、いかなる曲線を描いているかを示すということは、それほど困難なことであろうか。

　いうまでもなく楕円は、焦点の位置次第で、無限に円に近づくこともできれば、直線に近づくこともできようが、その形がいかに変化しようとも、依然として、楕円が楕円である限り、それは、醒めながら眠り、眠りながら醒め、泣きながら笑い、笑いながら泣き、信じながら疑い、疑いながら信ずることを意味する。これが曖昧であり、なにか有り得べからざるもののように思われ、しかも、みにくい印象を君にあたえるとすれば、それは君が、いまもなお、C円の亡霊に憑かれているためであろう。焦点こそ二つあるが、楕円は、円とおなじく、一つの中心と、明確な輪郭をもつ堂々たる図形であり、円は、むしろ、楕円のなかのきわめて特殊のばあい、——すなわち、その短径と長径とがひとしいばあいにすぎず、楕円のほうが、円よりも、はるかに一般的な存在であるともいえる。ギリシア人は単純な調和を愛したから、円をうつくしいと感じたでもあろうが、矛盾しているにも拘らず調和している、楕円の複雑な調和のほうが、我々にとっては、いっそう、うつくしいはずではなかろうか。ポー*は、その『楕円の肖像画』において、生きたまま死に、死んだまま生きている肖像画を示し、——まことにD我が意を得たりというべきだが、それを楕円の額縁のなかにいれ

check! 漢字 語句 **文学史**

〈二葉亭〉

▼「二葉亭」とは「二葉亭四迷」のことであるが、⑴彼の作品と、⑵その作品に影響を与えた坪内逍遥の文学評論をそれぞれ一つずつ選びなさい。

① 五重塔
② 小説神髄
③ たけくらべ
④ 金色夜叉
⑤ 若菜集
⑥ 浮雲
⑦ 歌よみに与ふる書
⑧ 戯作三昧

*ポー——アメリカの詩人。小説家。

答 ⑴⑥・⑵②
（①幸田露伴　③樋口一葉
④尾崎紅葉　⑤島崎藤村
⑦正岡子規　⑧芥川龍之介）

た。その楕円の額縁は、うつくしい金色で、ムーア風*の細工がしてあり、燭台の灯に照され薄闇のなかで仄かな光を放っていた。

（花田清輝『復興期の精神』）

問1 問題文中から、楕円の精神をもつ人物をすべて抜き出しなさい。

問2 傍線部Aが指すものとして、適切でないものを一つ選びなさい。

① 星が人間に影響力を持つ、占星術的な宇宙
② 占星術と科学的天文学が、同時に存在するような精神の世界
③ 中世と近世とが二つの焦点となっている、かれの分裂した心
④ 眼にはみえない、頭のなかの宇宙

問3 傍線部Bが比喩的に表すものとして、適切なものを二つ選びなさい。

① プラトンの円とティコの楕円
② ヨーロッパにおける中世と近世
③ 哲学的思弁と科学的観測
④ 純粋な心と分裂した心
⑤ 天文学と占星術

問4 傍線部C「円の亡霊に憑かれている」とはどういう意味か。最適なものを一つ選びなさい。

① 醒めながら眠り、眠りながら醒め、泣きながら笑い、笑いながら泣き、という錯乱状態にあること
② 楕円のほうが一般的であり、円は楕円のなかのきわめて特殊な場合にすぎないと信じ込んでいること
③ 中心が一つしかない円は、焦点が二つある楕円よりも、はるかに美しい図形であると信じて疑わないこと
④ 転形期における錯乱に、痛烈な表現をあたえようと無我夢中で努力していること

---

check! 漢字 語句 文学史

〈彷徨〉
▼意味を答えなさい。

*ムーア風――イスラーム文化風。

答 さまようこと。

問5　傍線部Ｄ「我が意を得たり」は、筆者のどのような気持ちを表しているか。それを説明するものとして、最適なものを一つ選びなさい。

①　生きたまま死に、死んだまま生きている肖像画の、矛盾しつつ調和した美しさを文章で表現したポーの天才的才能に感服している
②　肖像画を、美しいムーア風の装飾をほどこされた楕円の額縁に入れたポーの斬新なアイデアに意表をつかれ、その発想に感心している
③　ギリシア的な円の調和のとれた美しさが、もはや近代の矛盾にみちた複雑な美とかけ離れたものであることを、ポーとともに嘆いている
④　ポーが肖像画を楕円の額縁に入れたことで、ポーも自分と同じく楕円という図形の意味するものをよく理解していると知り、満足している

（京都産業大学・改）

check!　漢字　語句　文学史

〈肖像画〉

▼「肖」を用いるものを選びなさい。

①　音楽カンショウの時間
②　フショウの息子
③　銀行のショウガイ担当
④　タイショウ療法
⑤　イッショウ功成りて万骨枯る

答　②（鑑賞・不肖・渉外・対症・一将）
※⑤の意味を確認しておこう。

【解答欄】

問1	問2	問3	問4	問5	合計点
/6	/6	/6	/6	/6	/30

第7章 「論」と「例」③

「論」と「例」で解くやや難しい問題

第1章・第4章でも学習した「論」と「例」の関係です。この章では比較的難度の高い設問を扱っています。実際の授業で演習したときも、正答率は低く、問題によっては、半分以上の学生が間違えてしまったものもあります。フィーリングで何となく空欄部に入りそうな選択肢を選んではいけません。少し難しい問題ですが考え方は同じです。もう一度、次の「論」と「例」の関係を頭に入れて考えてみてください。目指せ、全問正解！　もし全部正解できたら、本当にスゴいです！　自信を持ってください！

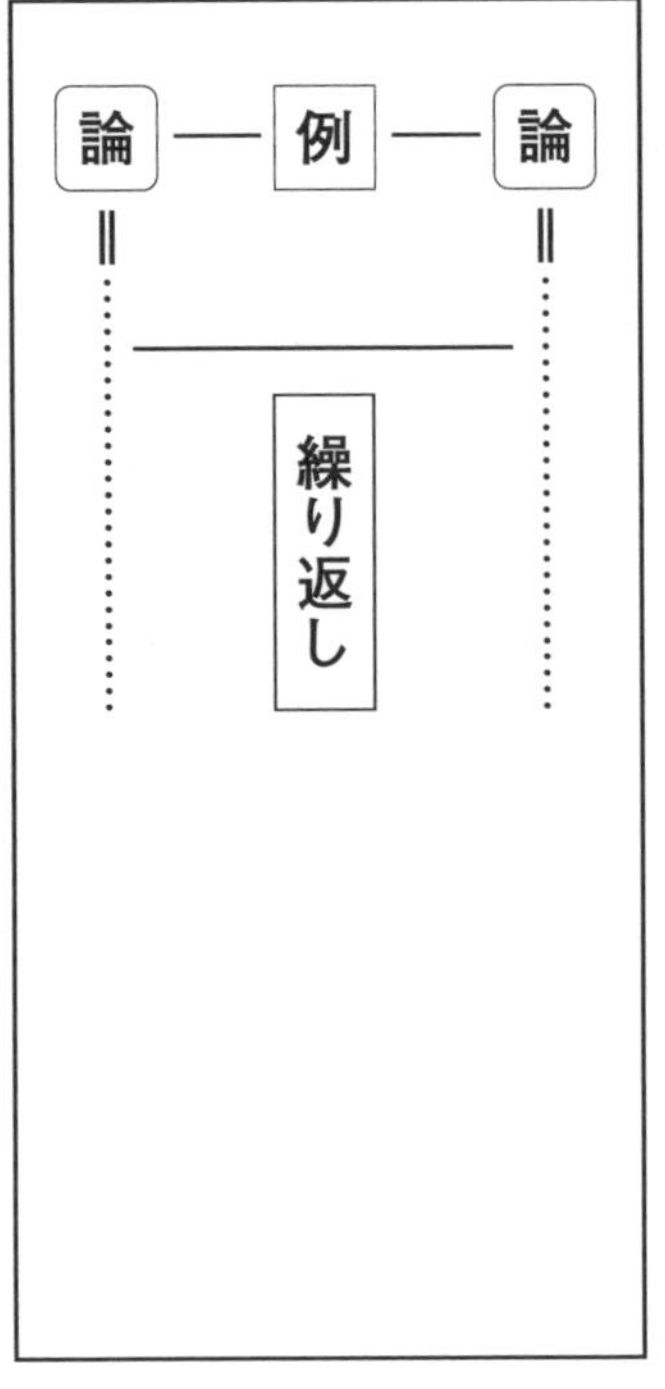

演習25　目標時間5分

学習日　／
学習日　／

近年、拒食症や過食症に苦しむ若い女性（中学、高校生を含む）が増えてきているのも、過剰なメディアの商業戦略に負うところが大きい。思春期や精神的に不安定な時期にふと自分の容姿が気になり始めた少女たちにとって、ダイエットや簡単な食事制限は身近な解決策である。しかし急激な食事制限や絶食はかえって飢餓感を強めるため、試みは逆に狂おしいまでの強い食欲をよびさまし、かつてないほどの過食へと身体をせきたてていく。結果は目にみえてる。せっかくのダイエットの努力も水の泡、当初の数字をはるかに上まわる体重のリバウンド。このリバウンドは結局、自己への信頼を傷つけ身体への嫌悪をつのらせる。この「失態」「窮地」からはい出し自分を取り戻すにはどうすればよいのか。「嘔吐（おうと）」である。いったん胃の腑に収めたものをすぐさまその場で吐きだしてしまうこと、そうすれば達成されていたはずの減量の地点まで身体を一挙に「初期化」することができるだろう。だが、ここまでくると、もはや意識は後戻りできない危険な段階へとつき進んでいる。吐きだすことで得られた意志の「力」への一時的な信頼は、「食べる」という「めくるめき快楽」にもう一度だけ浸ってみたいとする激しい欲望に道を開き、あんなにも後悔して二度とするまいと誓ったはずのあのおそるべき過食へとふたたび身体をひき戻して行くからである。気がつくと、過食から嘔吐へ、嘔吐から過食へ……というやっかいな反復運動の中にはまりこみ、身動きできなくなって、うずくまっている。

こうした現象を第三者として見ていて驚かされるのは、身体が心や魂の動きから切り離されて［X］できるとみなされているそのことである。事実、現代のさまざまなダイエット法やあれこれの痩身術は、そのほとんどが外的な働きかけによる身体の管理を前提にしている。一日何カロリーときめられ規則的な食事摂取、決まった時間に行われる何キロかの歩行あるいは体操、水泳……。それらは几帳面にノートに書き留められ記録され、一週間、一か月、三か月、半年という時間の長さで吟味されチェックされていく。計画的かつ規則的プログラムによる身体の征服。そこには身体が外的にかつ普遍的な働きかけによって加工しうるのだという楽天的なまでの信念がある。

（長谷川まゆ帆「痩身願望」）

問　空欄Xに入る語として最適なものを一つ選びなさい。

①　養生　　②　装飾　　③　加工　　④　制御　　⑤　痩身

check!　**漢字**　語句　文学史

〈普遍〉

▼「遍」の訓読みを答えなさい。

答　あまね（く）

演習26　目標時間7分

陸上競技の「位置について、用意」という日本語合図に関わる歴史は実におもしろい。オリンピックでの合図が「オン・ユア・マーク、セット」という英語に統一されたのは、一九六四年の東京大会よりもはるか後、二〇〇六年の国際陸連の規則改正の折であり、それまでは英語、仏語と開催地の地元言語から自由に選んでいた（一九九一年の東京での国際陸上でもやはり日本語の合図が使われていた）。

日本での出発合図として「位置について、用意」が定められたのは、実は、一九二七年のことで、それ以前は必ずしも統一されていたわけではなかったようだが、「オン・ユア・マーク、ゲット・セット」という英語がそのまま使われることが多かったようである（最初の頃は意味がよくわからず、「安全マーク、下駄、雪駄」とやっていたなどという笑い話もあったりする）。Aところが興味深いことに、日本陸連が推し進めていた競技用語を邦語化してゆくプロジェクトの一環として一九二七年に、この出発合図に使う号令についての日本語の公募が行われ、その結果、山田秀夫なる人の出した「位置について、用意」という提案が採用されたというのである。

今われわれが一般的にもっている感覚だと、「国際化」のためには、ローカルな日本語を捨てて英語を採用するという方向をたどるのが自然のように思われ、大正期にせっかく英語でやっていたのに、その後なぜわざわざ邦語化したのか、などと思ってしまいそうである。何をもって「国際的」と考えるかということについての根っこの部分で考え方が行き違っているのではないかと思わされる。これはべつにスポーツの世界だけの話ではない。この話から私などが真っ先に思い出すのは、オペラの「原語上演」と「日本語上演」をめぐる動きである。

今ではオペラは、原作の言語で上演するのが一般的である。一昔前までは日本語訳詞による上演が広く行われていたが、いつしか原語でなければ「本格的」な上演ではないかの如くに扱われるようになり、日本語上演を推進してきた人々は、日本のオペラの発展を阻害した戦犯呼ばわりされることにもなった。だが、何が「本格的」かは、多分に文化的コンテクストで決まる。大正期や昭和初期の文献には、B原語上演より日本語上演の方が「本格的」である旨の記述がしばしばみられる。この時期、西洋に学びつつ日本固有のオペラ文化を形作る仕事こそ「本格的」と考えられていたのであり、原語上演はそのための一ステップにすぎなかった。一九一一年に帝国劇場で《カヴァレリア・ルスティカーナ》が原語上演された際には、「本格的」な訳詞が準備できないためにやむをえず原語のまま上演するとの弁明までなされている。言ってみれば、自国の言葉をベースにした文化をしっかり形作ってゆくことこそが、世界に出して恥ずかしく

---

check!　漢字　語句　文学史

〈阻害〉

▼「阻」を用いるものを選びなさい。

① ネラいを定める
② 網の目がアラい
③ 世の中にウトい
④ 行く手をハバむ
⑤ 繁栄のイシズエ

答 ④（狙・粗・疎・阻・礎）

ない、近代国家にふさわしい「国民文化」のあり方だと考えられていたのである。

（渡辺裕『感性文化論〈終わり〉と〈はじまり〉の戦後昭和史』）

問１　傍線部Ａ「ところが興味深いことに」とあるが、何が興味深いのか。最適なものを一つ選びなさい。

①　公的な用語を一般の公募という形で決めた募集形式
②　今まで使用していた英語の号令をわざわざ改めた手間
③　現代の国際化の感覚からは不自然と思われるような対応
④　オペラ上演の言語選択の経緯と出発合図の邦語化との類似性
⑤　一九二七年当時の国際的と考える根っこの部分に見える誤り

問２　傍線部Ｂ「原語上演より日本語上演の方が『本格的』である旨の記述がしばしばみられる」とあるが、なぜか。最適なものを一つ選びなさい。

①　当時は原語上演における文化的コンテクストが一般に理解されていなかったから。
②　当時は西洋を排して日本固有の文化を形作る仕事が本格的と考えられていたから。
③　当時は「本格的」オペラと文化的コンテクストが不可分と考えられていたから。
④　当時は西洋化する日本文化に対する反動的な考えが広がりはじめた頃だったから。
⑤　当時は自国語を基盤とした文化の確立が近代国家に必要だと考えられていたから。

演習27

目標時間4分

学習日 ／
学習日 ／

民主主義も自己が自己を支配するひとつの政治形態である限り、ここでいう積極的自由にかかわっている。特に、民主政治のもとでは、人々は集団（パーティ）を作って、彼らの主張や意思を実現しようとする。

ところがそのためには、彼らが、対立集団に支配されては困るわけで、彼ら自身が支配権を持たなければならない。そこに集団間の闘争が生じる、だから民主政治においてはこの意味での権力闘争を避けては通れない。

この場合、積極的自由は、自らの意思の実現のためには政治に積極的にかかわるべきことを要請する。権力闘争からも身を引くべきではない。権力闘争を通じてしか、自分の理想や正義を政治の場においては実現できないからだ。

民主主義はそのための舞台を提供する。しかし、この種の理想や正義の積極的実現は、多くの場合、民主主義という枠を超えてしまうとも考えられる。集団の意思や正義を実現するためには、彼らが十分に行使できる権力を握らなければならない。だがその結果、権力の追求そのものが自己目的化してしまうのである。

往々にして、積極的自由の実現は、ある種の［X］を目指すという帰結を導きかねない。ファシズムも社会主義も積極的自由を徹底して追求した結果なのである。そもそも何かの正義や理想を目指す集団的運動は、多くの場合、それ自体が全体主義的性格を持った組織を作り上げてゆく。ある時期の共産党という前衛党はその典型であった。ファシズム政党は、その名前からしてもそうである。積極的自由の実現は、こうして全体主義へと転化しかねない。

（佐伯啓思『自由とは何か』）

問　空欄Xに入る語として最適なものを一つ選びなさい。

① 民主主義
② 資本主義
③ 平等主義
④ 全体主義
⑤ 理想主義

漢字　語句　文学史

〈民主主義〉

▼英語で言い換えなさい。

答 デモクラシー

演習28 目標時間12分

中島敦は日本人にはまれな［X］学的な小説家である。難解ではまったくないが、鋭く深い。

その資質は、二十四歳で書き始め、三年ほど温めて、結局、完成を断念した長篇小説『北方行』に端的に示されている。

主な語り手は黒木三造。その精神的な先輩が折毛伝吉である。伝吉を［Y］に突き落としたのは小学校の教師であった。

「そいつが、そう、三年の時だったかな。地球の運命ってものについて話したことがあったんだ。しかも何時間も何時間もね。如何(いか)にして地球が冷却し人類が絶滅するかを、その男は、――実際憎むべき悪漢だよ――如何にも恐しげな表情を以て話すんだ。僕はこわかったね。恐らく蒼(あお)くなって聞いていたことだと思う。が、まだそれは――人類がなくなるのや地球がひえるのは我慢が出来たんだ、所が、何と、そのあとでは太陽さえ消えて了(しま)うというじゃないか。太陽も冷えて消えて了って、真暗な空間をただぐるぐると誰にも見られずに、黒い冷たい星共が廻(まわ)っているだけになって了う。それを考えると、僕は堪(たま)らなかったね。それじゃ、自分達は何のために生きているんだ。自分は死んでも地球や宇宙はこのままに続くものとしてこそ、安心して人類の一人として死んで行ける。それが、今この教師のいうようでは、自分達の生きていることも、人間てものも、宇宙ってものも何の意味もないじゃないか。何のために自分は生れてきたんだ。そう思ってね。それから暫(しばら)く僕は――随分変な児(こ)だったに違いないが――神経衰弱みたいになっちまったんだよ。十歳(とお)の少年がだよ。」

長文の引用をしたのは、ほかでもない、幼い頃に同じような疑惑に苛(さいな)まれたものも少なくないだろうと思われるからだ。少年は人類の滅亡さえ我慢できたのだから、ここで語られているのは死の恐怖ではない。そうではなく、宇宙には意味がないということ、世界は無意味であるということなのである。

むろん、俗事に忙しい大人たちはこんな疑惑を相手にしない。そこで少年はたんに自分が幼稚なのだと考えようとする。伝吉の話を聞いた三造にしても、それを、自分たちが「幼稚だとして考えることを恥じている」あまりに形而上学的な問題であるとしている。中島敦もそう考えようとしたのである。だが、疑惑に蓋(ふた)をすることはできなかった。

『北方行』の執筆開始は一九三三年、背景になっているのは一九三〇年の北京である。三造が中国人に嫁いだ叔母のもとに旅行し、叔母の家庭や、そこに出入りする国際色豊かな人々と交渉するさまを描く、構想力豊かな堂々たる長篇小説だが、現実への疎隔感を抱えた三造、その病がさらに進行しているかに思える伝吉を克明に描き始めるに及んで、挫折した。疑惑を幼稚であるとして退けることができなくなったのだ。

---

check!　漢字　**語句**　文学史

〈形而上学〉

▼意味として最適なものを選びなさい。

① 形式にこだわった空疎で非現実的な学問
② 意識の底にある無意識を追究する学問
③ 植民地や格差など西洋の問題を考える学問
④ 現象の背後に存在する本質を探究する学問
⑤ 全人類の幸福につながる真理に至る学問

答 ④

ここに中島敦の文学の出自がある。『北方行』の中断後、「かめれおん日記」「狼疾記」が書かれ、「わが西遊記」二篇が書かれるが、そこではこのあまりに形而上学的な問題が、さらにいっそう克明なかたちで取り上げられるのである。

中島敦は一九〇九年五月五日に生まれた。文壇に登場したのは四二年二月、すなわち三十三歳になろうとするときだ。人が虎になる話として有名な「山月記」、文字をじっと見つめていると文字でなくなるという日常的な体験を古代の伝説として描いた「文字禍」の二篇が『文學界』に掲載された。七月に短篇集『光と風と夢』が、十一月に同じく短篇集『南島譚（なんとうたん）』が刊行され、十二月四日、三十三歳で没した。文壇登場のその年に亡くなったのである。

生前に刊行された『光と風と夢』『南島譚』の二冊に収録された短篇群は、みな、宇宙には意味がないということ、世界は無意味であるということを、直接間接に問題にしている。また、意味の発生の恣意性を問題にしている。亡くなった直後、「名人伝」「弟子」「李陵」が矢継ぎ早に雑誌に発表されたために、中島敦が直面していたこの問題以上に、素材とされた中国古典の世界のほうが読者に強い印象を与えることになった。たまたま漢学者の家系に生まれたこともあって、以後、長く中国ものの書き手であるかのように誤解されることになったのである。むろん、それもまた中島敦の重要な側面だが、肝心の形而上学の問題が見過ごされてはならない。

たとえば『光と風と夢』『南島譚』には、中島敦の植民地体験が生かされているが、かつてもいまも、植民地問題を形而上学の問題として捉えた作家は少ない。

植民地関係の図式は幼年時代の権力関係の図式、意味付与の図式の反復にすぎない、そしてその権力関係の図式は人間の存在様式に根差している。簡単にいえば、子どもは植民地人として生まれてくるのである。中島敦はおそらくそう考えていた。少なくとも感じていた。

中島敦の魅力が明らかになるのはこれからだろう。

（三浦雅士の文章による）

問1　空欄Xに入る語として最適なものを一つ選びなさい。

①　教育　②　心理　③　倫理　④　中国文　⑤　形而上

問2　空欄Yに入る語として最適なものを一つ選びなさい。

①　ニヒリズム　②　ナショナリズム　③　フェティシズム　④　グローバリズム　⑤　ファシズム

check!　漢字　語句　文学史

〈疎隔感〉

▼「隔」を用いるものを選びなさい。

①　カクセイ遺伝する身体の特徴
②　カクベツの思い入れがある
③　能力がカクセイする
④　カクシンに迫る発言
⑤　カクセイ器を使って指示する

答 ①（隔世・格別・覚醒・核心・拡声）

問3　傍線部「魅力」とはどのような点にあるか。最適なものを一つ選びなさい。

①　存在の無意味さという中国古典で論じられる問題を、漢学の素養を生かして描いている点。
②　植民地における現地人との権利関係という政治的な問題を、平易な文体で描いている点。
③　地球の寒冷化や太陽の消滅という科学的な問題を、形而上学的な視点で描いている点。
④　宇宙や世界の虚無性という形而上学的な問題を、優れた洞察力で描いている点。
⑤　幼年期における思い込みという心理学的な問題を、無意味な事象と切り捨てて描いている点。

第8章 対比③

論理的関係をつかんで解くやや難しい問題（対比）

第2章・第5章に引き続き、対比関係に注目して文章を読み、問題を解く練習をします。文章・設問ともにやや難度が上がっています。また、記号選択問題だけではなく、抜き出し問題も入っていますが、設問の形式にとらわれず、ここでも**「何と何が対比関係になっているのか」**を意識することが重要です。では、頑張って！

演習29

目標時間5分

学習日 ／

学習日 ／

「記号論」なるものが流行して、言語もまた一種の記号だとする考え方が以前に増して力を得てきているようにみえる。確かに、言語は実物の犬や家の記号であり、それによって実物の様子を表現するのだ、という言い方はいかにも自然であってわれわれはそれに誘引される。しかし、この言語観は全く表面的で浅薄なものである、と私には思われる。言葉は表面的には実物の記号や符丁のように見えるがそれは表面だけのことであって、見せかけに過ぎない。言葉は実物の記号として実物を表現するのではなく、言葉は実物を制作するのである。例えば、ある建築物を「家」という言葉で呼ぶとき、それはその建築物を家にするのであり、したがって、そこに一軒の家を制作するのである。「家」という言葉は複雑な「意味」を持っている。屋根があり、窓が開き、土台の上に建てられ、様々な間取りがあって、大工さんが材木や石やセメントで組立て、家具を入れて何人かの人が寝起きして、時に売買される。そして掘立て小屋から豪邸まで、ピンからキリまである。今目前にある建築物を「家」として見ることは、その建築物にこの家という意味を与えることであり、この意味を与えられることによってその建築物は「この複雑な意味を持つもの」になる、つまり「家」になるのである。「家」という言葉がその建築物を家にする、家を制作するといったのはこのことである。「家」という言葉がなければこの世で家が制作されることはなく、家なるものは存在しないだろう。だから、言葉は表現するのではなくして制作するのだ、と言いたいのである。

（大森荘蔵「存在と意味」）

問　傍線部について、筆者はなぜそのように考えるのか。その理由として最適なものを一つ選びなさい。

①　「家」という言葉は、大工が建築して、施主がそこにすむことで成立するという人間的なものであるのに、それを無機的な記号と捉えているから。

②　言語を一種の記号や符丁とみなす言語観は、その自然な言い方ゆえに、人の思考を表層的な水準にとどまらせるから。

③　本来言葉というものは、対象を記号として一義的に表現すると同時に、対象に意味を付与することで存在を実体化するものだから。

④　言葉は実物を表現する記号であると考える言語観には、言葉が意味によって実物を制作するという視点が欠落しているから。

⑤　言語が実物を制作するという言語感覚には、本来の言語の働きが正確な事象の表現にあるという観点がないから。

check!　漢字　語句　文学史

〈土台〉

▼「台」を用いるものを選びなさい。

①　一時的にタイキャクする
②　タイゼンジジャク
③　新しい勢力がタイトウする
④　非常ジタイを宣言する
⑤　犯人をタイホする

答　③〈退却・泰然自若〈ゆったりと落ち着いて、何事にも動じないさま〉・台頭・事態・逮捕〉

演習30

目標時間7分

学習日 ／

学習日 ／

日本の沖積平野のほとんどは、明治時代中ごろまでは毎年のように水害を被り、三角洲では日常的な排水にも困惑していた。それが、近代的土木技術手段を獲得してからは、堤防を拡大し、堰(せき)・水門・ダムを造り、排水ポンプを設けることによって、常習的な水害は特殊な場合を除けばほぼ完全に克服され、何十年も水害にあわない状況が各地につくりあげられてきた。それはまさに自然の克服であり、近代治水の勝利だった。

しかし、水害を根絶できたわけではない。残念ながらいまでもしばしば堤防が切れ、あるいは堤防が切れなくとも川から洪水があふれ、また内水が滞留し、水害を被るところは面積が小さいとはいえ毎年のように存在しているのである。さらに、何十年、何百年に一度という大洪水が発生すれば、とても現在の治水施設だけで防御しきれるものではない。そして、水害を完全になくすことは技術的には可能であるかもしれないが、それは自然を、まさに破壊に等しい規模で大幅に改造しないかぎり実現しうることではないのである。

川から水があふれ、田畑や家、道などが水浸しになる。これを何と呼ぶだろうか。「洪水」という人も多いと思う。しかし、これは「水害」と呼ぶのが正しい。「洪水」と「水害」は、ふつうには同じものと受けとられているが、両者はイコールではない。

洪水は、厳密にいえば、河川にふだんの何十倍から何百倍もの「水が流れる」現象である。あふれるかあふれないかには関係しない。つまり洪水は、雨水や融雪水が地表面あるいは地下を流れて、それが川に出てきたものである。その意味では自然的要因の強い現象なのである。むろん、人為的要因の影響がまったくないかといえば、決してそうではない。たとえば、地表面をコンクリートやアスファルトなどで覆ってしまうと、地下への水の浸透がほとんどなくなって、降った雨水はすみやかに地表面を流れていちどきに河川に達するため、洪水量が大きくなる（反対にふだんの流水は減少する）。また、樹枝状に発達している各支川を改修して水の流れを良くすると、雨水が短時間のうちに本川に集中しやすくなって、洪水のピーク流量が大きくなることがある。このように、洪水の形態は人間の自然への働きかけによって変化するのであるから、洪水を火山の噴火や地震と同じような純粋な自然現象とみなすわけにはゆかない。そうであっても、豪雨がないかぎり大きな洪水は発生しないし、豪雨自体は純粋な自然現象とみなしうる。

では、水害のほうはどうだろうか。水害もその原因まで遡ってゆけば、洪水と同じ自然現象に左右されている。しかし、洪水が発生し、それが川から氾濫したとしても、そこに人の営みがないかぎり「水害」とはいわないだろう。また

漢字 語句 文学史

〈獲得〉

▼「獲」を用いるものを選びなさい。

① 日本海におけるギョカク量
② カクトウ技を観戦する
③ 顔のリンカクを描いてみる
④ エビやカニはコウカク類だ
⑤ 作物をシュウカクする

答 ①（漁獲・格闘・輪郭・甲殻・収穫）

仮に人が住んでいても、あふれた水を上手に受けとめることができれば、被害を軽減することは可能である。言いかえれば、水害は人とのかかわりをぬきにしては語れないのであって、その意味で、自然的現象というよりも社会的要因の強い現象なのである。

小出博は、「河川には自然史と社会史がある。洪水は河川の自然史のひと齣（こま）であり、水害は社会史のひと齣である」と述べているが、洪水と水害の違いを明快に表現したものといえよう。

（大熊孝『増補　洪水と治水の河川史』）

問　傍線部について、「両者はイコールではない」とあるが、「洪水」と「水害」の説明として最適なものを一つ選びなさい。

①　洪水は豪雨によってもたらされる純粋な自然現象であるが、水害は人の自然への働きかけが原因となって水が川から氾濫する社会的要因の強い現象である。

②　洪水は自然的要因と人為的要因との複合によって水が川からあふれ出る現象であるが、水害は人為的要因によって洪水が人に被害をもたらす現象である。

③　洪水は水が川に大量に流れる自然的要因の強い現象であるが、水害は洪水が川から氾濫し人の営みに影響を及ぼす社会的要因の強い現象である。

④　洪水は原因にまで遡れば水害と同じ自然現象であるが、水害は人間の自然への働きかけによって川から水のあふれる社会的要因の強い現象である。

⑤　洪水は川からあふれ出た水が人の営みに被害をもたらす社会的要因の強い現象であるが、水害は川に水が大量に流れる自然的要因の強い現象である。

check!　漢字　語句　文学史

〈豪雨〉

▼「豪」を用いるものを選びなさい。

①　子どもがゴウキュウする
②　ゴウベン企業を設立する
③　柔よくゴウを制す
④　インゴウな性格で憎まれる
⑤　海外旅行でゴウユウする

答　⑤（号泣・合弁・剛・因業・豪遊）

演習31 目標時間6分

弥生といえば、縄文に比べて飾り気のない、シンプルな土器というのが一般的な知識だ。岡本太郎の影響もあるが、芸術の文脈で語られるのは、弥生よりもだんぜん縄文。火焔(えん)型土器をはじめとする縄文土器の立体的で複雑に入りくんだ装飾に、顔やからだが極端にデフォルメされた土偶のインパクトも強い。

総じて、縄文の造形物は、とにかくエネルギッシュで、「なんだこれは！」と人を惹(ひ)きつけるものがある。なにやら謎めいた深い意味を予感し、用途を超えた「表現」を感じさせるのだ。

それに比べると弥生の土器は、アートよりデザインに近いかもしれない。表現のための形ではなく、使うための形。それも用の美を追求したミニマムなデザインという印象だ。

だから弥生人の絵を見て最初はギャップを感じた。実用的なものを好むクールなイメージとは異なり、親近感がわくような「ゆるい絵」なのだ。

たとえば人物の表現。頭は丸、体は四角、手足は棒といった、いわゆる棒人間だ。顔が描かれているものも、点三つで目と口、そこに横棒を足して眉毛という調子。それも下がり眉の気の抜けた表情だったりする。

そんな絵が、一部の土器や石器、木器、青銅器に描かれている。ベンガラの赤など顔料を使ったものもあるが、線刻が圧倒的だ。人間、シカ、ヘビ、魚などの動物のほか、想像上の動物である龍(りゅう)も描かれている。

シンプルな絵のなかに、弥生人の暮らしの様子が垣間見えておもしろい。舟や建物などの建造物に人間が配置された様子や、弓で獲物をとらえる様子などの説明的な描写もある。頭に鳥の羽の飾りをつけ、翼のように袖の広い衣装をまとった絵もあり、鳥装のシャーマンの儀式とされている。

かれらの絵を「ゆるい」と感じるのは、それが絵文字やマンガを思わせるからだろう。きわめて記号的な絵なのだ。「見たもの」を描く写実的な絵ではなく、「知っているもの」を描く記号的な絵。人間には、頭があって体があって、手が二本、足が二本、というような、頭のなかにある表象スキーマ（その対象についての一連の知識）を表している絵だ。

ずっと古い旧石器時代のショーヴェ洞窟の壁画の方が、写実的でデッサンに近い。だからといって弥生人の絵が稚拙だとか原始的だとかいうわけではない。そもそも弥生人もクロマニョン人も、同じホモ・サピエンスであるわたしたちと脳の構造や認知的な能力に違いはない。

弥生人の絵は、できるだけ手数を少なく、最小限のタッチで「なにか」を表そうとしているように見える。それも、

---

check! 漢字 語句 文学史

〈デフォルメ〉

▼「デフォルメ」を表す日本語としてふさわしいものを選びなさい。

① 最小
② 変形
③ 衝撃
④ 簡素
⑤ 冷静

答 ②（他はそれぞれ ①ミニマム、③インパクト、④シンプル、⑤クールを表す）

現代のわたしたちと同じようなやりかたで記号化しているのだ。対照的に、写実的な絵の場合は「どんな」も細かく描写され、含まれる情報量が多い。でもそのぶん描くのに時間もかかるし、技術も必要だ。だから「なにか」を伝えるためには、記号的な絵の方がずっと効率がいい。土器や青銅器の曲面を削って描くのにも、その方が適している。

（齋藤亜矢「弥生人と絵文字」）

問　傍線部について、これはどういうことを意味しているのか。最適なものを一つ選びなさい。

①　弥生人の絵は、見る人の感情に訴える力があると認識していたので、正確さに重きを置いて描いている点が不可解だったが、それは弥生人特有の観察力によるものだとわかったこと。

②　弥生人の絵は、自分達の生活を正確に記録するために描かれていると思っていたので、極端に省略した描き方に戸惑ったが、それは見た者の想像力を喚起する効果があるとわかったこと。

③　弥生人の絵はシンプルで、実用的なものであると思っていたので、絵文字のようで遊び心が見られることに違和感を覚えたが、実はそのほうが効率が良い描き方だとわかったこと。

④　弥生人の絵は、実際の道具をもとにしてデザインとしての美しさを追求したものだと思っていたので、単調な描き方に終始していることを不思議に思ったが、彼らにとっては美しさよりも簡便さのほうが大事なのだとわかったこと。

⑤　弥生人の絵は、日常生活で使われる物を重視した現実的なものだと思っていたので、想像上の物までもが描かれていることを意外に感じたが、それも彼らにとっては、日常的なものだとわかったこと。

check!　漢字　語句　文学史

〈効率〉

▼「効」を用いるものを選びなさい。

①　コウイン矢の如し
②　シュコウをこらす
③　社会にコウケンする
④　ブログをコウシンする
⑤　事件がジコウとなる

答　⑤（光陰・趣向・貢献・更新・時効）

演習32　目標時間7分

学習日　／　学習日　／

キーン　きっと義政*公は司馬さんのお話を聞いて、地獄で――ぼくはきっと地獄だろうと思いますが、喜んでいるでしょう（笑）。しかし、それにしても、このあいだ銀閣寺で聞いた話ですが、四畳半をはじめて作った人だから、義政はすばらしいと、そういうことになっていますが、日本人はよっぽど美学を喜ぶ国民なわけですね。

司馬　つまり、政治的正義よりも、美学の英雄のほうをむしろ好むところがあります。その人のおかげでひじょうに救われたというよりも、その人はたいへん教養があって、いいお茶室を建てたというほうが、カッコいいみたいなところがあるでしょう。

キーン　逆に言いますと、北条歴代の執権たちはひじょうに正直に政治をやって、日本という国のために努力したのに、ちっとも人気がないです。

司馬　そうなんです。殺風景ないわば野蛮人の感じが後世のわれわれにもあって、人気がない。なんだか義政のような放蕩息子に愛着をおぼえたりするのは、どういうわけでしょうね。じつはこれはキーンさんに聞いているわけですが。

キーン　日本人はいまでもそうですけれど、芸術家にたいしてひじょうに寛大ですね。日々の生活にいろいろ欠点があっても、芸術そのものがすぐれていたならばほかのことを許す。そういう面があるんじゃないですか。そこが中国ではちょっと違うような気がします。中国人だったら、杜甫はどうしてすぐれた詩人なのかと聞けば、国のために努力したとか、野蛮人が中国に入ったときに深く悩んだとか、そういうことばかりを言うのですが、日本人は、そういうことはまず言わない。(A)藤原定家がどうして偉かったかと日本人に聞けば、それはやっぱり和歌がひじょうに優美だったとか、幽玄の味があったとか、そういうことを言うでしょう。しかし藤原定家は、当時の戦争に関して、それは自分とまったく関係がない、「紅旗征戎*は吾が事にあらず」（『明月記』）と言っている。中国人の考え方では、そういう態度はまったくいけないことです。いくら自分は貴族で、いくら自分が風流人だからといっても、自分の国の成敗は自分と深い関係があると、中国人なら思ったでしょうが、(B)日本では、芸術さえよければ、そういうような無責任な態度を許すことができたのです。

（司馬遼太郎／キーン・ドナルド『日本人と日本文化』）

〈藤原定家〉

▼藤原定家が撰者である勅撰和歌集を答えなさい。

*義政――室町幕府八代将軍足利義政のこと。

*紅旗征戎――紅旗とは朝廷の威勢を示す赤い旗のこと。征戎とは戎をたいらげること。ここでは、朝廷による平家征伐の意味。

答　新古今和歌集（新勅撰集でも可）

問１　傍線部Ａ「藤原定家がどうして偉かったかと日本人に聞けば、それはやっぱり和歌がひじょうに優美だったとか、幽玄の味があったとか、そういうことを言うでしょう」とあるが、日本人は定家をどのような存在であるととらえているか。問題文から四字以上六字以内で抜き出しなさい。

問２　傍線部Ｂ「日本では、芸術さえよければ、そういうような無責任な態度を許すことができた」とあるが、そうした心情をどのようにたとえているか。問題文から一五字以内で抜き出しなさい。

check!　漢字　語句　**文学史**

〈司馬遼太郎〉

▼命日は一般に何と言われているか選びなさい。

①　薄桜忌
②　菜の花忌
③　桜桃忌
④　桃青忌
⑤　紅葉忌

答　②（代表作『菜の花の沖』に由来する）
（①宇野千代の命日
③太宰治の命日
④松尾芭蕉の命日
⑤尾崎紅葉の命日）

第9章 一体性・類似性

論理的関係をつかむ（一体性・類似性）

本章では、「一体性・類似性」について学習していきます。

まず「一体性」についてですが、最もわかりやすい例が、男と女でしょう。男性と女性は、人類が存続していくためにはお互いに不可欠な存在ですね。そのように、不可分、互いに必要とする、といった**「一体性」の関係**に注目して文章を読み、問題を解く練習をします。イメージとしては、上記の通りです。

A ＋ B
（「一体・不可分」等）

●具体的な手順

1　本文を読みながら、**「一体性・不可分性」を示す言葉**に注目しましょう。

2　設問と関係する「一体性・不可分性」について、**「何と何が一体・不可分なのか？」**を考えましょう。

※既に学習した事項（**「論」と「例」**）も用いながら考えましょう！

次に「類似性」ですが、類似関係、つまり、**何かと何かの「類似性・共通性」**に注目して文章を読み、問題を解く練習をします。イメージとしては、次の通りです。

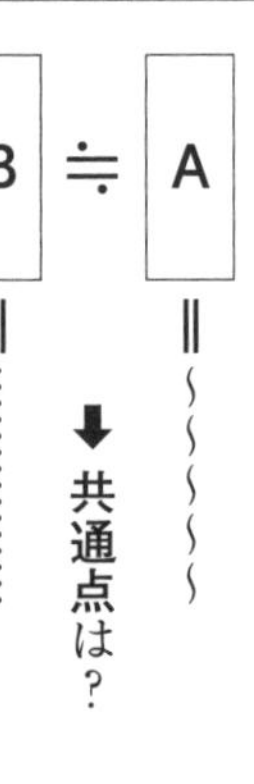

●具体的な手順

1　本文を読みながら、**「類似性・共通性」を示す言葉**（「〜もまた」「同じ」など）に注目しましょう。

2　設問と関係する「類似性・共通性」について、**「何と何が同じなのか？」**を考えましょう。

3　両者の**共通点**は、どのようなものかも考えましょう。

演習33

目標時間6分

学習日　／

学習日　／

明るい薄茶色の石積みが美しい街並みは、落ち着いた風格を静かにただよわせていた。ただ、その静けさは古さが淀（よど）んでいるだけではない。脈うつ活気がかすかに伝わってくるのである。活気は古い街並み、道の方向に直角に位置する建築の内部空間のモダーンさ、その魅力からくるものであった。内壁や天井、椅子(いす)やテーブルがネーヴィーブルーと白とに彩られた、鮮やかな意匠のレストランに、思わずひきこまれるように入ったが、古色蒼然(そうぜん)とした街のたたずまいと、店内のフレッシュな意匠との対比が実にすばらしいのである。

やがて、対比のすばらしさの秘密は、何百年と動かないままの、分厚い壁にあることを知った。壁を境にして隣との内壁どうし、外壁との区別が明確にされ、内と外、それぞれが別のものとして存在できたから、対比が可能となったのである。外壁は、いつまでも変わらない中世都市そのままの姿で、その変わらせようとしない石積みの壁が、道という方向をもった奥行きある見せ方で、深々とした落ち着きをただよわせている。そして内壁は外の街並みとは独立して、生活に密着した内側の皮膚とでもいうのか、生活の変化、時代に応じた現代性を生かすことが可能となったのであろう。逆にこうした内壁の生かされ方があればこそ、外壁の古さが保たれたとでもいえそうである。古さと新しさ、外と内との見事なまでの対比関係、その鮮やかさであった。古さには、ある確かさと同時に何かしら淀みがあり、新しさには、不安と活気が同居している。それらが互いに補い合っている美しさが、この街のものである。

厚い壁は動かないもの、どうしようもないほどの確かさをもった存在、そういう意識があって、外側と内側との区別が生まれ、外側には外側としての古さを保持する役割、内側には生活をかかえた内側の、それぞれの機能分担がなされたところに、壁の意味があったといえる。内側が内側として独立すれば、内側のみを生かすことの思い切りと利用が可能となり、時代との対応が容易になる。ここには微塵(みじん)の曖昧(あいまい)さもなく、動かない存在をベースにした、物事への対し方のあることを知ったのである。

（滝沢健児「すまいの明暗」）

問 傍線部「それらが互いに補い合っている美しさ」はどのようなものか。その説明として最適なものを一つ選びなさい。

① 石積みの建物の街並みがもつ古びた奥行きのある静けさと、たえず変化し続ける建物内部の新鮮さとの調和。
② 歴史をしのばせる古い教会や石積みの建物の街並みがかもし出す、明るい色彩と重厚な風格との対比。
③ 中世都市そのままに停滞した古い街並みと、その歴史性・伝統性に秘められた新鮮な現代的感性との対比。
④ 内壁を時代に対応させることで保たれてきた外壁の普遍的な存在感と、古さゆえの停滞感との両面性。
⑤ 石積みの建物内部がもつ色彩の鮮やかさや活気と、常に変化し時代に即応しようとする現代性との調和。

check! 漢字 **語句** 文学史

〈意匠〉
▼同じ意味の語を選びなさい。
① アイデア
② スタイル
③ フォルム
④ デッサン
⑤ デザイン

答 ⑤（①着想・考え ②様式 ③形・外形 ④素描）

演習34 目標時間5分

学習日 ／ 学習日 ／

科学は自然の対象を観測し、そこに存在する構造や機能の法則性を明らかにする。ある対象領域に成り立つ法則を発見した、法則を確立したというのは、どのようにして保証するのだろうか。

ボールを投げると放物線をえがき、ある一定の距離に落ちる。ある物質と物質を混ぜて、ある一定の温度に保つと、反応してある物質ができる。こういった多くの実験から、そこにある種の規則性を認識し、そこから法則を確立していくわけであるが、その法則は実験によって確かめるというプロセスを絶対的に必要とする。しかも、誰がやっても同じ結果が得られるということでなければならない。

このように、科学は自然のなかに存在する対象を分析し、そこから法則を抽出し、対象を分析的に理解するというところに中心があった。こうして法則が確立されると、つぎの段階として、これらの法則の新しい組み合わせを試みることによって、それまで世界に存在しなかった新しいものをつくりだせる可能性があることに、人々は気づいたわけである。

法則を組み合わせて、実験をしてみて、もとの対象が復元できることを確かめるところまでは、科学の領域であろうが、法則をいろいろと新しく組み合わせて何か新しいものをつくっていくというつぎのステップは、シンセシス、あるいは合成・創造の立場であり、それが現代における技術であるということができる。つまり、現代技術は科学の法則を意識的にあらゆる組み合わせで使ってみて、何か新しいものをつくりだしていこうとする明確な意図をもったものとなっていて、これが従来の技術とは明確に異なっているところである。

このように［X］とは対概念となり、したがって科学と技術も対概念であり、コインの裏表の関係であると理解される。そこで、これら全体は科学技術という一つの概念、一つの言葉としてとらえることができるだろう。

（長尾真『「わかる」とは何か』）

問　空欄Xに入る語句として最適なものを一つ選びなさい。

① 実験と復元　② 合成と創造　③ 創造と意図
④ 分析と合成　⑤ 法則と分析

漢字　語句　文学史

〈分析〉

▼対義語を選びなさい。

① 具体
② 全容
③ 一括
④ 総合
⑤ 演繹

答 ④

演習35

目標時間５分

学習日　／　学習日　／

　歴史的な自然の中に静かに横たわっている技術的な操作の限界を破らない内は、技術は自然の法則に服従する。自然の法則は、最善ではないにしても、深い英知の産物であるかのように見える。この限界を守ることで、技術は人間性を保つことができる。それはいわば素朴自然主義の技術倫理である。この倫理の枠の中では、生命はいつも暗い神秘をたたえたブラックボックスであり、人間は生命現象を外側から観察して、その内部について憶測をめぐらすことができるだけで、要素を入れ替えて、技術的操作をするということは考えられない。

　しかし人類は、すでにこの素朴自然主義の倫理の限界を超えて歩き出してしまっている。その未来に見えてくるのは、生命にかかわるあらゆる要素が他の要素から分離されて認識され、またその要素を他の要素に置き換えるという形での操作の可能性の広がりである。

　遺伝子治療と遺伝子診断によって生命倫理が直面する課題は、環境倫理の課題と似てくる。人間にとっての自然らしさを残すという課題は、もはや自然に委ねたのでは解決できない。人間は人工的に「ありのまま」の自然を残さなくてはならない。これは「正義」や「善」や、「自由」と並んで、「自然」もまた究極の価値になるという意味でもあるだろう。

　何のために「自由」を守るのかと訊かれても、答えられない。悪魔が「もし君たちが自由を捨てて奴隷制を復活させたならば、君たちの総所得を二倍にしてやろう」と誘惑してきても、われわれはきっぱりと拒絶するだろう。

　同様に何のために「自然」を守るのかと訊かれても、答えられない。自然を守ることは、人間の歴史的同一性を守ることであり、また、自然に対する人間の責任の問題なのである。「人間らしさ」を守ることは、人間の中の自然を守ることである。人間の自然らしさを設計することである。

（加藤尚武『脳死・クローン・遺伝子治療』）

問　傍線部「『自然』もまた究極の価値になる」とはどういうことか。最適なものを一つ選びなさい。

①　自然は、人間が人工的に作り出す理想の作品となるということ
②　自然は、人間にとって無条件に守るべきものの一つになるということ
③　自然は、人間が一切手を加えてはいけない貴重なものとなるということ
④　自然は、人類自体の存続よりも重要な価値を持つようになるということ
⑤　自然は、「正義」や「善」や「自由」に置き換えられるものとなるということ

漢字　語句　文学史

〈倫理〉

▼「倫理」の言い換えとして適当な語を二つ選びなさい。

①　細則
②　論理
③　思考
④　背理
⑤　道徳
⑥　マニュアル
⑦　ロゴス
⑧　モラル
⑨　アート
⑩　デザイン

答　⑤・⑧

演習36

目標時間7分

アジアでもアフリカでも、人間が一度自然に手を入れてしまうと完全にはもとに戻らないという例を見てきた。たとえばアフリカに行ったときは、かつての熱帯雨林の話を聞いているからすごく期待して行くが、実際にそこで見る森はなんだか情けない感じなのだ。

人間が手を入れると、その前の自然には二度と戻らないのではないかという気がする。人間の介入というのはそれほど大きな影響をおよぼすのだ。コスタリカではそのことがいちばん印象に残った。別のいい方をすれば、そこで見たものは人間というものの自覚のなさをよく表していると思った。

自然はすばらしい。普通、みなそういう印象を持っている。しかしぼくは、人間はここまで破壊的なのかという印象を持つ。むろん地球上にはまだ人間が足を踏み入れたことのない森が残っているだろう。が、たいていのところにはもう人間が入ってしまっている。入らなくても大気汚染や温暖化はしのびよる。仮に自分たちは自然を壊さない、伝統的なやり方で森に入っているという者がいても、刃物などを持つなら、もうそのダメージはもとに戻らないほど深いと考えるほうが適切ではないか。自然はすごいというより、人間がすさまじいと思う。これから我々人間はそういう自覚を持つほうがいいのではないか。

子どものころお話に聞いたような熱帯の自然はもうほとんどないかもしれないと認識することは、ぼくにとって非常に大事なことで、残念でもあり、悲しいことでもあった。

ほんとうの自然の森には道もなければ知識も、地理も、名前も、何もないはずだ。そのような自然のままの自然、自然のままの大森林はもはやほとんどない。どこか奥地に行くとあるのではないかと思っている人は多いと思うが、そうではないと知る必要があるだろう。

ぼくらはもはやそんな時代にはいないのだ。

熱帯の自然に対するイメージは変わり、これからは、残された自然からもとはどうだったのかを想像するくらいしかできないのではないか。

総合地球環境学研究所のときもよくアドバイスをしたのは、環境を研究するとき、そこには必ず人間が関わることに

---

check! 漢字 語句 文学史

〈熱帯〉

▼「帯」を用いるものを選びなさい。

① 辞書のタイシュツを禁じる
② ローマにタイリュウする
③ 選手コウタイを告げる監督
④ 製品のタイキュウ性
⑤ シンタイ伺いを提出する

答 ①(帯出・滞留・交代(替)・耐久・進退)

なる、どこまで手をつけたかを意識したうえで自然を見なくてはいけないということだ。

ああ、これは手つかずの自然だなんて、うっかり思ってはいけない。人間が入ったらもはやそこは自然ではないのだから、人間が入っていないように考えてはいけない。それを重々認識したほうがいいという話をたびたびした。

それは物理学における観察者と観察される粒子の話とよく似ている。

粒子は観察されたとたん、それまでとふるまいが変わる。人間の関わり自体が、関わる現象を変化させる。

人間というものは、大きな自然に対しても、極小の自然に対しても、結局同じ問題を抱えざるをえないのかもしれない。

それと違って人間以外の動物は、自分がつかまえて食う動物に対する影響はあるだろうが、それ以外の動物や環境に対する影響はあまりない。少なくとも動物は環境を変えようとは思っていない。

その違いが人間の持つ重要な意味ではないだろうか。


（日高敏隆『世界を、こんなふうに見てごらん』）

問　傍線部について、人間が「極小の自然」に関わる際の「問題」の具体的な説明として最適なものを一つ選びなさい。

① どんなに小さな自然でも、かつての熱帯と同様に、すでにイメージが変化してしまっていて、想像しかできないこと。
② 物理学における観察者は、観察される粒子があまりに小さいものであるため、どこまで手をつけたか意識できないこと。
③ 人間の関わり自体もまた、大きな視点から見れば、小さな自然現象であることからのがれられないこと。
④ 小さな粒子を観察すると、観察者の関わりによって対象に変化が生じ、本来の状態を観察できないこと。
⑤ 人間は、自分がつかまえて食うような小さな動物からも、常に影響を受けるということ。

check! 漢字　語句　文学史

〈粒子〉
▼「粒」を用いるものを選びなさい。
① イタリアにリュウガクする
② 国際的な人事コウリュウ
③ サイリュウの風邪薬を飲む
④ 寺院をコンリュウする
⑤ リュウセイを誇った国家

答 ③（留学・交流・細粒・建立・隆盛）

第10章　「論」と「例」④

複雑な「論」と「例」の関係をつかむ

「論」と「例」の関係の最終章です。この章では複雑な「論」と「例」の関係に注目する設問を扱っています。これまでは「論―例―論」の組み合わせが一つのものを解いてきましたね。ここでは主に、その**組み合わせが二つ以上のもの**を解いていきます。イメージとしては、次の通りです。

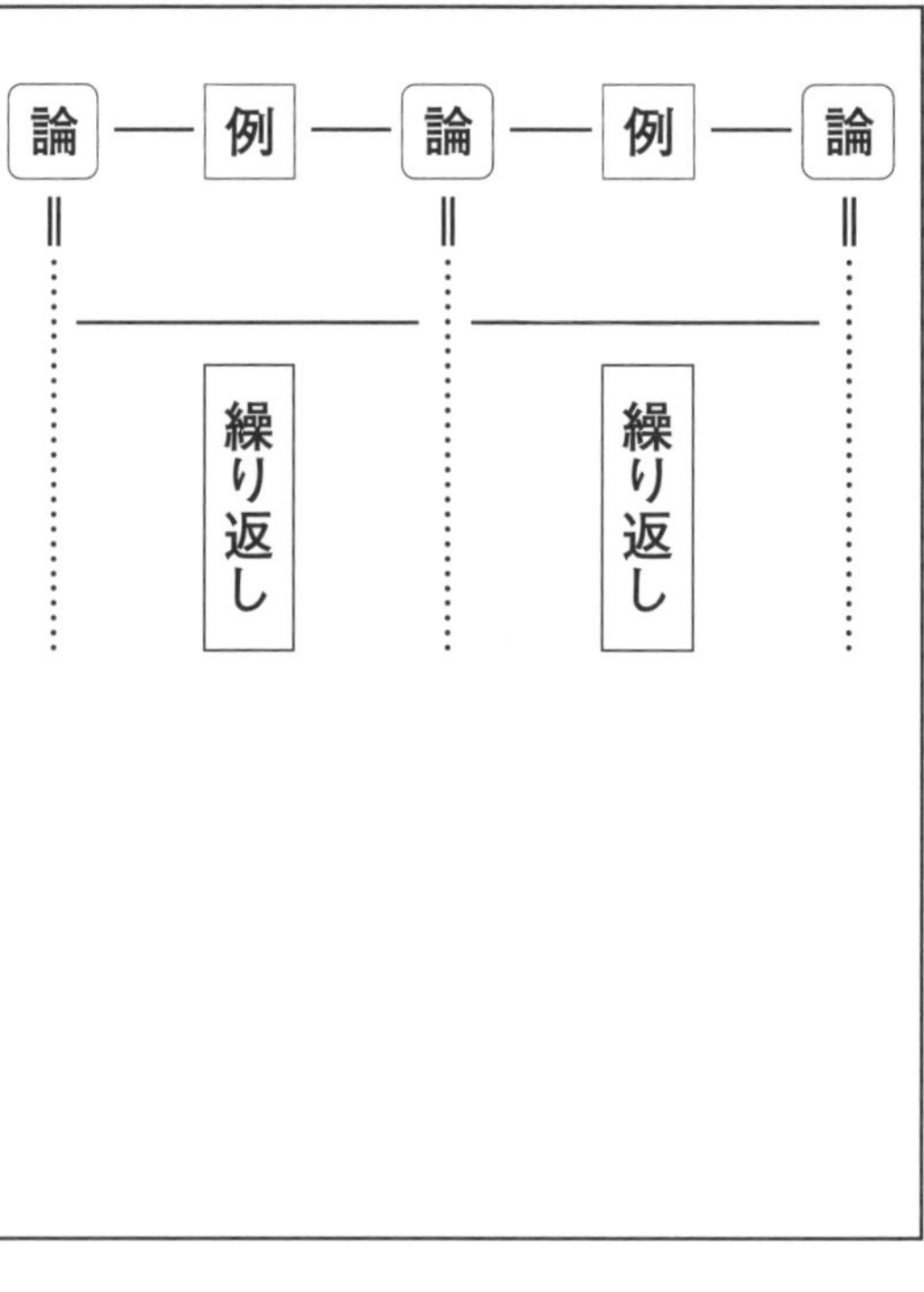

図式化すると、意外と単純そうですね。中身は今まで学んできたことの繰り返しです。自信をもって取り組んでください。この章が全問正解なら、「論」と「例」については免許皆伝です！

演習37

目標時間5分

「合理主義」ということばを広く解釈すれば、それは十六、七世紀以降の世界全体を通ずる大きな傾向であって、西欧のみが、無知と蒙昧（もうまい）の暗夜のなかにただ一つ光り輝く世界であったわけではないということである。神秘主義、直観主義、感性主義、あるいはやみくもな行動主義に対立するものとして、理性と悟性の尊重、人間の行動と社会の組織における論理と計画の重視等々を意味するものとして、「合理主義」という概念を理解すれば、それは西欧のみならず、近代において栄えた世界各国においても共通に見られたものであるといってもよい。宗教と魔術からの解放を意味する「世俗化と脱呪術化」ということは、近代社会の基本的特徴であるといわれるが、その限りでは、それは西欧社会にのみとどまる現象ではない。

たとえばわが国の江戸時代は、世俗化と脱呪術化の著しく進んだ時代であったということができる。キリシタン弾圧後、江戸時代において宗教は、完全に宗教としての力を失ってしまったということは、ほとんど異論のないところである。もちろん迷信や、宗教的慣習は残っていたけれども、江戸時代の支配階級である武士はほとんど宗教に依存するところがなかったし、またその支配イデオロギーである朱子学は、それなりに一貫した合理的な世界観に基礎づけられていたのである。江戸時代に、実験的自然科学はともかくとして、人文科学や数学の面で大きな進歩が見られたことは偶然ではない。

また中国の清帝国は十七世紀半ばより十八世紀末まで、康熙（こうき）・雍正（ようせい）・乾隆（けんりゅう）三帝の時代を通じて空前の繁栄を誇ったが、その社会の精神も、世俗的かつ合理主義的なものであった。科挙にもとづく官僚制は、システムとして完成の域に達し、ヨーロッパ諸国は文官任用試験の制度を中国から輸入したのである。清代の代表的な学問である考証学は、合理主義と批判的精神に貫かれていた。

したがって「合理主義」ということは、広い意味では、近代のいわば［X］であったのであって、それは宗教的信仰が、七・八世紀から十五世紀ころまでの中世の［X］であったのに対応しているのである。それゆえ、近代西欧社会の「合理主義」精神に対して、それ以外のすべての社会を支配しているものが、すべて「伝統主義、呪術主義」であるかのように説く一部の人々の議論は基本的に受け入れ難い。

（竹内啓『近代合理主義の光と影』）

問　空欄X（二箇所ある）に入る語句として最適なものを一つ選びなさい。

① 合理精神　② 博愛精神　③ 東洋精神　④ 世界精神　⑤ 批判精神

学習日 ／
学習日 ／

漢字　語句　文学史

〈イデオロギー〉

▼意味として最適なものを選びなさい。

① 知識、もしくは知識人
② 主義・主張を簡潔に表現する標語
③ 最も重要視される領域
④ ある目的のための手段・方法
⑤ 政治や社会についての考え方

答 ⑤

演習38　目標時間8分

象徴として、もっといえば比喩として成功や死を体験するというのは、代行文化固有の心理的な特徴であるに違いない。感情移入してボタンを押しつづける子どもは、自分がシンボルを操作していることに気づかない。彼は、画面のヒーローと指先の感覚がひとつながりにセットされていると感じている。しかしヒーローは、ソフトのプログラムに属しているのであって、本当のところ子どもには属していない。ヒーローと敵が実はグルになって、孤独な少年に試練を課しているのである。

「X」とは、自分のなすべきことの一部あるいは大部分を他者に委ね、自己疎外を許すことであり、好むと好まざるとにかかわらず、自分自身の抽象化をなしくずし的に受け入れることだ。代行化とは象徴化にほかならないのである。

むろん、代行文化は遊びに限るものではない。日常生活のあらゆる場面で、今日、ぼくたちはおとなも子どもも直接的な関係、具体的な現実感（つまりリアリティ）を切り捨ててきている。その結果、子どもとおとなの文化行動の流儀にあまり大きなへだたりが見られなくなった、といえるだろう。

たとえば、コミュニケーション手段としての電話の浸透が、子ども同士のつきあいのYを弱めてしまったことなども、その例であろう。いつの頃からか子どもたちの間で「遊ぼう！」というよびかけや誘いは聞かれなくなった。直接会話している場合でも「遊べる?」と、相手の意向や都合を打診するのがふつうである。これは、明らかに電話による間接的語法の一般化であろう。相手の表情や背景が見えない場合は、よびかけふうの声のかけ方はためらわれるのだ。

おとな社会では、みだりに「……しよう」と他人を誘うには、そのようにする必然性の共有が前提とされる場合以外、慎まねばならない。当然誘うものと誘われるものとが同じ場所に居合わせていなければならないわけで、電話ではまず都合を聞くことからはじまるのがふつうだ。「おひまですか。よかったら……」という感じであろう。そば屋や鮨屋に出前を頼むときでさえ、そう頻度の高くない家庭の主婦は「今日やってます?」とか「出前たのめる?」と、最初に言うようだ。

これは必ずしも礼儀の問題ではない。自分と相手との距離の感覚が、そのような言い回しを必然化するのである。いま、子どもたちがこれを真似る。いっしょに遊びたいという意欲よりも、相手との距離をはかり、関係を調整することの方を大切にしなければならなくなったのだろう。

（斎藤次郎『「子ども」の消滅』）

---

check!　漢字　語句　文学史

〈浸透〉

▼「浸」を用いるものを選びなさい。

① 意味シンチョウ
② フシン者に注意する
③ 台風によるシンスイ被害
④ シンリャク者を排除する
⑤ 事業の発展にフシンする

答 ③（深長・不審・浸水・侵略・腐心）

問1 空欄Xに入る語句として最適なものを一つ選びなさい。

① 体験　② 代行　③ 試練　④ 孤独　⑤ 象徴

問2 傍線部について筆者はどのような事例をあげて説明しているか。最適なものを一つ選びなさい。

① 代行文化が日常化した結果、おとなたちが用件だけをわかりやすく簡潔に伝えるよう心がけているように、子どもたちも、友だちと直接会話する場合自分の言いたい要点だけをかいつまんで話すようになったこと。

② 代行文化が日常化した結果、おとなたちが様々な要件を電話による間接的な会話ですまそうとするように、子どもたちも、直接顔と顔を合わせて会話をするのではなく、機械を介しての間接的な会話ですまそうとすること。

③ 代行文化が日常化した結果、おとなたちが行動のすべてを他人に委ねて自己疎外を許してきたように、子どもたちも、直接的な関係や具体的な日常生活での行動を、他人の意向や都合に全面的に任せるようになったこと。

④ 代行文化が日常化した結果、おとなたちがひとを誘うとき、まず相手の意向や都合を確かめるように、子どもたちも、目の前の友だちに対して、自分と相手との距離を考えた間接的語法の言い回しをするようになったこと。

⑤ 代行文化が日常化した結果、おとなたちが相手の表情や背景が見えない場合、直接的な声のかけ方はしないように、子どもたちも、電話で話をするとき、いつもの直接的で濃密な言い方を避け丁寧な言い回しをすること。

問3 空欄Yに入る語句として最適なものを一つ選びなさい。

① 相対性　② 必然性　③ 娯楽性　④ 親密性　⑤ 直接性

check! 漢字 **語句** 文学史

〈相対〉〈必然〉〈親密〉〈直接〉（問3）

▼それぞれの対義語を答えなさい。

答 絶対・偶然・疎遠・間接

演習39　目標時間10分

瀬戸内海のほぼ中央部に位置する鞆（とも）の港は、古くから海上交通の要所として栄えた。徳川時代には、朝鮮からの通信使が立ち寄った。海岸べりに立つ福禅寺の客殿の対潮楼は、通信使の宿所として使われた。仙人が酔うほどに美しいという言い伝えのある仙酔島が、間近に見える。この眺めを、通信使は「日東第一形勝」とたたえたという。

古い町並みを抜けて海岸べりに出る。常夜灯という江戸時代の灯台が立ち、雁木（がんぎ）と呼ばれる船着き場の古い石段が波に洗われている。かなたに島々が見え、その先に内海が広がる。江戸期の港のたたずまいと町並みとが一体となって、はるかな歴史への旅に誘うかのようだ。港でも、場所や角度によっては、近代的な護岸や工場の煙突などが目に入ってくる。しかしその多くは遠景で、港を覆ってはいない。車の行き交う長い橋を海上に造れば、独特の丸い港の形が分断されるだけでなく、海岸から沖合への視野も遮断されて古来の景勝は消え去るだろう。

景観を失うことは、長い時が育んだ人々の暮らしを失うことにもなりかねない。景観にかかわる計画は、慎重すぎるぐらいでことにあたらないと、未来に大きな禍根を残す。

鞆の浦から東京への帰途、京都で新幹線を降りた。京都市では昨秋、歴史的な景観を保つため、市街地の建物の高さなどを規制する「新景観政策」が始まった。鴨川あたりから大文字の送り火が見えにくくなったといった問題もあるという。そんなことを思い浮かべつつ、在来線で宇治市に向かう。

琵琶湖を源とする宇治川のほとりには、この地も舞台となった『源氏物語』の紫式部を記念する像があった。そばの、開きかけたジンチョウゲから、早春のかすかな甘い香りが漂う。そこから平等院への参道を抜け、鳳凰堂の前に立った。

創建からは、千年近くの時が流れた。翼を広げたような優美な姿が、平安の世をしのばせる。十円玉をひとつ取り出す。そこに刻み込まれた鳳凰堂の姿は、半世紀以上も変わっていない。しかし今、向かって右手の翼廊の向こうには、高層のマンションが二棟のぞいている。宇治市でも、これ以上の景観の崩れを避けることを念頭に、周辺での高さ規制を強めたという。良い景観を保つためには、その景観に人工的なものをできる限り付け加えないように心がける時代が来ている。

景観に付け加えられた巨大な人工物を破壊した例が、イタリアの南部にある（フランコ・カッサーノ『南の思想』）。地中海に臨み、十字軍の出航地としても知られるバーリ市で、海岸近くに建設されていた高層のリゾートマンションが、裁判の結果、一昨年春に取り壊された。

check!　漢字　語句　**文学史**

〈源氏物語〉

▼現代語訳を記した作家を二人選びなさい。

① 与謝野晶子
② 夏目漱石
③ 村上春樹
④ 三島由紀夫
⑤ 谷崎潤一郎
⑥ 川端康成

答 ①・⑤

この国の景観の保護法は、海岸近くでの開発を規制しており、このマンションは違法建築にあたるというのが最高裁の判決だった。しかし、建設会社は市から建築許可を得たうえで着工していた。当時のイタリア各紙の報道によれば、この建築許可の評価が裁判の焦点で、一審は許可を出した当時のバーリ市を強く批判し、最高裁もその考えを支持した。

インターネット上に、爆破当時の模様が流れている。高さ十数階ものマンションが爆風と共に一気に崩れ落ちる様はおぞましい。同時に、古来の景観を壊す物は付け加えさせないという、地域の意思のようなものが感じられる。確かに、良い景観とは、未来においても価値を生み続ける貴重な資産でもあるのだろう。

フランスの歴史家が述べている。「風景とは空間を検証し、評価するひとつの方法である」(アラン・コルバン『風景と人間』)

この評価は時と共に変わりうるが、古来の良い景観の多くは静かで穏やかな存在に見える。言葉を発するわけもない。しかしそこに人の手が加わりそうな時には、その当否を人間の側に問いかけるようにも思われる。場所が鄙(ひな)であれ都会であれ、その無言の問いに立ち止まって耳を傾けることの大切さは変わるまい。

(高橋郁男「時の肖像　ゆらぐ景観」)

問　本文を四つの意味段落に分けるとすると、第二段落、第三段落、第四段落はどこから始まるか。それぞれ初めの三字を抜き出しなさい。

第二意味段落				第三意味段落				第四意味段落			

check! 漢字　語句　文学史

〈裁判〉

▼「裁」を用いるものを選びなさい。

① 熱帯雨林をバッサイする
② 厚紙をサイダンする
③ サイゲンなく求める
④ 庭にボンサイを集める
⑤ シュクサイ的な雰囲気

答 ②(伐採・裁断・際限・盆栽・祝祭)

演習40

目標時間7分

学習日 ／

学習日 ／

ハヤリとシキタリには似たところがある、といったら驚かれるだろうか。

ふつう、ハヤリとシキタリ、つまり流行と慣習は対照的・対立的な文化のあり方だとされている。両者は時間的な持続性の点で大きく異なり、慣習（シキタリ）が何世代にもわたって継承されてきた行動様式であるのに対して、流行（ハヤリ）はごく短いサイクルで生成消滅するもの、というのがおそらく一般的な認識であろう。あるいは、慣習は世代間でタテに伝承されるが、流行はヨコに伝播（でんぱ）する、と言われることもある。こうした見方は必ずしも間違っているわけではない。しかし、それにもかかわらず、ハヤリとシキタリには共通点があり、それについて考えることは民俗学にとって無益ではない、と思う。

ハヤリとシキタリの共通点の一つは、どちらも普遍性を欠いた、その意味でローカルで特殊な文化だという点である。シキタリと呼ばれるものがローカリティと結びついていることはあらためて言うまでもないだろう。シキタリは、「〇〇のシキタリ」という具合に、ほとんどの場合、それを保持する集団を特定して言及される。そしてその言い方は、その行動様式が「〇〇」の外部では通用しないことを半ば含意していると言ってもよい。日照りに雨乞（あまご）い踊りを踊るのは〇〇ムラのシキタリではあるかもしれないが、隣ムラもそうだとは限らない。年取り魚として大晦日（おおみそか）に鮭（さけ）を食べるのは東日本のシキタリであって、関西や中四国・九州はそうではない。「日本のシキタリ」はロシア人にもアメリカ先住民にも無縁であるから、彼らは盆に帰省したりしない。仕事は真夏でもスーツにネクタイで、という事務系サラリーマンのシキタリは、農家にとってはまったく馬鹿げている。

ハヤリは、あるいは地域や既存の社会集団を超えて広がるもののように思われているかもしれない。しかし、実際には限られた範囲、たとえば地域・年齢・性別・身分・階層・職業等々によって限定された集団内部での現象であることがほとんどである。「大流行」などと言ってもせいぜい十代後半から二十代前半の男女の一部に支持されたにすぎず、「世界的流行」がしょせん先進諸国の一定以上の経済力をもつ階層だけのものであったりする。そして、それ以上に重要なのは、ハヤリはけっして過去の人びととは共有されていないということである。流行の流行たる所以（ゆえん）はその新奇性にあるから、ある程度の時間を経てなお持続している文化要素は、もはや流行とは呼ばれない。ハヤリは、なによりも同時代人という集団のもつ［X］な文化なのである。

ハヤリとシキタリのもう一つの共通点は、どちらも実利性や合理性では説明のできない行動様式を正当化することで

漢字　語句　文学史

〈既存〉

▼「既」を用いるものを選びなさい。

① ヒキ劇
② ブンキ点
③ キカ学
④ カイキ日食
⑤ 名誉キソン

答 ④（悲喜・分岐・幾何・皆既・毀損）

ある。

日本人の多くは今でも正月に餅を食べる。この行動を実利性で説明することはおよそ困難である。正月に餅を食べることとさら健康増進によいわけでも、この時期、餅以外の食品が手に入らないわけでもない。したがって、もし理由を問われれば、おおかたの人は「（日本の）シキタリだから」と答えざるをえない。もちろん、民俗学者なら稲作農耕や白という色、丸という形などにからんだ餅の象徴性を説明しようとするだろうが、しかし現実に社会のなかでこの行動様式を保持し、継承させているのは、シキタリであること、つまり昔からそうして来たのだ、というただ一つの理由なのである（ちなみにシキタリは「仕来り（しきたり）」で、して来たこと、の意である）。シキタリであることは、きわめて没論理的に、つまり理屈抜きに、その行動様式の存在理由となる。

（小嶋博巳「流行りと仕来り」）

問1 空欄Xに入る最適な語を本文中から五字以内で抜き出しなさい。

□□□□□

問2 傍線部「実利性や合理性では説明のできない行動様式を正当化する」とあるが、正月に餅を食べる理由について、「実利性や合理性では説明のできない行動様式を正当化」しているものを一つ選びなさい。

① 正月に餅を食べるのは、健康増進によいからだ。
② 正月に餅を食べるのは、この時期に餅以外の食品が手に入らないからだ。
③ 正月に餅を食べるのは、餅には白という色や丸という形などに稲作農耕を象徴する意味があるからだ。
④ 正月に餅を食べるのは、昔からそうしてきたからだ。
⑤ 正月に餅を食べるのは、「仕来り」に従うことで集団のアイデンティティが守れるからだ。

check! 漢字 **語句** 文学史

〈象徴〉
▼同じ意味の語を選びなさい。
① メタファー
② シンボル
③ アナロジー
④ パラドックス
⑤ アイロニー

答 ②（①隠喩（暗喩） ③類推 ④逆説 ⑤皮肉（反語））

第11章 対比④

論理的関係をつかんで解く難しい問題（対比）

対比関係に注目して文章を読み、問題を解く練習の最終章です。文章・設問ともにかなり難度が上がっていますが、結局また**「何と何が対比関係になっているのか」**を意識することが重要です。ここまで根気よく続けてきたあなたなら、恐れるものは何もありません。今まで学んできたことを信じて、全問正解してください！　こちらも全問正解なら、対比関係の免許皆伝です！

演習41　目標時間6分

デザインはラテン語の「計画、設計する」（designare）から派生し、「意匠」「計画」を意味する。モホリ＝ナギ*は「デザインとは心的態度のことである」と言ったが、確かにデザインは実体をもたない。建築もデザインなら、工芸もデザインである。（中略）

デザインは英語だが、それはこの考えがイギリスにはじまり、アメリカで花開いたことを教えてくれる。フランス語ではデッサンにあたるが、デザイナーとは語源からいうと素描家のことであり、構想を書きとめた計画案がデザインということになる。モノでも素材でもなく、考え方そのもの、つまりデザインは思想なのである。

素描が作品を生みだす母体となったように、デザインも製品を生みだす母体となる。素描がやがて上から塗り込められることになる下書きだとすれば、デザインは逆に上からおおわれるパッケージだと言ってもよい。モノを包装することは、あらゆる意味でデザインの本質である。現代はしばしば製品の質や味よりもむしろデザインを買っている場合が多いが、それは中身を包むヴェールの役割を果たすことで、本体を無化してしまう。

包装は過剰になればなるほど、デザインの本質が現われてくる。よりよく見せるための方便としてそれは機能する。資本主義社会においては欠かすことのできない思想がデザインに集結する。包装紙がデザインなのは言うまでもないが、ポスターもそこで案内された様々な催しのパッケージの役割を果たすし、建築もまた暮らしや仕事のパッケージそのもの

---

check!　漢字｜語句｜文学史

〈過剰〉

▼「過」を用いるものを選びなさい。

① 器官の一部がタイカする
② タイカなく任務を果たす
③ 労働のタイカを受け取る
④ タイカ金庫を購入する
⑤ その道のタイカとなる

*モホリ＝ナギ――ハンガリー生まれの芸術家、美術教育家。

答 ②（退化・大過・対価・耐火・大家）

であるし、ファッションも人体のパッケージとして機能するし、ジュエリーも人体の一部である指や首を飾るパッケージとみなすことができる。それゆえデザインが一番気を許すのは、顔をパックする化粧品ということになる。化粧品メーカーはデザインの宝庫だ。それはまた「飾り」や「看板」という語に置き換えてもよいが、「装飾」という語を用いることによって、美術との接点が生まれてくる。それらはおしなべて実体への反逆であり、中身で勝負ならぬ外見で勝負ということになる。

デザインは装飾とは反発し合いながら、装飾が内包する効果を求める。ここで興味深いのは、デザインはもともとは構想を練ること、もとの骨組みを考えることであるはずなのに、いつのまにかパッケージという役割に変換されているということだ。しかし、実はここにこそデザインの思想があるようだ。パッケージをつくることは実は骨組みを考えることなのである。私たちは自分というものがあって、それをおおうものとして家や衣服があると考える。これらは自分をよく見せるための道具にすぎないとさえ思う。

しかし、モノにこだわりはじめると、いつのまにか主客が逆転する。よりよきものを求め、それに合うように自己を改革していくという立場が表明される。指輪をはめることで既婚者であることを自覚するし、制服を着込むことで職業を意識する。マイホームをもつことを夢見て仕事に励む。しかし、それらはともにいつでも捨てることができるし、手軽に脱ぎ捨てることによって全くちがう自己に変身することが可能となる。衣服は洗い代えをのぞけば季節に合わせてそれぞれ一着あれば事足りるはずなのに、なぜ次から次に買い続けるのか。(中略)

機能は同じなのに、デザインがちがうだけで、人は簡単に購入を決意する。生活の必需品を優先させる「用」の美は貧しい時代のストイックな禁欲主義に裏打ちされたものに見えてくる。かつて機能主義は「形態は機能に従う」と言ったが、機能は早々進展し続けるものではない。モノをつくり続け売り続けるためには、すでに開発されている機能を段階を追って小出しにするか、デザインを一新するかである。ものが有り余る時代、確かに形態はデザインに従っている。しかも機能は不要になれば捨てられるが、デザインは残り続ける可能性を秘めている。もし小さくなった服が機能しなくなったとしても残されるとすれば、それはデザインのせいだ。それが思い出に残るモノだったとすれば、デザインは思い出そのものだと言ってもよい。デザインとは思い出をつくることだった。

(神原正明「デザインの思想」)

問 傍線部「実体」の内容として最も適当なものを、次の①~⑤から一つ選びなさい。

① 形態や外見　② 包装や装飾　③ 記憶や思想　④ 機能や質　⑤ 計画や構想

check! 漢字 **語句** 文学史

〈おしなべて〉

▼意味として最も適なものを選びなさい。

① ぼかして
② 推し量って
③ 隠して
④ ひらたく言って
⑤ 総じて

答 ⑤

演習42　目標時間9分

すなわち、二十世紀はセザンヌとともに始まる。だが、同時に、二十世紀はセザンヌの世紀ではなく、あくまでもマチスの世紀だと思うのです。言い換えれば、セザンヌの探求そのものが受け継がれたわけではないのだが、かれが絵画にもたらした色彩の組織、空間の構成はキュビズム*やフォーヴィズム*を生み出す直接的な源泉になっている。セザンヌが「感覚」と言ったところを、マチスは「感情」と言い換えたと言ってもいいでしょうか。色彩は、そこでは完全に「表現」と結びつきます。色彩を組織する秩序は、もはやセザンヌのように最終的に「自然」の側にあるのではなく、画家の精神の側にあることになります。そのことを、マチスは、端的に次のように言っています。――「私には盲従的に自然を写し取ることはできない。自然を解釈し、それを絵の精神に服属させるようにせざるをえないのである。私の色調のあらゆる関係が見出されたとき、そこから生きた色彩の和音、音楽の作曲の場合と同じような調和が生まれてくるに相違ない」。

マチスにとっては、セザンヌは「自然」の画家ではなかった。つまり、シスレーがそうであるようには「自然」の画家ではなかったので、後にマチスは、「セザンヌはけっして日の光を描かなかった」と、また「シスレーの絵が自然の瞬間であるのに対してセザンヌのは芸術家の瞬間です」と言っています。いずれにせよ、もしセザンヌの探求が「自然」と「芸術家」とのあいだのぎりぎりの分水嶺のような稜線上の果てしない困難の仕事であったとすると、マチスがそれを思い切って芸術家の表現の側に踏み出す方向へと翻訳し直したことは確かでしょう。マチスによるセザンヌの翻訳――それは、絵画を、色彩の組織による画家の「感情」の表現の場へと差し向けることになるのです。

だが、そのような「表現」への転回は、なにもマチスだけに起こったのではない。それこそは、印象派による絵画の革命の一般的な帰結ともいうべき転回であって、むしろセザンヌの探求の方が同じ山脈のなかの独立峰として考えられるべきかもしれません。今世紀の絵画はまずは色彩の爆発、その祭典としてスタートするのです。

セザンヌの死は一九〇六年でした。リルケがセザンヌ展を見て、何通もの熱っぽい書簡をクララに書き送っていたのは一九〇七年でした。しかし、それに先立つ一九〇五年のサロン・ドートンヌでは、マチスを筆頭にしてドラン、マルケ、ヴラマンク、フリエス、ルオーなどの絵が同じ部屋に展示され、それが「フォーヴ」と名づけられています。そして、同じ年にお隣りドイツのドレスデンでは、キルヒナーやヘッケルらによって、色彩と形態の歪みを通じて内的感情を表現しようとする芸術集団「ディ・ブルュッケ（橋）」が結成されている。

---

check!　**漢字**　語句　文学史

〈書簡〉

▼「簡」を用いるものを選びなさい。

① 長編小説がカンケツする
② 先にカンジョウをすませる
③ エイカンを勝ちとる
④ 食事をカンベンにすます
⑤ カンダンの差が激しい

＊キュビズム――立体主義、立体派。
＊フォーヴィズム――野獣派。

答 ④（完結・勘定・栄冠・簡便・寒暖）

そうした同時代の新しい芸術運動の息吹をリルケはかならずしも肯定的には評価しなかった。あくまでも事物の存在そのものへと迫ろうとするセザンヌの仕事が、かれの眼にはそうした時代背景のなかでかえって貴重なものと映っていたにちがいありません。しかし、詩人の思いとは無関係に絵画は絵画の歴史を進んでいく。

そして、それは明らかに、色彩にその固有の X を認める方向でした。マチスの言葉からも明らかなように、色彩は事物やデッサンに従属するのではなく、色彩間の関係の組織を通して、音楽のように直接に「 Y 」を伝達するとされるのです。ここで「音楽」とのアナロジーは決定的です。問題は、これこれの色がこれこれの象徴的な価値を持っているということではありません。すべては関係のうちにある。その「関係」から「ハーモニー」が生まれてくることが重要なのです。

（小林康夫『青の美術史』）

問1　空欄Xに入る語句として最適なものを一つ選びなさい。

①　単純性　②　具体性　③　歴史性　④　自律性　⑤　従属性

問2　空欄Yに入るものとして最適な漢字二字の語を、問題文から抜き出しなさい。

問3　傍線部「その『関係』から『ハーモニー』が生まれてくる」についてマチスは直接にどのように述べているか。問題文から最適な箇所を六〇字以内で抜き出して、初めと終わりの五字を記しなさい（句読点も字数に含む）。

初め						終わり					

check! 漢字 語句 文学史

〈アナロジー〉

▼意味として最適なものを選びなさい。

①　差異
②　結合
③　類推
④　支配
⑤　象徴

答 ③

演習43 目標時間8分

四年前の秋米国に留学したとき、私はいったい何をどう勉強したらよいのか、まったく途方に暮れていた。私の身分は客員研究員というもので、財団から生活費をもらって好きなことをやっていればよいのであったが、米国に来た以上この国にいなければできないことがしたいと思うと、話が複雑になった。

私は大学では英語、英文学を学んだ。そのおかげで言葉で不自由することはひとより少なかったかも知れないが、だからといって英米文学の研究に没頭する気にもなれなかった。私の英米文学に対する理解が、微妙なところへ来ると大学院にはいりたての米国人学生にも及ばないのは、しばらく雑談をしているだけでも明らかであった。さしあたりスコット・フィッツジェラルドの小説を手がかりに、一九二〇年代のアメリカ文学を勉強しようとしてみたものの、何の喜びもわいてこない。フィッツジェラルドは日本で読んだときより<u>A さらに遠く見える</u>のである。

だいたい日常交際している米国人の気心もろくろく知れないのに、どうして小説の作中人物の気心が知れるであろうか。さらにいくら努力してみたところで、いったい英語で書かれた詩の韻律の美しさを、自分の血に響く感覚的な美として味わえるであろうか。英詩がわかったつもりでいても、それは結局返り点と送り仮名つきで漢詩を読むのと同じような知的な理解で、<u>B 本当の詩の味わい方とはほど遠いのではないか。</u>

そう思うと私は英米文学の片すみにとりついてうろうろしている自分が妙にこっけいに見えてきた。それは彼らの伝統に属し、その伝統は私を異質の局外者として冷やかにむかえるにすぎなかったからである。そういう隔靴掻痒（かっかそうよう）の感のうちに日はどんどん過ぎて行く。私の限られた一生のうち、あたえられた限られた留学の期間は日一日と少なくなって行く。私はいったい何をしているのか。いやなぜこんな幸福な気持になれぬままむなしく時を費やしているのか。

そう思い暮しているうちに、私はある晩なに気なく世阿弥の『風姿花伝（ふうしかでん）』を開いた。するとそこには心にしみ透るような言葉があった。私はいつの間にかその一節を音読していたが、そうするうちに私の内部にはある言いあらわしがたい充実した［ X ］がわきあがって来た。つまり私は世阿弥の言葉をよく理解することができたのである。単に字面の上だけではなく、自分の血肉にひびく切実な言葉として。私は知らぬ間に少し涙を流していた。私は能をめったに見なかったし、世阿弥についても通り一遍のことを知っているだけであった。しかし私はたしかにわかったという手ごたえを感じながら、深い感動を覚えていたのである。

（江藤淳『文学と私・戦後と私』）

check! 漢字 語句 文学史

〈隔靴掻痒〉

▼意味として最適なものを選びなさい。

① むずがゆいこと
② ものさびしいこと
③ 腹立たしいこと
④ 敵意を感じること
⑤ もどかしいこと

答 ⑤（「靴を隔てて痒きを掻く」）

問1 傍線部A「さらに遠く見える」とあるが、その説明として最適なものを一つ選びなさい。

① 日本で翻訳を読んでいたときの理解に比べて、英語で読んでみると理解が不十分でさらに遠いものに思えた
② 作家の本国へ行ったことで、自分が作家を理解していないことがますます明らかになり遠いものに思えた
③ 英語が堪能であるがゆえに作品が奥深いものであることに気づいて究め難く見え、かえって遠いものに思えた
④ 日本で初めて読んだときの強い印象に比べて、改めて読んでみると曖昧な読後感しかなく遠いものに思えた

問2 傍線部B「本当の詩の味わい方とはほど遠いのではないか」とあるが、筆者の考えを表すものとして最適なものを一つ選びなさい。

① 知性を発揮しなければ読み味わうことができない
② 経験を積まなければ読み味わうことができない
③ 外国人には本質的に読み味わうことができない
④ 生々しく接することはできても理解はできない

問3 空欄Xに入る語句として最適なものを一つ選びなさい。

① 欲求　② 覚醒　③ 論理　④ 理解　⑤ 感情

check! 漢字 語句 文学史

〈翻訳〉（問1①）
▼「翻」の訓読みを答えなさい。

答 ひるがえ（る・す）

演習44

目標時間10分

現代の消費者は、おびただしい商品の山をまえにして、たえず自分の欲望そのものの内容を問いただされ、しばしば、じつは自分がその答えを十分には知らない、という事実を自覚させられている。この自覚が、たとい漠然とではあれ社会の全体に浸透し、多数の大衆がいまや自分の行動について迷い始めたとすれば、これは近代の大衆化の歴史にとって重大な変化だ、といわなければならない。

なぜなら、ほぼ半世紀まえ、『大衆の反逆』を痛烈に非難したオルテガ・イ・ガセットによれば、大衆とは、共通の欲望にもとづく「標準的な生活」を求めるものであり、「すでにある自己」に安んじて、その保持のみに腐心するものにほかならなかったからである。すなわち、彼の見た大衆とは、第一に、多数の他人と同一の欲望を共有する人間であり、第二には、多数者と一致しているがゆえに、そういう自己の欲望に傲慢な確信を持ちうる人間であった。いいかえれば、彼らは、自分の欲望が普遍的で正当な要求であることを確信しており、だからこそ、「すでにある自己」に安住して、それに「より高い課題」を課す必要を感じない人間であった。しかし、現代の大衆は、すでにその「標準的な生活」への欲望をほぼ満たされており、満たされた分だけ、他人と共通の欲望を強く感じる機会を失っている。それどころか、彼らはその消費生活を通じて、日々に他人のまえで個性的であることを要求され、刻々に、「すでにある自己」とは違うものになることを要求されているのである。

一方、この現代の大衆は、オルテガのいう「選ばれた少数者」とも違って、けっして自分の欲望を自分から否定し、より高い理想をめざして生きる克己的な人間でもない。彼らは、その点でもいわばA謙虚な人間だともいえるのであって、何が高い課題であり、何が普遍的な理想であるかについても、自分がたしかに知っているとは感じていない。

じつをいえば、オルテガの「選ばれた少数者」は、彼の時代の大衆を裏返した存在にすぎないのであり、大衆がB自己の不変の欲望を信じていたのにたいして、彼らはそれを否定する点で変ることなき自己を信じたのであった。だが、今日の新しい大衆は、自分の欲望が日々に変化するものであることを学んでおり、あえて否定するまでもなく、たえず思いがけなく、「すでにある自己」を裏切るものであることを感じている。彼らにとって、自己とは、ただ頑迷に保持するべき存在でもなく、克己的に否定するべき存在でもなく、むしろ、みずからが日々に発見して行くべき柔軟な存在になった、といえるだろう。もちろん、彼らもときには克己的に行動することはあろうが、それは、彼らが傲慢に自己の理想を確信しているからではなく、反対に、主張すべき自己の欲望に確信が持てないからにちがいないのである。

check! 漢字 語句 文学史

〈克己的〉

▼「己」を用いるものを選びなさい。

① キタイの新人選手
② 生涯のチキに出会う
③ キキュウソンボウ
④ コウキを逸する
⑤ キキョを共にする

答 ②（期待・知己・危急存亡・好機・起居）

Cこのような変化は、おそらくはまず、これまでの大衆とエリートの対立の構図を変え、ひいては、伝統的な個人主義の思想にも根本的な変更をせまることになるのは、明らかであろう。なぜなら、従来、大衆とは本質的に均質的な存在であり、また、自己保存の本能に生きる存在であるのにたいして、エリートとは本質的に個別的であり、自己変革の意志と不安に生きるものだ、というのがわれわれの常識であった。そして、かつての個人主義はこうしたエリートの生活原理にほかならず、その中心的な意味は、あくまでも均質性への反抗と生成発展の変化にある、というのが伝統的な解釈だったからである。

（山崎正和『柔らかい個人主義の誕生』）

問1 傍線部Aはどういう点で「謙虚」だというのか、最適なものを一つ選びなさい。

① 克己的な生き方を示して周囲を圧迫しない点
② 自分の欲望を否定できる禁欲的な点
③ 高い理想を周囲に説くことをしない控えめな点
④ 高い理想を求めず克己的な生き方をしない点
⑤ 欲望を否定する生き方を周囲に秘密にしている点

問2 傍線部Bの「欲望」はどのような欲望か、最適なものを一つ選びなさい。

① 自分一人で絶えず求め続ける欲望
② 他人の欲望と一致し正当だと確信する欲望
③ 時代を経ても変わらない欲望
④ 人生設計を変更しないでもすむ欲望
⑤ 理想を求め、克己的であろうとする欲望

問3 傍線部Cの説明として最適なものを一つ選びなさい。

① 「すでにある自己」に安住していた大衆が、欲望によってたえず思いがけない自己を発見するようになったこと
② 共通の欲望に基づく均質な大衆が、「高い課題」に向かって克己的な努力をするようになったこと
③ かつては選ばれた少数者だったエリートが、傲慢な理想を捨て標準的な生活を目指すようになったこと
④ 他人とは違うことを目指していたかつてのエリートが、自己変革の意志と不安に生きるようになったこと
⑤ 自己の欲望に確信をもてなかった大衆が、それを普遍的で正当なものとみなすようになったこと

check! 漢字 語句 文学史

〈頑迷〉

▼「頑」を用いるものを選びなさい。

① コウガンムチ
② ガンヤクを服用する
③ タリキホンガン
④ 水分のガンユウ量を調べる
⑤ ガンジョウな身体の持ち主

答 ⑤（厚顔無恥・丸薬・他力本願・含有・頑丈）

第12章 リニア②

論理的関係をつかむ(リニア)

第3章で学習した「リニア」について、問題の難度を上げています。「↓」の前後の内容について理解するのがやや難しいもの、応用として「リニア」の関係性以外(対比について)も問うているものが収録されています。しっかりと考えて全問正解を目指してください！

演習45 目標時間7分

今日の癒しブームは単なる文化やビジネスの流行にとどまらない。それは社会と自我を取り巻く全体的な気分であるようだ。癒しは、過去の他の時代にあったようなものではなく、きわめて今日的な現象である。それはたとえば戦争、災害、病気などからの癒しのように、何か具体的で特定の対象に相関したものではない。

「癒す」とは元来、身体の病や傷が癒えるようにすることを意味するが、今日われわれが了解するのは、心の癒し、メンタル・ヘルスである。身辺に戦争や事故が仮に無いようでも、人々は自分の心が傷つき、ダラダラと出血している、あるいは慢性病に罹(かか)っていると感じている。そのように自己診断し、自分は幸福ではないと思っている。あるいは、幸福に見えるのは外見(収入、地位、名誉……)だけで、中身は不幸だと感じている。

閉塞感が指摘されている今日の日本社会は、先の見えない不況、雇用不安、価値観の全面的崩壊、世代間対立、文化的混乱、家族の崩壊のなかで、「何となく癒されたい」という癒し願望に浸透されている。この深い癒し願望は、これまでのどの時代の癒し願望とも異なって根が深い。なぜ「一億総癒されたい現象」となるのであろうか。癒す側もいてはじめて癒しということが成り立つはずなのに、そんな当然のように、A癒される側に自分を置いている。そしてそれを別におかしいとも思わないのである。

また現代社会といっても、たとえば癒しがすでにビッグ・ビジネスになっているようなアメリカ、そしてそれに続くドイツなどの場合と、日本の場合は必ずしも同様ではない。欧米人の場合はあくまで〈自立した、それゆえ他人と隔て

---

check! 漢字 語句 文学史

〈閉塞感〉

▼「塞」を用いるものを選びなさい。

① 住所をキサイする
② 満場のカッサイをあびる
③ 堅固なヨウサイを造る
④ 城をサイケンする
⑤ 討論会をカイサイする

答 ③(記載・喝采・要塞・再建・開催)

られた〉個人というものが癒されたいと願い、そのためにお金、時間、プライバシーの犠牲をもあえて厭わないのである。それだけ自我への執着、愛着が強い。失われた自信を回復し、自我を確立し、取り戻せば「癒し」は成就する。その意味で癒しはセラピー（治療）と同じである。

しかし日本の「癒されたい現象」にはB微妙に異なったものが看取される。人々はたしかに自分が傷ついて癒しを求めている、と思っている。しかし癒しに右のような意味でのセラピーを求めているようにも見えない。むしろ自我そのものを忘れたい、自我の頸木から逃れたい、自我にとらわれたくない、と感じている人が少なくないのではなかろうか。

（酒井潔『自我の哲学史』）

問1 傍線部A「癒される側に自分を置いている」とあるがそれはなぜか。その理由として最適なものを一つ選びなさい。

① 精神的な打撃が強すぎて崩壊を待つしかないから
② カウンセラーとしての優秀な人材は少数であるから
③ もはや絶体絶命の絶望的な事態に至っているから
④ 他人のことにまで関与するのはよくないことだから
⑤ 願望の原因が観念的でしかも漠然としているから

問2 傍線部B「微妙に異なったもの」とあるが、日本の場合はどうなのか。最適なものを一つ選びなさい。

① 個人的な愛着が強くて、自己を客観的に見つめるのが苦痛である
② 強い自分を取り戻すより、そういう自分に執着したくないと思っている
③ 暗示にかかりやすくて、悩まなくてもいいのに影響されて悩んでいる
④ プライバシーを尊重して、自立した自分でありたいと考えている
⑤ 金銭をかけてまで、精神的な悩みを解決しようとはしない

check! 漢字 **語句** 文学史

〈頸木〉
▼ここでの意味として最適なものを選びなさい。
① 束縛となるもの
② 保証となるもの
③ 急所となるもの
④ 要所となるもの
⑤ 中心となるもの

答 ①（軛とも。車を引く牛馬の首にかける横木。（比喩的に）自由を束縛するもの。）

学習日 ／　学習日 ／

往時の姿に外観復元された前方後円墳は、その最初の試みでなおかつ最大の例である神戸市五色塚古墳など近畿の事例を中心に、西は九州・宮崎県西都市の西都原（さいとばる）一〇〇号墳から、東は群馬県高崎市の保渡田（ほどた）八幡塚古墳まで、広い範囲に点在している。折り目正しい幾何学的墳丘、その葺石の白い面を赤く彩る埴輪の列。視野を圧するこのような人工の色と形の表現は、西も東も、近畿も地方も同じだ。

現在は同じ日本列島に暮らし、同じ国民として社会や文化を共有する日本人は、そのことに少しも驚かない。どの町へ行っても同じような景色のなかに同じコンビニやハンバーガー屋の看板を目にするのといっしょで、当たり前のこととして心にも留めないだろう。

しかし、いま復元古墳に見ることができるような前方後円墳や、それに準じた前方後方墳が美の感覚をよびおこすデザインとして作り出され、三世紀から四世紀にかけて列島各地に築かれるようになるまでは、九州から東日本までの人が同じ景観世界に浴し、それがかもし出す美を共有する事態はなかったのである。これに先立つ弥生時代には、場所によってはすでに有力者の大きな墓はあったが、その形は地域ごとにまちまちだった。祭りの道具も、青銅器を使うかどうかは場所によってちがっていたし、青銅器の形にも地域による差があった。土器の形や文様も地域色に富んでいた。

ようするに、前方後円墳の出現を画期として古墳時代にはいるまでは、人びとが作り出す人工物の世界が、地域によってさまざまな特色をもっていたということだ。ほかの地域へ行けば、まったく異なった視覚世界が広がり、墓のスタイルや、祭りや日常の道具の形もちがう。いまの私たちが外国を訪れたときに感じるのに近い新鮮さと、ある種のよそよそしさを、当時の人びとは列島内の旅や移動のときに心にいだいたことだろう。その意味で、当時の列島人は、知覚や感覚のうえで現代日本人ほどの一体感を共有してはいなかったと推測できる。

前方後円墳の出現は、日本列島の広い範囲の人びとに、そのような認知面での、さらにいえば審美的感覚のうえでの一体性をもたせるという大きな意味をもっていた。都出比呂志氏は、細かいところまで同じ要素をもった前方後円墳が列島の広範囲に築かれるようになったことが、日本の「民族」を形成する画期になったのではないかと述べている。都出氏のこの見解は、前方後円墳の社会的・政治的な役割を重視する立場からのものだが、知や感覚を共有することが民族という集団の本質だとすれば、そのような認知的な役割においても、前方後円墳が日本列島の民族形成にはたした役割は大きい。

漢字　語句　文学史

〈留め〉

▼「留」を用いるものを選びなさい。

① リュウリュウシンク
② リュウインが下がる
③ リュウゲンヒゴ
④ リュウコ相打つ
⑤ リュウビを逆立てる

答 ②〈粒粒辛苦〈苦労を重ねて努力する〉・溜(留)飲が下がる〈気分がすっきりする〉・流言飛語〈無責任な噂〉・竜虎相打つ〈実力の同じものが戦う〉・柳眉を逆立てる〈美人が眉を吊り上げて怒る〉〉

前方後円墳の出現とともに、地域ごとにあれほどさまざまだった土器の形が、広い範囲で同じようになる。その直接の契機は、各地に同じような前方後円墳が営まれるようになって人の行き来が活発化することにより、土器の形や技術についての同じ情報が広くいきわたったことにあるだろう。だが、もっと根本的な要因は、前方後円墳がかもし出す知覚や感情、あるいはそれが象徴する思考や世界観が広く共有されたことによって、そのなかでの土器の意味やイメージについての共通の基盤が、列島の人びとの心のなかに形成されたためだと考えられる。

（松木武彦『美の考古学』）

問 傍線部「前方後円墳が日本列島の民族形成にはたした役割は大きい」とはどういうことか。最適なものを一つ選びなさい。

① 細かいところまで同じ要素をもつ前方後円墳が築かれることで、人びとの思考や世界観が共有され、人工物の世界に地域の特色をもたせる役割をはたすことができるようになった。
② 細かいところまで同じ要素をもつ前方後円墳が築かれることで、知や感覚が共有されて一体感をもつことができるようになり、同じ情報が広くいきわたった。
③ 人びとが知や感覚を共有し、一体感をもったために、細かいところまで同じ要素をもつ前方後円墳が築かれて、土器の形や技術についての同じ情報が広くいきわたるようになった。
④ 細かいところまで同じ要素をもつ前方後円墳が築かれたことで、人びとが外国を訪れたときに感じる新鮮さとよそよそしさを共有し、新たな知や感覚をもった。
⑤ 人びとが知や感覚を共有できるように細かいところまで同じ要素を持つ前方後円墳が築かれて、人の往き来が活性化し、一体感をもつようになった。

check! 漢字 **語句** 文学史

〈かもし出す〉

▼意味として最適なものを選びなさい。

① ゆっくりと行き渡らせる
② だんだんと強くなる
③ はっきりと示している
④ ほんのわずかに匂わせる
⑤ そこはかとなく作り出す

答 ⑤

演習47

目標時間5分

学習日　／

学習日　／

人は人生のなかで風景と出会う。「出会う」、「遭遇する」というのは、一つの出来事である。「出会う」という出来事は、人間という存在を理解するのに不可欠な要素である。すなわち、人間が存在するときに、そして、自己が存在するということを了解するときに、[A]その了解の契機となっているということである。ここで「了解する」というのは、たんに概念的に理解するということではない。あるいは、なにか現象から推論によって結論として獲得するということでもない。わたしたちが自己の存在を了解するとは、まず、自己の存在を感じること、実感することである。「自分という存在がこの世界に存在している、生きている」と感じ、また、そのことを意識することである。自己の存在を了解するということが、自己の存在の本質的契機である。風景との出会いは、そのような契機を提供する。

人間の存在は「与えられていること（所与）」と「選ぶこと（選択）」と、その間に広がる「出会うこと（遭遇）」の領域によって構成されている。

わたしたち人間は、人間としての身体をもって世界を知覚している。身体は、三次元の空間的存在であり、身体そのものは、さらにより大きな空間のうちにある。したがって、身体とは、[B]二重の意味で空間的存在である。空間が身体に対して、また、身体に属する感覚器官に対して感覚的に立ち現れるとき、そこに風景が出現する。風景とは、身体という空間的存在に立ち現れる空間の相貌である。相貌の出現をわたしは「出会い」すなわち、遭遇の一つと考えるのである。

（桑子敏雄『生命と風景の哲学』）

問1　傍線部A「その了解の契機となっている」とあるが、筆者はどういうことを言おうとしているのか。最適なものを一つ選びなさい。

① きっかけがなければ、人と出会うことはできないということ。
② 出来事が一つもなければ、風景と出会うこともできないということ。
③ 風景との出会いがなければ、人間は存在することができないということ。
④ 自己の存在を感じているだけでは、自分を知ることはできないということ。
⑤ 推論しているだけでは、出来事を概念的に理解することはできないということ。

漢字　語句　文学史

〈契機〉

▼「契」を用いるものを選びなさい。

① 賛成に気持ちがカタムく
② 新薬の開発にタズサわる
③ 村の鎮守にモウでる
④ 公園のベンチでイコう
⑤ 二年後の再会をチギる

答 ⑤（傾・携・詣・憩・契）

問2 傍線部B「二重の意味で空間的存在である」とはどういうことか。最適なものを一つ選びなさい。

① 身体は三次元の存在であるが、それ自体が空間の中にあるということ。
② 身体は空間を感覚的に知覚するが、空間も身体を感覚的に把握しているということ。
③ 空間は身体に働きかけるとともに、身体の感覚器官にも働きかけているということ。
④ 身体はある空間の中では一つの相貌を示すが、別の空間では別の相貌を示すということ。
⑤ 身体は空間の中に与えられたものであるが、人が意図して空間の中で動かすものでもあるということ。

check! 漢字 語句 文学史

〈相貌〉
▼「貌」を用いるものを選びなさい。
① 物資がキュウボウする
② 選挙サンボウとなる
③ 静かな町がヘンボウする
④ オウボウな態度に憤る
⑤ 店のチュウボウに立つ

答 ③（窮乏・参謀・変貌・横暴・厨房）

演習48

目標時間5分

よく言われるように、紙に記された楽譜は、実際の演奏によって音響として実現されない限り、いまだ音楽ではない。存在論的な視点から考えれば、この指摘はまったく正しい。しかしその一方で、作曲家が自らの音楽作品を提示し得るのは、楽譜という形においてでしかない。作曲家は、自分の作品を直（じか）に音響として人々に提示することはできないのである（独唱曲や独奏曲の場合ならまだしも、合奏曲であれば、複数の楽器を自分ひとりで操るわけにはいくまい）。作曲家が提示した楽譜は、演奏者によって演奏されて、音楽としての実体を得る。言い換えれば、作曲家が提示するものは、音楽作品そのものであるよりも、むしろ、その音楽作品の「テクスト*」なのであって、演奏者は、その「テクスト」を解釈して音響化することで、その音楽作品を実現する。したがって、ある作品は、様々な演奏家によって色々な解釈の下で異なって実現され得るが、それらの諸実現がどれも同じひとつの「テクスト」に基づいてなされたものであるが故に、それらはすべて、そのひとつの特定の音楽作品として同定される——ベートーヴェンが作曲した「運命」交響曲は、フルトヴェングラーが演奏しても、ブーレーズが演奏しても、ベートーヴェンという作曲家の「運命」交響曲という作品なのである。

（近藤譲「『書くこと』の衰退」）

問　傍線部についての作者の考え方を説明したものとして最適なものを一つ選びなさい。

① 紙の上に書かれた楽譜としての音楽は、実際に演奏者によって演奏されることで、はじめて自立し完結した「テクスト」として存在するようになる。

② 音楽作品は、様々な演奏者によって色々な解釈をほどこされることで、はじめて作曲家の特定の作品として存在するようになる。

③ 一般になじみにくい近代西洋音楽の作品は、実際に演奏され音響構成体となることで、はじめて幅広い聴衆層に受けいれられる存在となる。

④ 楽譜の存在がそのまま音楽というわけではなく、音楽は演奏され感覚に訴えるものとなることで、はじめて実現された音楽として存在するようになる。

check!　漢字　語句　文学史

〈楽譜〉

▼「譜」を用いるものを選びなさい。

① 災害でフツウとなった路線
② 一族のケイフをまとめる
③ 才能をジフする
④ 鉄道をフセツする工事
⑤ 恩師のフホウに接する

＊「テクスト」——ここでは「書かれたもの」の意味。

答 ②（不通・系譜・自負・敷設・訃報）

⑤　作曲家が提示した楽譜を演奏者ができるだけ忠実に演奏することで、はじめて音楽は筆記的特性に富んだ「テクスト」として存在するようになる。

●評論● 復習問題2

目標時間20分／30点

学習日 ／

学習日 ／

次の文章を読んで、後の設問に答えなさい。

レトリック*は、正しいことの証明ではなく、可能な説得手段を見つけ出すことをその目的とする。このため、レトリックが用いる蓋然的*（がいぜん）な論証手段は、論理的（科学的）証明の思いもよらぬ問題を抱え込むことになる。これを最も典型的に示すのが「論証の厚み」（l'ampleur de l'argumentaion）という概念である。これはベルギーの修辞学者カイム・ペレルマンとルーシー・オルブレクツ＝テュテイカが『議論法の研究』の中で定義した概念で、彼らは次のように述べている。

二つの科学的証明が、どちらも証明としての拘束力をもち、同じ前提から出発して同じ結論に到達するのであれば、大抵は、より短いほうがよりエレガントであると見なされる。同じ結果を生み、同じ程度の確信をもたらし、同様に申し分なく、完全なものであれば、その短いことはただ優位であることを示すのみである。しかしながら、論証の場合は、これとは事情が異なる。A論証において厚みが果たす役割は、科学的証明と論証との違いをはっきりと表している。

例えば、専門家を対象とした数学の論文で、ある定理の正しさを示すには、正確で簡潔な証明が一つあれば十分である。別の証明をもう一個加えれば、それでその定理の正しさがより確かなものになるということはない。だが、日常議論（非専門的議論）のように、その正しさの多くが蓋然的にしか論証できないような領域では、正しい根拠が一つあげられているだけでは、読者は十分に納得できないことがある。その根拠で論証可能であることがわかっていながら、何となく腑に落ちず、物足りなさを感じてしまうのだ。だから、こうした場合に読者を納得させるには、論証にある程度の「厚み」をもたせなくてはならない。本当は一つで十分かもしれない根拠を複数併せあげ、その蓄積による印象で、一つの根拠では得られない説得力を獲得するのである。

（中略）

しかしながら、ではどんな場合でも、根拠は多い方がいいのかというと、そうは問屋が卸さない。一つ一つの根拠が、

---

check! 漢字 語句 文学史

〈そうは問屋が卸さない〉

▼問題文中での意味を選びなさい。

① 反論が容易に導きだされる
② 単純に割り切れるものではない
③ 論理的矛盾が必ず生じる
④ 他の考えを援用せざるをえない
⑤ 簡単に思い通りにはならない

＊レトリック――修辞法。修辞学。

＊蓋然的――ある事柄が起こりうると考えられるさま。ある程度確かであるさま。

答 ⑤

独立して見れば正しくても、それらが併せあげられることで、根拠間で不両立が生じてしまうからである。こうした事情については、もちろんペレルマンらも承知していて、次のようなコミカルな例で説明している。

……例えば、借りた壺を返さないといって非難された主婦が、次のように抗弁するようなものである。「そもそも、私はそんな壺は断じて見たこともない。次に、それを借りたこともない。さらに言えば、私はそれをとっくに返した。そのうえ、それには最初からひびが入っていた。」

が、こんな例なら、それがおかしいことは馬鹿でもわかる。現実の議論はもっと巧妙にわれわれをだます。例えば、このような議論はどうだろうか。日本の商業捕鯨再開に反対する人が、その根拠としてあげたものである。

a 「鯨は高度の知能をもった高等な哺乳類である」

b 「欧米の動物愛護団体の反発を招き、大規模な日本製品の不買運動が展開される恐れがある」

レトリックでは、aの型の議論を「定義（類）からの議論」、[B]bの型の議論を「因果関係からの議論」と呼ぶ。そして、同一の主題について、同一の論者が、同時にこの二つの議論型式を用いるとき、それはしばしばその論者の思想に不統一なものを感じさせる。

具体的に説明しよう。aの議論では、何よりも、鯨が人間に近い高等な生き物であるからこそ、捕鯨に反対する。つまり、鯨とはどのような生物かという性格づけをその根拠としている。この場合、捕鯨再開がもたらす結果は、考慮の埒外（らちがい）にある。それが外国の非難を浴びようが、あるいは歓迎されようが、そんなことは関係ない。鯨が高等生物であるがゆえに、食料にする目的で捕獲してはいけないと言っているのである。

これに対し、bの議論は、鯨のことなど問題にしてもいない。それはただ、商業捕鯨再開が招きかねない経済的制裁を憂慮しているにすぎない。だから、もし捕鯨再開に対して何の反発も起きないのであれば、鯨などいくら獲ってもかまわないということになる。

このように、aの議論とbの議論の背後には、それぞれ独自の哲学・思想があり、それがお互いを否定し、また不必要なものとする。したがって、説得力を増す目的で、aの議論にbの議論を加えることは、かえってaの議論の真摯（しんし）さに疑いをもたれる結果となろう。［X］論に立つaからすれば、bのような*プラグマティックな考えはむしろ排斥しなければならないからだ。逆に、bの議論にaの議論を付け加えたとき、それはまったく無関係な、不必要なことをし

check! 漢字｜語句｜文学史

〈埒外〉

▼意味を答えなさい。

答 一定の範囲の外

（「埒」とは馬場の周囲に巡らせた柵のこと。そこから、ものごとの区切り、という意味が生じた。「埒外」は「埒」の「外」のこと。）

*プラグマティック――実利的。実際的。

ているのである。bの議論にとって、捕鯨が正しいかどうかということは何の関係もない。これにaの議論が加われば、いかにも取って付けたような印象が残るだけである。

別の例を見てみよう。

（総理大臣の靖国神社参拝に反対する根拠として）

a 「憲法で規定した政教分離の原則に違反する」

b 「中国をはじめとするアジア諸国の反発を招き、良好な経済関係が損なわれる」

わかりやすくするために、bから始めよう。bの議論では、首相が靖国神社を参拝することが X 的に正しいのかどうかは、まったく問題にしていない。ここでは、商売の都合だけが考えられている。だから、外国の反発さえなければ、首相はいくらでも靖国神社に参拝してかまわない。百回でも二百回でもお参りしてくれということになる。逆に、aの議論は、首相の靖国参拝は憲法に違反するから行ってはならないという X 論（原則論）である。この議論に、外国への配慮が介入する余地はない。仮に、首相の靖国参拝が外国から容認され、あるいは賞賛されるようなことがあったとしても、首相は断じて参拝してはならないのである。

このような論者の思想の不統一は、次の例ではより鮮明になる。

（自分の学生を奉仕活動に参加させるための根拠として）

a 「社会奉仕は、現代社会に生きる者の義務である」

b 「奉仕活動に参加したことが内申書に記録され、進学や就職に有利になる」

もはや説明するまでもなかろうが、aの議論にbが加われば、それはaの議論の説得力を損壊させるだけの結果となる。誰も、aの議論が、真摯な態度で語られたものだとは信じない。bの議論のおかげで、「何だ、口先だけのきれいごとか」と思われてしまうのだ。

だが、ここで、次のような弁護が可能になるかもしれない。議論は、聞き手がいて、初めて成立する。

仮に、自分が説得しようとする学生が、自己の利益しか考えない究極のエゴイストだとしよう。そのような学生をも説き伏せて奉仕活動に参加させるには、とうていaだけでは不可能である。したがって、論者の本当の思想はaなのであるが、学生の性格を考え、説得のための方便としてbを援用したのだ、と。

check! 漢字 **語句** 文学史

〈エゴイスト〉

▼「エゴイスト」を表す日本語としてふさわしいものを選びなさい。

① 楽観主義者
② 原理主義者
③ 合理主義者
④ 利己主義者
⑤ 国粋主義者

答 ④

これは説得を旨とするレトリックの精神からすれば、十分に容認すべき態度のように思われる。が、一人の生身の人間として考えれば、ａを本気で真剣に思っている人間が、方便とはいえ、ｂのような利益誘導の意見を口にするだろうか。それを口にした時点で、もはやａは本気でも真剣でもなくなりはしないか。「現代社会に生きる者の義務」などと崇高なことを語りながら、その舌の根も乾かぬうちに、ニヤッと笑い、指で丸をつくり、「奉仕活動に参加するとええことありまっせ！」とささやく。こんな人間の言うことを、一体誰が本気で聞くだろうか。エゴイストを説得したいのであればｂの議論だけでやればよい。そうすれば、少なくとも語り手の誠実さは保たれる。Cもし、一人の論者が、本当にａもｂも説得的だと思って並べたのであれば、そのときは彼の思想のどこかが壊れていると思って間違いない。

（香西秀信『論より詭弁　反論理的思考のすすめ』）

問１　傍線部Ａ「論証において厚みが果たす役割は、科学的証明と論証との違いをはっきりと表している」とあるが、「科学的証明と論証との違い」として最適なものを一つ選びなさい。

①　科学的証明においては短い方がエレガントと見なされ優位であるとされるが、論証においては長い方が優位とされる。

②　科学的証明においては読者が存在しないので証明は一つでいいが、論証は読者が存在するため、複数の根拠が必要である。

③　科学的証明においては論文の字数制限があるため証明は一つしかあげられないが、論証には字数制限はないので複数の根拠をあげてよい。

④　科学的証明においては正確で簡潔な証明が一つあれば十分であるが、論証では説得力を増すために根拠が複数あった方がよいことがある。

⑤　科学的証明においては正しい証明は一つしか存在しえないので複数あげるのは間違いだが、論証には複数の根拠が存在するので、その複数の根拠をあげるべきである。

check!　漢字　語句　文学史

〈旨〉

▼「旨」を用いるものを選びなさい。

①　シセイに暮らす人々
②　シユウを決する
③　コクシムソウ
④　会議運営のシュシを説明する
⑤　シキン距離からの攻撃

答　④（市井・雌雄・国士無双〈国中で二人といないすぐれた人物〉・趣旨・至近）

問2 傍線部B「bの型の議論」とあるが、その内容を具体的に説明したものとして最適なものを一つ選びなさい。

① 自然保護運動は、地球上に住む全人類の義務と言える行為なので、たとえ特定の国に膨大な負担が発生しても広く行われるべきだ。

② たとえ医師免許をもっていない自称「医師」であっても、確実に病気を治療するのなら、医療活動をするのになんの問題もない。

③ 自分の失敗は、環境や他人といった外的要因のみならず、自分自身にも要因のあることがおおいので、常に自分の振る舞いを反省するのがよい。

④ 投資行為においては、論理的な思考よりも感覚的なひらめきが大切であり、金融情勢の変化やその要因など考える必要は微塵もない。

⑤ 若いうちは、自分の信じた道を突き進むことが大切であり、結果的に得るものがなくとも自分が満足できればそれでよい。

問3 空欄Xには同じ語句が入る。これらの空欄を補うのに最適なものを一つ選びなさい。

① 現実　② 抽象　③ 客観　④ 結果　⑤ 本質

問4 傍線部C「もし、一人の論者が、本当にaもbも説得的だと思って並べたのであれば、そのときは彼の思想のどこかが壊れていると思って間違いない」とあるが、筆者はaとbの議論が両立しうるとは考えていない。筆者がそう考える理由を、次の空欄を埋めるかたちで答えなさい。なお、空欄には問題文中の言葉が入る。

筆者は、□□なことを□□な態度で語る□の議論に、□の議論のような□□□□の意見が加わることによって、□の議論の□□□が□□する結果になると考えているから。

（神戸学院大学・改）

---

check! 漢字 **語句** 文学史

〈現実・抽象・客観・結果・本質〉（問3）

▼それぞれの対義語を答えなさい。

① 現実
② 抽象
③ 客観
④ 結果
⑤ 本質

答 ①理想・虚構　②具体・具象　③主観　④原因　⑤現象

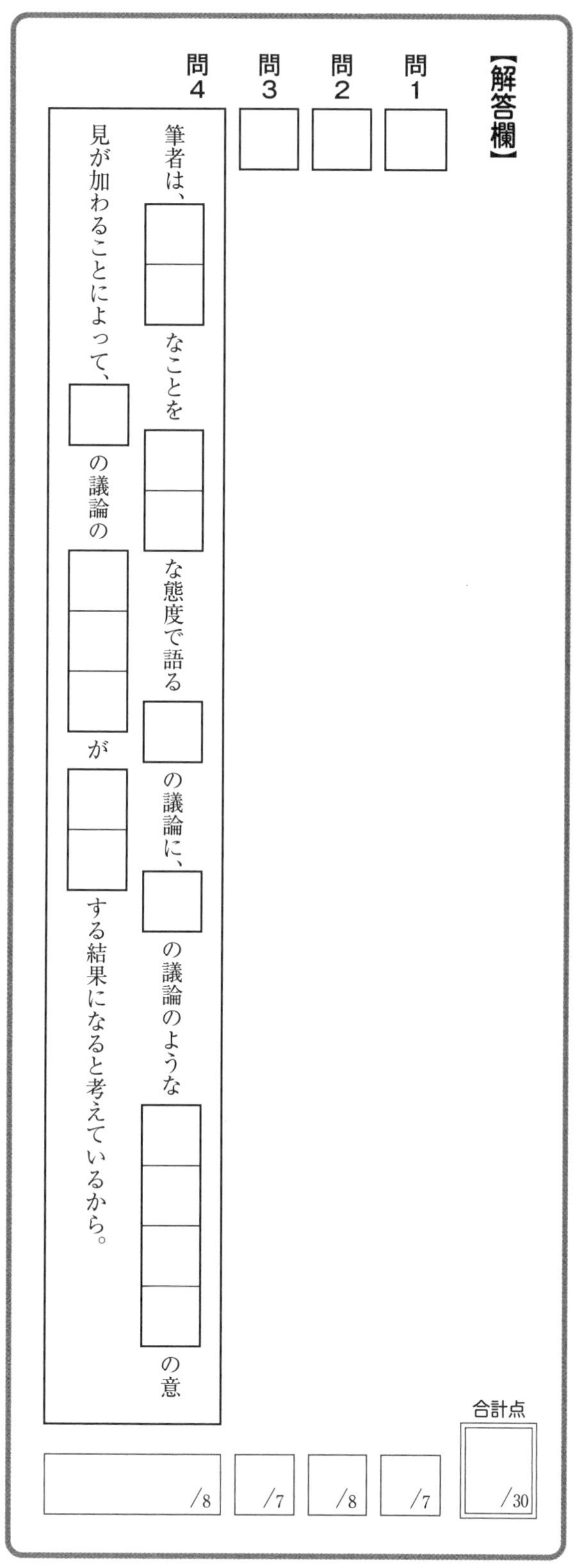
【解答欄】
問1
問2
問3
問4
筆者は、　なことを　な態度で語る　の議論に、　の議論のような　の意
見が加わることによって、　の議論の　が　する結果になると考えているから。
/7
/8
/7
/8
合計点
/30

第13章 心情読解

心情を理解する

ここでは、小説読解の基本である心情理解を学習します。最も大事なことは、書いてあることに忠実に読むということです。登場人物の気持ちを「自分だったらこう思うかな」と想像するのではなく、「心情」の「情」は「情報」の「情」と考え、「情報」と割り切って、**書いてある通りに読むことが重要です。**「腹が立つ」と書いてあれば、あれこれ想像するのではなく、「腹が立っているんだな」と素直に読みましょう。

また、問題によっては、単に心情だけではなく、その心情を引き起こした原因まで考える必要があります。そのときは、**外面←内面←原因のつながり**を整理してみましょう。次のイメージで考えてみてください。

外面（行動・様子・発言）：大声で泣いた

←

内面（心情）：悲しい

←

原因：かわいがっていた犬が死んだ

演習49

目標時間5分

学習日　／

学習日　／

実際、僕は何ごとによらず、ただ眺めていることが好きだったのである。ひなたの縁台にふとんが干してあると僕はその上に寝ころびながら、こうしてポカポカとあたたまりながら一生の月日がたってしまったら、どんなにありがたいことだろうと、そんなことを本気で念願する子供だった。学校ではときどき生徒を郊外へつれて行き、そこで木の根を掘ったり、モッコをかついだりすることを教えられたが、そんなときでも僕は、［X］赤土の上に腰を下ろして頬杖（ほおづえ）をつきながら、とおくを流れている大きな川の背にチカチカと日を反射させている有様を、いつまでもながめているといった風であった。「おい、ヤスオカ！」と名前を呼ばれて、清川先生から、「お前は一体、そんなところで何をしているのだ。みんなが一生懸命はたらいているときに自分一人が休んでいて、それでいいのか」と、そんなふうに言われても僕は何も答えることがない。別に見ようと思って何かを見ていたわけでも、休もうと思って休んでいたわけでもないのだから。「………」しかたなしに、だまっていると、清川先生の唇は三角形に曲り、眼がイラ立たしそうに光って、分厚い手のひらが音を立てながら僕の頰っぺたに飛んでくる。……

靖国神社の見せ物小屋のまわりをブラつくことにしてもそうだった。もう、そのころの僕らの齢ごろでは、インチキにきまっているろくろ首のお化けや、拳闘対柔道の大試合なんかに大した興味はない。お祭で学校が休みになれば、気のきいた連中は日比谷か新宿へレヴィウか映画を見に行ってしまう。僕だって、どうせ遊ぶのならそっちの方がいいにきまっていると思うのだ。けれども僕は何ということもなしに境内をあちらこちら人波にもまれながら歩いていた。

……だからその日、僕がサアカスの小屋へ入って行ったのも別段、何の理由もなかったのだ。僕はムシロ敷きの床の上に、汚れた湿っぽい座ぶとんをしいて、熊のスモウや少女の綱わたりなど同じようなことが果てしもなく続く芸当を、ぼんやり眺めていた。

（安岡章太郎「サアカスの馬」）

問1 空欄Xを補うのに、最適なものを一つ選びなさい。

① 人目を盗んで　② われしらず　③ 堂々と　④ がまんができず　⑤ ドキドキしながら

問2 傍線部の説明として最適なものを一つ選びなさい。

① お化けの見せ物や格闘技の試合に少し興味があってのことだった。
② 気のきいた連中との付き合いがなかったためだった。
③ ちょっとブラついてみようと思ってのことだった。
④ 担任の清川先生から逃れるためだった。
⑤ とりたてて述べるような理由は何もなかった。

check! 漢字　語句　**文学史**

〈安岡章太郎〉

▼第二次世界大戦後、安岡章太郎とともに「第三の新人」と称された作家を次の中からすべて選びなさい。

① 吉行淳之介
② 小林多喜二
③ 芥川龍之介
④ 幸田露伴
⑤ 夏目漱石
⑥ 島崎藤村
⑦ 遠藤周作
⑧ 樋口一葉

答 ①・⑦（正解以外はすべて戦前に活躍した作家）

演習50

目標時間10分

学習日 ／

学習日 ／

「どうしたんです、ぼんやりして」

御飯から顔をあげて婆さんが言う。

「おつゆがさめますよ」

わしはうなずいてお椀を啜った。小さな手鞠麩が、唇にやわらかい。

昔、婆さんも手鞠麩のようにやわらかい娘だった。手鞠麩のようにやわらかくて、玉子焼きのようにやさしい味がした。

うふふ、と恥ずかしそうに婆さんが笑うので、わしは心の中を見透かされたようできまりが悪くなる。

「なぜ笑う」

ぶっきらぼうに訊くと、婆さんは首を少し傾けて、お爺さんだって昔こんな風でしたよ、と言いながら、箸で浅漬けのきゅうりをつまむ。婆さんはこの頃、わしが口にださんことまでみんな見抜きよる。

ふいに、わしは妙なことに気がついた。婆さんが浴衣を着ているのだ。白地に桔梗を染めぬいた、いかにも涼し気なやつだ。

「お前、いくら何でも浴衣は早くないか」

わしが言うと婆さんは穏やかに首をふり、目を細めて濡れ縁づたいに庭を見た。

「こんなにいいお天気ですから大丈夫ですよ」

たしかに、庭はうらうらとあたたかそうだった。

「飯すんだら散歩にでもいくか。土手の桜がちょうど見頃じゃろう」

婆さんは、ころころと嬉しそうに声をたてて笑う。

「きのうもおとついもそう仰有って、きのうもおとついもでかけましたよ」

ふむ。そう言われればそんな気もして、わしは黙った。そうか、きのうもおとといも散歩をしたか。婆さんは、まだくつくつ笑っている。

「いいじゃないか」

少し乱暴にわしは言った。

「きのうもおとといも散歩をして、きょうもまた散歩をしてどこが悪い」

---

check!　漢字　語句　文学史

〈ぶっきらぼうに〉

▼意味として最適なものを選びなさい。

① 何の気なしに
② 叱りつけるように
③ 不愛想に
④ 問い詰めるように
⑤ 不思議そうに

答 ③

はいはい、と言いながら、婆さんは笑顔のままでお茶を入れる。ほとほとと、快い音をたてて熱い緑茶が湯呑みにおちる。

「そんなに笑うと皺(しわ)がふえるぞ」

わしは言い、浅漬けのきゅうりをぱりぱりと食った。

土手は桜が満開で、散歩の人出も多く、ベンチはどれもふさがっていた。子供やら犬やらでにぎやかな道を、わしらはならんでゆっくり歩く。風がふくと、花びらがたくさんこぼれおち、風景がこまかく白い模様になった。

「空気がいい匂(にお)いですねえ」

婆さんはうっとりと言う。

「いいですねえ、春は」

わしは無言で歩き続けた。昔から、感嘆の言葉は婆さんの方が得手なのだ。婆さんにまかせておけば、わしの気持ちまで代弁してくれる。

足音がやんだので横を見ると、婆さんはしゃがみこんでぺんぺん草をつんでいた。

「行くぞ」

桜がこんなに咲いているのだから、雑草など放っておけばいいものを、と思ったが、ぺんぺん草の葉をむいて、嬉しそうに揺らしながら歩いている婆さんを見たら、どうもそうは言えんかった。背中に、日ざしがあたたかい。

散歩から戻ると、妙子さんが卓袱台(ちゃぶだい)を拭(ふ)いていた。

「お帰りなさい。いかがでした、お散歩は」

妙子さんは次男の嫁で、電車で二駅のところに住んでいる。

「いや、すまないね、すっかりかたづけさしちゃって。いいんだよ、今これがやるから」妙子さんはほんの束(つか)のま同情的な顔になり、それからひょいと顎(あご)で婆さんを促そうとすると、そこには誰もいなかった。

からことさらにあかるい声で、

「それよりお味、薄すぎませんでした」と訊く。

「ああ、あれは妙子さんが作ってくれたのか。わしはまたてっきり婆さんが作ったのかと思ったよ」

頭が少しぼんやりし、急に疲労を感じて濡れ縁に腰をおろした。

「婆さんはどこかな」

---

check! 漢字 語句 文学史

〈感嘆〉

▼「嘆」を用いるものを選びなさい。

① 的を射たタンテキな答え
② タンパクな味の料理
③ 現代の風潮をガイタンする
④ タンセイこめて育てた花
⑤ 論理がハタンした発言

答 ③(端的・淡泊(白)・慨嘆・丹精(誠)・破綻)

声にだして言いながら、わしはふいにくっきり思いだす。あれはもう死んだのだ。去年の夏、カゼをこじらせて死んだのだ。

「妙子さん」

わしは呼びかけ、その声の弱々しさに自分で驚いた。なんですか、と次男の嫁はやさしくこたえる。

「夕飯にも、玉子焼きと手鞠麩のおつゆをつくってくれんかな」

いいですよ、と言って、次男の嫁はあかるく笑った。

（江國香織「晴れた空の下で」）

問1 作品の構造上、大きく二つに分けると、後半はどこから始まるのが最適となるか。初めの五字を抜き出しなさい。

問2 傍線部の説明として最適なものを一つ選びなさい。

① 自分の妻と次男の嫁との区別もつかない舅（しゅうと）に対し、哀れみを感じ、絶望的な状況から眼をそらそうとしている。

② 亡くなった妻の幻覚に悩まされている舅に対し、姑（しゅうとめ）の代わりにけなげに立ち働いて元気づけようとしている。

③ 食事の後片づけを忘れた言い訳に亡妻を持ちだす舅に対し、あきれながらも陽気にふるまおうとしている。

④ 一人暮らしで衰えの見えてきた舅に対して、思いやりの気持ちを抱いて精一杯尽くそうとしている。

⑤ 亡き妻が生きていると錯覚している舅に対して、気の毒に思いながらも、なんとか励まそうとしている。

check! 漢字 語句 文学史

〈嫁〉

▼「嫁」を用いるものを選びなさい。

① 責任をテンカする
② カモクな人
③ 食品テンカ物を調べる
④ カフクはあざなえる縄の如し
⑤ 発電機をカドウさせる

答 ①（転嫁・寡黙・添加・禍福・稼働）

演習51　目標時間5分

学習日　／　学習日　／

〔「彼」の一家は、長年住み慣れた家屋敷を手放して近所の高層住宅に引越しをすることになった。〕

あらかた荷物の片付けが終ったところで弟がひとつサヨナラ・パーティをやろうじゃないかと提案した。三月半ば、春とはいえ寒波が襲った肌寒い日に一家眷族、つまり父と母、彼夫婦と息子、弟夫婦に姪と甥が八畳間に集った。彼と弟は酔って馬鹿陽気に笑いこけた。母は珍しく酒をすごし、息子たちの笑いに誘われて笑っていたのに、ふと顔を曇らせると声をあげて泣きはじめた。びっくりしたのは子供たちである。荷造りのすんだ段ボール箱や食器棚を利用して隠れん坊に興じていた子供たちはおばあちゃまの異変に立ちすくんだ。妙に白けた宴は、妻が気をきかして移り住む先のアパートの美質を、鍵一つで外出できるとか掃除が簡単だとかを語り始めたため再びさんざめいた。そんな一同の動きに終始無縁でいたのは父である。父はみんなの会話からは全く取残され、一人黙々と料理をつついていたが、やがて縁側に立ち水虫の足裏の皮をむしり始めた。そんな父を弟がおひゃらかしたけれど父は動じなかった。耳が遠いからな、きこえんのだよと彼が大声で言っても父は振向きもしなかった。

その時父が何を考えていたかを彼はおぼろげに分るような気がする。父の七十年の全生涯はこの一軒の家で過されたのだ。それが今確実に消えようとしている、その気持を表現するとしたら黙り込む以外にないのかも知れない。

（加賀乙彦「雨の庭」）

問　傍線部「そんな一同の動きに終始無縁でいたのは父である」とあるが、「終始無縁」でいた父の心情について「彼」が想像した内容とはどのようなものか。その説明として最適なものを一つ選びなさい。

① 父は、七十年の歳月を過ごした家が自分の人生に結びついているので、引越しせず居続けたいと願っている。
② 父は、自分の家への愛着が家族の誰よりも深いことに気づき、陽気なパーティーの開催に違和感を抱いている。
③ 父は、七十年間を過ごした家がなくなると自分が生きてきたことの証も失われるかのように思い、心が沈んでいる。
④ 父は、手放す家のことを考えると感傷的になり、にぎやかな息子夫婦や孫たちの振る舞いを苦々しく思っている。
⑤ 父は、自分の生涯と切り離せない家への思いが深く、その気持ちを家族に話しても理解されないと悲しんでいる。

漢字　語句　文学史

〈おぼろげに〉
▼意味として最適なものを選びなさい。
① 意識的に
② ぼんやりと
③ 直観的に
④ はっきりと
⑤ おもむろに

答 ②（漢字で書くと「朧げ」となり、ものごとがはっきりしないさまを表す。ちなみに⑤は「徐に」となる。）

演習52

目標時間7分

次の文章は、野呂邦暢「白桃」の一節で、戦後の食糧難の時代を背景としている。ある日、少年とその兄は、かつて父の使用人であった酒場の主人のところへ使いに出された。主人は兄弟から受け取った包みをもって奥へ入った後、再び兄弟の前に現れた。

大きな手が兄弟のまえのテーブルをたたいた。二人は顔をあげた。酒場の主人がどさりと風呂敷包みを投げだしてせきばらいした。

「見な、わしはやすやすとごまかされるそこいらのちんぴらとは違うんだよ。初めこの米を見たとき、なんとなく色つやが悪いと思ったな。明かりのせいかと思って奥の電灯でしらべてみた。念のためこの人に立ち合ってもらって篩にかけてみた」

「おれ、帰るからな」

立合人は兄弟を等分に見くらべてから店を出ていった。主人はふりむきもしなかった。

「篩にかけてみたらおどろいたよ。屑米と糠がたっぷり混ぜてあるんだ。いいかね、おやじさんに頼んだのは鮨につかう上等の米だよ。これがつかえるかい。あんまりみくびってもらいたくないもんだ。そうとも、昔は社長のお世話になったさ。だけどご恩返しはしたつもりだ。酒代だってだいぶたまっているが、一度も催促なんかしやしない。要するにわたしのいいたいことはだ、社長ともあろう方がこんなけちなペテンをなさるとは残念なんだ。こう申しあげてくれ。鮨につかえる上米ならいつでもしかるべき値段で引き取らせてもらいます、とね」

「おっさんよう、いい加減にしねえか、相手は子供だろ」

客の一人がカウンターから声をかけた。

「おっさん、だれだって今は何かしらやらないと生きてゆけないんだよ。ペテンの一つがどうしたんだい、ええ、大損したわけでもないんだろ、それにあんた噂ではメチールでしこたま儲けたそうじゃねえか」

「うるさい、貴様にわしの気持ちがわかるもんか、うちの酒がまずかったらさっさと出てゆけ」

いきりたった主人のけんまくにおどろいて店じゅうの客が兄弟の方を見た。相手は子供だろ、といった男は口の中で

---

check! 漢字 語句 文学史

〈みくびって〉

▼「みくびる」の意味として最適なものを選びなさい。

① 自分の考えを押しつける
② 他人の優しさにつけこむ
③ 調子に乗ってつけあがる
④ あなどって軽んじる
⑤ 上辺をつくろってごまかす

答 ④

なにかつぶやきながら主人から目をそむけた。弟は兄をふりあおいだ。兄は言葉もなくうなだれている。女主人がテーブルにひろげた米をつつみなおして主人に提案した。

「こちらのふつうの米だけでも引き取ってあげたら」

「おまえまでそんなことをいう、いや、この際は断固として……」

女主人は客の方へ去った。

二人は包みを抱きかかえて店を出た。月が空を明るくしていた。白い皿のようなそれは兄弟が店にいる間にのぼったらしい。

問　傍線部について、「社長」に対する主人の心情を説明したものとして最適なものを一つ選びなさい。

① かつては社長との間も対等で、互いに信頼し合う関係が成り立っていたにもかかわらず、一方的にそれを壊すような行動をとられたことに対し、言いようのない寂しさと悲しみを感じている。
② 昔は人を使うほどの地位にあった者が今では平気で人をだますようになってしまったということが、生きていくために手段を選ばなくなった今の自分の生活ぶりに重なり、そのことをつらいと思っている。
③ 生きるためには多少の悪事もやむを得ない時代とはいえ、以前は真っ正直な人間で自分を助けてくれたりもしたのだがと、社長の変わりようを嘆き、改心してほしいと願っている。
④ かつて自分が雇われていたころとは逆に、今はこちらが何かと世話をしてやっていて感謝されてもいいくらいなのに、恩を忘れ自分をだまそうとする相手に、驚きあきれている。
⑤ 見えすいた手段で自分をだまそうとした社長に対して、以前はこんなことをする人ではなかったというやりきれない思いと同時に、それほど自分を低く見ているのかと怒りを感じている。

check! 漢字｜語句｜文学史
〈やりきれない〉（問⑤）
▼漢字になおしなさい。
▼意味を答えなさい。

答▼遣り切れない
▼たえられない。がまんできない。
※「遣る」の意味を辞書で確認しておこう。

演習53

目標時間10分

> 帰省中に虫垂炎を発病して郷里の病院に入院中の「彼」は、高校時代の「旧友」が脳出血によって意識不明の状態で隣室に入院していることを、その「旧友」の妻（＝「細君」）から聞かされる。「彼」が見舞いに行って声をかけたところ、「旧友」は一度だけ大きなまばたきをした。

隣室の旧友を見舞ってから数日して、彼の主治医が退院の相談に病室まできてくれた。彼は、必要な話が済んでから、医師に旧友の容態について尋ねてみた。医師は、自分の担当ではないからと口籠（くちご）もりながら、手術さえ可能なら希望が持てるのだが、といった。

「患部がきわめて厄介なところにあるらしくてね。脳外科の連中も手を出したがらないのです。」

「すると、彼はずっとあのままですか。」

「心臓が堪えられるならね。お気の毒なことですが。」

「時々、まばたきをしますね。」

医師は目を伏せてうなずいた。

「奥さんがそれに希望を託してたな、意識のある証拠だといって。」

医師はしばらく黙っていたが、やがて、

「でも、それでいいのじゃないでしょうか。そう信じられて、希望が持てるんだったら。私らはその希望をわざわざ打ち毀（こわ）すようなことはしないのです。」

と顔を上げていった。

退院の朝、彼は隣室へ別れをいいにいった。ところが、細君の姿は見えなくて、旧友だけが初めて見舞ったときとほとんどおなじ様子で病床にいた。彼は、戸口でちょっと躊躇（ためら）ったが、A無人にも等しい病室の素っ気なさが彼を大胆にした。彼は、旧友の枕許（まくらもと）までいくと、

「じゃ、お先にな。ねばれるだけ、ねばれよ。相撲の選手だったころみたいにな。」

と盆のような顔を見下ろしていった。

すこし待ってみても、旧友はまばたきをしなかったが、気のせいか、その目がすこし潤んだように見えた。

---

check! 漢字 語句 文学史

〈口籠り〉

▼「口籠る」の意味として最適なものを選びなさい。

① 何も言わずに黙り込む
② 不満げに恨みがましく言う
③ はっきりと言わずにおく
④ 知っているのに知らないふりをする
⑤ ごまかすことなく言い切る

答 ③

細君は、売店へ買物にでもいったのかと思っていたら、そうではなかった。本館の玄関近くの、幅広い木の階段の太い手すりに手ぶらでもたれて、会計の窓口に群れる人々をぼんやり眺めていたのであった。彼は、一階の外来診察室にいる主治医に挨拶してから、玄関へ出てきて、それを見つけた。彼は、階段の脇(わき)から、手すりの細君を仰ぐようにして退院の挨拶をした。

細君は、エプロンを外してまるめただけで、急いで階段を降りてくるでもなかった。

「そんなところで、誰か探してらっしゃるんですか。」

「なんも。ただ退屈だったすけに。」

細君は、ちょっと首をすくめて、そういった。

彼は、土地の患者たちのように退院後の念押し通院ができないから、せめて三週間にいちどずつ帰郷して病院を訪れ、手術や治療のあとを点検して貰(もら)うことになっていた。その負担の大きい通院は、結局三度でおしまいになったが、その三度とも、彼は病院で旧友の細君を見かけた。

彼女は、依然として退屈を持て余しているらしく、いつも外来患者の雑踏を見下ろす階段の手すりにもたれていたが、見かけるたびに、前より全身にやつれが目立つように思われた。髪や顔の手入れの仕方、衣服の色や柄の選び方、それの着方も、どこか投げやりで、品位に欠けてくるように見えた。

主治医に、もういいでしょう、といわれた日、黙って別れるわけにもいかないような気がして、

「御主人、いかがです?」

と下から声をかけると、

「だんだんいいみたい、おらがそばにいてもいなくても。」

と細君はいって、居酒屋の女のように自分の下手な冗談を大口で笑った。

「いまでも、時々まばたきをしますか?」

「する、する。ウインクみたいなやつを連発してる。」

B 彼は、そういってわざとらしく笑い崩れる細君から目をそらすと、急ぎ足で玄関へ歩いた。

(三浦哲郎「まばたき」)

check! 漢字 語句 文学史

〈仰ぐ〉

▼「仰」を用いるものを選びなさい。

① 怒りのギョウソウ
② びっくりギョウテンする
③ 窓の外をギョウシする
④ ソウギョウ時間の短縮
⑤ 相撲のギョウジをつとめる

答 ②(形相・仰天・凝視・操業・行司)

問1　傍線部A「無人にも等しい病室の素っ気なさが彼を大胆にした」とあるが、この場面における「彼」の心情の動きを説明したものとして最適なものを一つ選びなさい。

① あれこれ話しかけてくる細君に注意を払わなくてもいいので気持ちが楽になり、寝台の上で微動だにしない旧友の姿を勇気をもって見極められるようになった。

② 生きている人間の気配さえ消えた病室の中で二人きりになってみると、知らず知らずのうちにお互いが若かった頃のことが思い出され、少年の頃の遠慮のない率直な気持ちになった。

③ 静まりかえった病室の中で二人きりになったとき、はじめて、直(じか)に旧友と向き合い、誰にもはばからずに語りかけることができるようになった。

④ 生きているのかどうかも分からない旧友が病室の中にぽつんと取り残されている姿を目の当たりにして、人間のはかない運命をたじろがずに受け入れられるようになった。

⑤ 意識を失って昏睡(こんすい)している旧友が横たわる病室の静けさに触れ、思い切って最期の別れを言っておかなければならないのではないかという切迫した気持ちになった。

check! 漢字 **語句** 文学史

〈いたたまれなくなった〉（問2⑤）

▼「いたたまれない」の意味として最適なものを選びなさい。

① それ以上がまんできない
② それ以上自分の心をごまかせない
③ それ以上相手を許せない
④ それ以上相手の発言に共感できない
⑤ それ以上話の間がもたない

答 ①

問2 傍線部B「彼は、そういってわざとらしく笑い崩れる細君から目をそらすと、急ぎ足で玄関へ歩いた」とあるが、「彼」はどうして「目をそら」したのか。その理由として最適なものを一つ選びなさい。

① 自分の夫が死の危機に瀕（ひん）しているというのに、下手な冗談を言いながら大口で笑っている細君が不謹慎に思え、細君に抗議の意思を伝えたかったから。

② なかば諦めながらも精一杯の愛想をふりまく細君を見ていると、彼女の役に立つどころか、励ましの言葉さえ十分にかけてやれない自分が情けなくなってきたから。

③ 医者からも見放され絶望の淵（ふち）に立たされているのに、まばたきをウインクなどと言って、逆にこちらを笑わせようとする細君の心遣いに胸を打たれたから。

④ 入院が長びきそうな病人を抱えて生活していく苦労を思いやると同情を禁じ得ないが、自分もいつ同じ立場になるかわからないのだという不安にかられたから。

⑤ 全身にやつれが目立ち、どこか品位を失いつつある細君がつくり笑いする姿に、つらい人生の一断面を見るような思いがし、切なさにいたたまれなくなったから。

第14章 象徴性

象徴性を理解する

ここでは、小説読解の重要事項であり、読解で大きく差がつく「象徴性」を学習します。「象徴性」とは**具体的なものごと**によって、**抽象的な概念や意味など**を表現することです。たとえば、「平和」という目に見えない抽象概念を、「鳩」という目に見える具体的な生き物で表現することです。英語にすると「シンボル」ですね。

この「象徴性」は、多くの人は高校一年生のときに読んだであろう芥川龍之介の「羅生門」の中にも出てきますね。「にきび」がそれです。あの下人は、「右の頬にできた、大きなにきびを気にし」ていました。また、今まで仕えていた家から暇を出された――今でいうリストラですね――後も、「飢え死にをするか盗人になるかという問題」に迷い、死骸の髪の毛を抜く老婆を見て「悪を憎む心」が生じます。以上から、「にきび」は下人の「若さ」の象徴となっていますね。若者だから、自分の生き方に迷い、若者だから、純粋なまでに悪を憎む。しかしながら、下人は老婆の言葉、簡単に言うと生きるためなら少々の悪事は仕方ない、という趣旨の言葉を聞いた後、「不意に右の手をにきびから離して」「老婆の着物を剝ぎ取」ります。つまり、**「にきび」という若さの象徴から「手を離して」彼は大人になる**のです。大人だから、生きるための悪事をなすことへの覚悟が決まるわけですね。

「象徴性」のイメージについては、次の通りです。

> **具体的事物（主にタイトルと関係する事物・本文中で繰り返されている事物・設問と関係する事物）**
> **➡**
> **抽象的概念・意味**

演習54 目標時間3分

学習日 ／
学習日 ／

　岩吉は火鉢にあたりながらお茶を飲んだ。傍で浜太郎がいびきをかいていた。彼は、父からいじめられ通しだった少年時代を思いうかべた。彼は、いじめられればいじめられるほど無口になった。そしてその無口のために、一層父から自分に反抗心をいだいているといわれてなぐられた。そしてまた無口のために、母からは薄情だと非難され、妹のなみ子からは、馬鹿だといわれ、一番末の保夫からは恐れられていた。しかしその彼は、自分はますます無口になるにちがいない、石のように無口になるにちがいないと感じていた。そして現在の家のような状態では、そうして耐え忍ぶより道はないのだ。そして自分が大人になるまで待つより仕方がないと考えていた。彼は、座敷の真中にあった置時計を、本箱代りの蜜柑箱の上に置いた。時計は、相変らずコチコチと音をたてていた。彼は、その音が好きだった。その音には、何か［X］が感じられた。

（椎名麟三「ある不幸な報告書」）

問　空欄Xを補うことばとして最適なものを一つ選びなさい。

①　淡い予感
②　はかない未来
③　遠い期待
④　新しい旅立ち
⑤　はるかな世界

check!　漢字　語句　**文学史**

〈椎名麟三〉
▼作品を選びなさい。
①　永遠なる序章
②　鼻
③　飼育
④　雪国
⑤　彼岸過迄

答 ①（②芥川龍之介　③大江健三郎　④川端康成　⑤夏目漱石）
※正解以外は必須のレベル。「永遠なる序章」を知らなくとも、それ以外の作者がわかれば正解を導けるように作成した。

演習55

目標時間3分

学習日 ／　学習日 ／

幸子は昔、貞之助と新婚旅行に行った時に、箱根の旅館で食い物の好き嫌いの話が出、君は魚では何が一番好きかと聞かれたので、「鯛やわ」と答えて貞之助に可笑しがられたことがあった。貞之助が笑ったのは、鯛とはあまり月並過ぎるからであったが、しかし彼女の説に依ると、形から云っても、味から云っても、鯛こそは最も日本的なる魚であり、鯛を好かない日本人は日本人らしくないのであった。彼女のそう云う心の中には、自分の生れた上方こそは、日本で鯛の最も美味な地方、——従って日本の中でも［X］と云う誇りが潜んでいるのであったが、同様に彼女は、花では何が一番好きかと問われれば、躊躇なく桜と答えるのであった。

（谷崎潤一郎「細雪」）

問　空欄Xに入るものとして、最適なものを一つ選びなさい。

① 最も鯛の美味な地方である
② 最も魚介類の美味な地方である
③ 最も豊かな地方である
④ 最も先進的な地方である

check! 漢字 語句 文学史

〈谷崎潤一郎〉
▼作品を次の中から選びなさい。
① 刺青
② 伊豆の踊子
③ 金閣寺
④ 檸檬
⑤ 太陽のない街

答 ①（②川端康成　③三島由紀夫　④梶井基次郎　⑤徳永直）

演習56　目標時間6分

学習日　／　学習日　／

郁子は三十五年前に息子を亡くし、以来夫婦ふたり暮らしだったが、昨年夫が亡くなった。以下は、郁子がはじめてひとりでお盆を迎える場面から始まる。

おいしいビールを飲みながら、郁子は楊枝（ようじ）をキュウリに刺して、二頭の馬*を作った。本棚に並べた息子と夫の写真の前に置く。

キュウリで作るのは馬、茄子（なす）で作るのは牛の見立てだという。郁子は田舎の生まれだから、実家の立派な仏壇にも、お盆の頃には提灯（ちょうちん）と一緒にそれらが飾られていた。足の速い馬は仏様がこちらへ来るときに、足の遅い牛は仏様が向こうへ戻るときに乗っていただくのだという。

実家を出てからも、郁子は毎年それを作ってきた。三十五年間——息子の草（そう）が亡くなってからずっと。

馬に乗って帰ってきてほしかったし、一緒に連れていってほしかった。あるときそれを夫に打ち明けてしまったことがある。キュウリの馬を作っていたら、君はほんとにそういうことを細々と熱心にやるねと、からかう口調で言われて、なんだか妙に腹が立ったのだ。あの子と一緒に乗っていけるように、立派な馬を作ってるのよ。言った瞬間に後悔したが、遅かった。俊介は何も言い返さなかった。ただ、それまでの無邪気な微笑みがすっと消えて、暗い、寂しい顔になった。

後悔はしたのだ、いつも。だがなぜか再び舌が勝手に動いて、憎まれ口が飛び出す。そういうことが幾度もあった。俊介はたまったものではなかっただろう。いつも黙り込むだけだったが、いちどだけ腹に据えかねたのか「別れようか」と言われたことがあった。

別れようか。俺と一緒にいることが、そんなにつらいのなら……。

いやよ。郁子は即座にそう答えた。とうとう夫がその言葉を言ったということに戦（おのの）きながら、でもその衝撃を悟られまいと虚勢を張って。

あなたは逃げるつもりなのね？　そんなの許さない。わたしは絶対に別れない。

震える声を抑えながら、そう言った。それは本心でもあった。息子の死、息子の記憶に、ひとりでなんかとうてい耐えきれるはずがなかった。だから昨年、俊介が死んでしまったときは、怒りがあった。とうとう逃げたのね、と感じた。

怒りは悲しみよりも大きいようで、どうしていいかわからなかった。

漢字　語句　文学史

〈戦きながら〉

▼意味として最適なものを選びなさい。

① 勇んで奮い立ちながら
② 驚いてうろたえながら
③ 慌てて取り繕いながら
④ あきれて戸惑いながら
⑤ ひるんでおびえながら

＊馬——お盆の時に、キュウリを使って、死者の霊が乗る馬に見立てて作るもの。

答 ⑤

郁子はビールを飲み干すと、息子の写真を見、それから夫の写真を見た。キュウリの馬は、それぞれにちゃんと一頭ずつ作ったのだった。帰りの牛がないけれど、べつに帰らなくたっていいわよねえ、と思う。馬に乗ってきて、そのまますっとわたしのそばにいればいい。

写真の俊介が苦笑したように見えた。亡くなる少し前、友人夫婦と山へ行ったときのスナップ*。会話しながら笑っている顔。いかにも愉(たの)しげなゆったりとした表情をしているが、あとから友人にあれはあなたと喋(しゃべ)っているときよと教えられた。嘘(うそ)だわと思い、本当かしらとも思った。

（井上荒野「キュウリいろいろ」）

問 傍線部「写真の俊介が苦笑したように見えた」とあるが、そのように郁子に見えたのはなぜか。その理由として最適なものを一つ選びなさい。

① キュウリで馬を作る自分に共感しなかった夫を今も憎らしく思っているが、そんな自分のことを、夫は嫌な気持ちを抑えて笑って許してくれるだろうと想像しているから。

② 自分が憎まれ口を利いても、たいていはただ黙り込むだけだったことに、夫は後ろめたさを感じながら今も笑って聞き流そうとしているだろうと想像しているから。

③ かつては息子の元へ行きたいと言い、今は息子も夫も自分のそばにいてほしいと言う、身勝手な自分のことを、夫はあきれつつ受け入れて笑ってくれるだろうと想像しているから。

④ 亡くなった息子だけでなく夫の分までキュウリで馬を作っている自分のことを、以前からかったときと同じように、夫は今も皮肉交じりに笑っているだろうと想像しているから。

⑤ ゆったりとした表情を浮かべた夫の写真を見て、夫に甘え続けていたことに今さら気づいた自分の頼りなさを、夫は困ったように笑っているだろうと想像しているから。

---

check! 漢字 語句 文学史

〈虚勢を張って〉

▼意味として最適なものを選びなさい。

① 対抗して
② 緊張して
③ 本心をかくして
④ 身を投げ出して
⑤ からいばりして

＊スナップ —— スナップ写真のこと。人物などの瞬間的な動作や表情を撮った写真。

答 ⑤

演習57

目標時間8分

学習日 ／
学習日 ／

僕はまた、あの不良少年というものでさえなかった。朝礼のあとなどに、ときどき服装検査というものが行われ、ポケットの中身を担任の先生にしらべられるのだが、他の連中は、タバコの粉や、喫茶店のマッチや、喧嘩(けんか)の武器になる竹刀(しない)のツバを削った道具や、そんなものが見つかりはしないかと心配するのに、僕ときたら同じビクビクするのでも、まったくタネがちがうのだ。僕のポケットからは、折れた鉛筆や零点の数学の答案に交じって、白墨の粉で汚れた古靴下、パンの食いかけ、ハナ糞(くそ)だらけのハンカチ、そういった種類の思いがけないものばかりが、ひょいひょいと飛び出して、担任の清川先生や僕自身をおどろかせるのだ。

そんなとき、清川先生はもう怒りもせず、分厚い眼鏡の奥から冷い眼つきでジッと僕の顔をみる。すると僕は、くやしい気持にも、悲しい気持にも、なることができず、ただ心の中をカラッポにしたくなって、眼をそらせながら、

(まアいいや、どうだって)と、つぶやいてみるのである。

教室でも僕は、他の予習をしてこなかった生徒のようにソワソワと不安がりはしなかった。どうせ僕にあてたって出来っこないと思っているので、先生は、めったに僕に指名したりはしない。しかし、たまにあてられると僕はかならず立たされた。教室にいては邪魔だというわけか、しばしば廊下に出されて立たされることもあった。けれども僕は、教室の中にいるよりは、かえって誰もいない廊下に一人で出ている方が好きだった。たまたまドアの内側で、先生が面白い冗談でも言っているのか、級友たちの「ワッ」という笑い声の上ったりするのが気になることはあったけれど……。そんなとき、僕は窓の外に眼をやって、やっぱり、

(まアいいや、どうだって)と、つぶやいていた。

校庭は、一周四百メートルのトラックでいっぱいになって、樹木は一本も生えていなかったが、小路を一つへだてた靖国神社の木立がみえた。朝、遅刻しそうになりながら人通りのないその小路を、いそぎ足に横切ろうとすると不意に、冷い、甘い匂いがして、足もとに黄色い粒々の栗の花が散っていた。

春と秋、靖国神社のお祭がくると、あたりの様子は一変する。どこからともなく丸太の材木が運びこまれて、あちらこちらに積み上げてあるが、それが一日のうちに組み上げられて境内全体が、大小さまざまの天幕の布におおわれてしまう。それは僕らにとって「休み」のやってくる前ぶれだ。やがて、オートバイの曲乗りや、楽隊の音や、少女の合唱

---

check! 漢字 語句 文学史

〈窓〉

▼「窓」を用いるものを選びなさい。

① カンコンソウサイ
② ムソウだにしない出来事
③ 動物のキソウ本能に驚く
④ ドウソウ会の幹事になる
⑤ カンソウゲイ会を催す

答 ④(冠婚葬祭・夢想・帰巣・同窓・歓送迎)

や、客を呼ぶ声が、参詣人の雑沓に交って毎日、絶え間なくひびき、それらの物音が、土埃（つちぼこり）に混った食べ物の匂いのただよう風に送られてくると、校庭で叫ぶ教官の号令の声さえ聞きとれなくなってしまうのだ。そして、教室の校庭に面するすべての窓からは、そうしたテントの街の裏側をすっかり見わたすことができたのである。

いつか僕は、目立って大きいサアカス団のテントのかげに、一匹の赤茶色い馬がつながれているのを眼にとめた。……それは肋骨（ろっこつ）がすけてみえるほど痩せた馬だった。年とっているらしく、毛並にも艶がなかった。けれどもその馬の一層大きな特徴は、背骨の、ちょうど鞍のあたる部分が大そう彎曲（わんきょく）して凹（へこ）んでいることだった。いったい、どうしてそんなに背骨が凹んでしまうことになったのか、僕には見当もつかなかったが、それはみるからに、いたいたしかった。

自分一人、廊下に立たされている僕は、その馬について、いろいろに考えることが好きになった。彼は多分、僕のように怠けて何も出来ないものだから、曲馬団の親方にひどく殴られたのだろうか。殴ったあとで親方はきっと、死にそうになった自分の馬をみてビックリしたにちがいない。それで、ああやって殺しもできないで毎年つれてきては、お客の目につかない裏の方へつないで置くのだろう。……そんなことを考えていると僕は、だまってときどき自分のつながれた栗の木の梢（こずえ）の葉を、首をあげて食いちぎったりしているその馬が、やっぱり、

（まアいいや、どうだって）と、つぶやいているような気がした。

（安岡章太郎「サアカスの馬」）

問　傍線部について、その理由として、最適なものを一つ選びなさい。

① 客の目につかない裏の方でつながれている馬と、教室から外に出されて一人廊下に立っている自分とが境遇として重なるように思えたから。

② 馬の姿から、その境遇を的確に理解することができ、さらに、馬のしぐさから気持ちまでも正確に読み取れるようになったから。

③ 馬をひどく殴る親方の心理がよく分かり、一方、馬も自らの行く末に何の希望も抱いていない様に思えたから。

④ 親方が馬を殴るという仕打ちは、自分が担任から受けている身体的苦痛と酷似していてまったく他人事ではないと思ったから。

⑤ サアカス団から逃げようと思っても逃げられない馬と、学校から逃げることのできない自分とが、まったく同じ境遇に思われたから。

check! 漢字　語句　文学史

〈境遇〉（問①）

▼「遇」を用いるものを選びなさい。

① イチグウを照らす人になりたい

② 野生動物にソウグウする

③ グウワから人生の知恵を学ぶ

④ グウハツ的に起こる事故

⑤ 浦島太郎の赴いたリュウグウ城

答 ②（一隅・遭遇・寓話・偶発・龍（竜）宮）

演習58

目標時間10分

〔邦越康郎（くにこしやすろう）は、偶然立ち寄った店（「あつ」）で旧知の松村秋子と再会し、三十年前に死んだ前妻の緋紗子（ひさ）について思う存分に語り合った。帰りのタクシーの中で、緋紗子への昂（たか）ぶる思いと、今の妻の富久江への後ろめたさを感じている。〕

康郎は、毎月十四日には、必ず秋子を訪ねて、緋紗子について語り合ってやりたいと思った。敗戦の前日、八月十四日が緋紗子の命日だからだ。そのぐらいのことをしてやらなければ、余りに緋紗子が哀れに思われた。もし緋紗子の乗った船が機雷にさえ触れなければ、自分と緋紗子は今も共に暮らしているはずなのだ。

（緋紗子との生活……）それは、活気に満ちた楽しいものであるような気がする。富久江との生活は、康郎には少し退屈であった。心の底で触れ合うような、胸に迫るいとしさを富久江には抱けない。と言って、格別富久江に不満があるわけではなかった。

（いずれにせよ……）

やっぱり緋紗子がいとしく思われる。

車は間もなく康郎の家の前にとまった。

「やあ、ありがとう」

康郎は少しチップをはずんで車を出た。そして、はっと息をのんだ。蛙の声が、丘のすぐ下の田んぼから、湧き上がるように聞こえて来た。康郎はふっと斎藤茂吉の短歌を思い出した。

　死に近き母に添寝のしんしんと遠田のかはづ天に聞ゆる

有名な茂吉の歌集『赤光』の中にある歌である。

（わが家には、死に近い者はいないが……）

今夜の蛙は、天を圧するような大合唱であった。と、不意にばたりと蛙の声が途絶えた。が、次の瞬間、再び蛙の声があたりを圧した。康郎は言い難い満足感を持って、玄関のブザーを鳴らした。

夕起子が中からドアをあけ、

「お帰んなさい」と、声低く迎えた。

「やあ、遅くなってしまって……。実はね、高原教授に誘われてね、飲みに行ったんだ。『あつ』という店でね、酒も

check!　漢字　語句　文学史

〈斎藤茂吉〉

▼歌集を選びなさい。

① 一握の砂
② みだれ髪
③ 春と修羅
④ 月に吠える
⑤ あらたま

▼斎藤茂吉の次男で、「楡家の人びと」「どくとるマンボウ」シリーズで知られる作家の名前を答えなさい。

答

▼⑤（①石川啄木　②与謝野晶子　③宮沢賢治　④萩原朔太郎）

※正解以外は必須のレベル。「あらたま」を知らなくとも、それ以外の作者がわかれば正解を導けるように作成した。また、③と④は詩集である。

▼北杜夫

肴もうまかった。あそこのママはいいママだったなあ、清潔で」

康郎はいつになく饒舌になっていた。その康郎を、夕起子は少し固い表情で見守った。

「店から電話をしたんだけどね。家の電話が話し中でね。明日、高原教授に会ったら、君からもお礼を言っておいてほしいね」

康郎はそう言って居間に入った。康郎は、高原に別れて秋子の店に寄ったことを言いそびれた。秋子のことを語ることは、緋紗子のことを語ることになる。それは、富久江にも寛（＝夕起子の夫）にも語りたくないことであった。いや、語るべきことではないように思われた。夕起子は軽く唇を噛んだまま、黙ってうなずいた。夕起子の胸はなぎさ（＝康郎の娘）の夫兼介のことで一杯になっていた。それはなぎさにはもちろんのこと、富久江にも寛にも語れないことであった。実家の母にさえ告げることがためらわれた。そんな思いの中にあって、康郎の帰宅の遅れたことにも、夕起子はこだわっていた。が、たった今、康郎は高原教授と街に出たことを夕起子に告げた。夕起子は康郎に裏切られなかったことを知って、深い安堵を覚えた。研究室にいると思っていた康郎が、いつのまにか大学を脱け出ていた。その上に、兼介のことがあった。夕起子は、耐えていたものが一度にあふれて来そうな思いになった。

「どうしたんだね。富久江も寛もいないようだが……」

「お父さん……なぎささんが……」言いかけて、夕起子は涙ぐんだ。

「何、なぎさが？　なぎさがどうした」

車を運転するなぎさが、交通事故でも起こしたのかと、康郎は顔をこわばらせた。

「あのう……子宮外妊娠で、手術なさったんです」夕起子の目から涙が盛り上がった。

「えっ？　手術？　いつだね？　どこの病院かね」康郎がソファから立ち上がった。

「夕方です。病院は、なぎささんのご近所の山部病院」

「で、経過は？」

「命は取りとめたそうです」

「命は取りとめた……」

康郎はふっと［X］を思った。


（三浦綾子「青い棘」）

---

check! 漢字 語句 **文学史**

〈三浦綾子〉

▼三浦綾子はキリスト教に影響を受けた作家として知られているが、次の中からキリスト教の影響を受けた作品を書いた作家を二人選びなさい。

① 夏目漱石
② 川端康成
③ 坂口安吾
④ 芥川龍之介
⑤ 井上靖
⑥ 遠藤周作
⑦ 中島敦
⑧ 幸田文

答 ④・⑥
※芥川龍之介には「奉教人の死」「南京の基督」等〈切支丹物〉と言われる作品がある。遠藤周作の「沈黙」は有名。

問　空欄Xに入れるのに最適と思われることばを、問題文から三字で抜き出しなさい。

●小説● 復習問題

目標時間15分／30点

学習日 ／　学習日 ／

次の文章は伊藤桂一の小説「溯り鮒」の一節である。主人公の「ぼく」は、軍隊での戦争体験を経て、母、病気の妹と暮らしている。読んで、後の設問に答えなさい。

妹の倒れた年は、久慈川はもちろん、近郊の河にさえ、ぼくは一度も釣りに行かなかった。毎日機械のように、家と勤め先を往復するほか、ぼくにはなんの道楽もなかった。せめては日曜の午後でもを、あまり費用や時間のかからない近郊の河川へ出向いて、時期時期の魚を釣ることが、ぼくのたったひとつの頭を憩める方法であった。しかし寝ている妹と、付き添っている母の姿を考えると、ぼく自身もまた、できるだけ苦役に従わねばならないような、責任をかんじてくるのだった。それでも三月、半年と日を数えて行くうちに、妹の症状も落ちついてきた。全快という目標は医師にも定かにわからぬほど遠かったが、ともかく療養の中での、ささやかな安定を得ていた。ぼくは帰宅して玄関の扉を明けるとき、大丈夫だろうか？という一瞬のためらいが、いつも頭を掠めて過ぎるのをかんじた。ひっそりしていると、どこかが痛んで、妹は寝ついていることが多かったのだ。

翌る年になって、春の兆しがたちはじめると、ぼくは山でも野でもいい、どこか水の匂いのするところへ出向いて行きたかった。何となしにだが、ぼく自身のなかにも、降り積もっている憔悴の影をかんじた。確たる理由もない疲れを覚えていた。ぼくは十数年前、アメリカの軍船に乗せられて佐世保港へ復員*してきたのだが、緑の濃い内地の島影をみてもなんの感懐もなかった。ぼくはただひどい疲れと、未来に対する徒労感だけをかんじ、鬱蒼と繁り合っている樹々に圧迫されるものをかんじた。わずかに家族の支えで、それからの年月を生きてきたようなのだ。何事にも期待することなく、自身が戦争を生きて還ってきたことの、死者に対する償いをでもするような気分で、自身につとめて苛酷に生きてきた。そうして長い灰色の刻のなかに醸されていた、無常観のようなものとだけ親しんできたのである。

それでも生きている限りは、A自身のなかへ灌漑できる何かが欲しかったし、できれば活力を与え得る、なにかの事象と接したかった。しかしぼくはB淡々と水のような生き方を重ねてきただけで、たまに河のほとりに立つときだけ、樹々や草木の華やかな饒舌を楽しんだのである。そしてそれで結構幸福だったのだ。

釣りには、ひとつだけ実益があった。それは母が、川魚の淡泊な味を好んでいたことで、ぼくはなるべく味のよい魚

〈頭を掠めて〉

▼「頭を掠める」の意味として最適なものを選びなさい。

① 無意識のうちによぎる
② 頭の中が一ぱいになる
③ 不安を伴ってあらわれる
④ はっきりと感じられる
⑤ ほんの短い間浮かび上がる

*復員―兵士が召集を解かれ帰還すること。

答 ⑤

の棲む河川をもとめては釣りに行った。釣果は母の膳に供する。これは効なき子の、いわば「養老の釣り＊」とでも称すべきことであったかもしれない。それとも或いは、ぼくそのものへの養老であったかもしれなかったのだ。なぜならぼくは、ときおり自身をよほどの老齢ででもあるように錯覚してしまっていることがあって、そんなとき、ゆっくり自分をふり返ってみては、まだまだ前くぐみに衰えて歩む歳には、かなりな距離のあることを改めて知るのだった。そして、ああそうだったのか、疲れているんだな、といった妙な安堵をかんじ、この悪い歳月の流れを、どこかで喰いとめねばならないのだ、と、しみじみ思ったことであった。

四月のある日ぼくは、ほんとに久しぶりに、成田線安食周辺へ、乗っ込み＊の鮒を釣りにいった。ここらはぼくのよく通ったところで、長門川のほとりを、麦や菜の花を眺めながら、蝶と一緒に堤防を歩いたものだった。春の、甘い空気に身を浸し、リズミカルに歩調をとりながら、ぼくはよく「三本ポプラから右へ二間」とくり返したものだ。利根閘＊門に近い河岸の、三本ポプラから下流へ二間ほどのところに、この川筋の特筆すべき好釣り場をみつけていたころのことである。

ぼくはその日、ポプラのあるあたりまで出てみようかと思いながら、駅を出て右へ畑中の小径をたどり、堤防へ向かってしばらく歩いていたのだが、途中で、ふと、傍らの細流に白く閃くものをかんじて足をとめた。そこは堤防下の沼へ流れ込んでいる細流が、ひとところ小さな淀みを作っていて、その淀みへ案外水量のある流れが落ち込んでいる。ぼくが足をとめ、その淵に視線を投げたとき、三寸に満たない真鮒が一尾、ヒラリと、みごとな姿勢で、淵から、上の流れへ跳ね込んだのだった。つづいてそれを追うようにまた一尾、水を跳ねて流れに躍りこむと、流れに身をくるめかせて素速く上流へ溯っていった。ぼくの眼を掠めた白いものは、淵から躍りあがる、乗っ込みの鮒の鱗のきらめきであったのだ。

ぼくはしばらくのあいだ、道のほとりにしゃがみ込み、淵から瀬へ溯って行く真鮒にみとれていた。かれらは素朴な産卵の意志だけに燃えて、淵から瀬へ、さらに溯って身を横にせねば進めないような田ん圃の中にまで達する。かれらは小さな魚体を駆って、未来になんの疑いも恐れもなく、ただこの駘蕩とした春昼を喜びながら溯って行くのだ。ぼくの眼の前で、かれらは二尾、三尾と、いじらしい跳躍をつづけて細流を溯ったが、しばらくすると、一群の行動が終わったのか、あとはねむたい陽ざしのなかへ、落ち込む水音だけがきこえていた。

ぼくは、ふたたび堤防へ向いて歩みながら、ごく爽やかな感動を覚えていた。ぼくのなかに住みついてきた溯り鮒の意志をかんじた。C無心に、純粋に、美しく、ただ許された水のなかを溯って行くにすぎない魚の姿勢が、ぼくに何か

check! 漢字 語句 文学史

〈いじらしい〉

▼意味を選びなさい

① けなげな
② 確かな
③ 意地をはった
④ 細かな
⑤ 整然とした

＊養老の釣り―「養老の滝」という親孝行の故事をふまえた表現。

＊乗っ込みの鮒―産卵期を前にして深いところから浅いところへ群れてくる鮒。

＊閘門―運河・水路で水量を調節するための水門。

答 ①

の啓示を与えながらひらめきつづけたのである。それはぼくが、持ち得ているようで、その実少しも持ち得ていなかった、生きるための活力の尊さを教えた。春の日の道の片ほとりの、なんでもない自然のできごとでしかなかったのに、ぼくはひどく胸のふくらむ想いがして、微風のなかを、いつにない元気な歩調で歩いた。自身の生きている世界が、どのような暗さに満ちていてもかまわない、自身のひとすじの道だけを、信じ溯って行くことだ。そうしてたぶんそのときに、ぼくが道で行き迷うときの口ぐせであった、あの童謡のようなもの「ヒラリヒラリと越えたいな」という奇妙な語句が生まれたのではなかったろうか。人間を支えているものは意外にささやかな生命感だけなのだ、という気が、そのときぼくにしていたのである——。

問1　波線部「ぼくそのものへの養老であったかもしれなかったのだ」とあるが、「ぼく」がこのような思いに至ったのはどうしてか。この思いを引き起こした原因を二つ、それぞれ一〇以上二〇字以内で波線部より前の部分から抜き出しなさい。

問2　傍線部A「自身のなかへ灌漑できる何かが欲しかった」、傍線部B「淡々と水のような生き方を重ねてきた」とあるが、これらの水にかかわる表現の説明として最適なものを一つ選びなさい。

①　単調な日常に自らを縛ろうとする心と、そのなかに潤いを求めようとする心とを、ともに水によって表現することで、「ぼく」の生きかたを印象づけると同時に、「ぼく」の心に変化が生じる水辺の描写を導くものとなっている。

②　何事もなく過ごしてきた平凡な毎日を水の流れにたとえる一方で、妹の病気をきっかけに生じた心のかわきも水によって表現し、「ぼく」が人生に対してとってきた冷ややかな態度が、最後に変化することを予感させている。

③　復員してきた時に感じた「ぼく」の心を圧迫する存在としての水と、心に染み込んで癒やしをもたらす存在としての水という二つのイメージによって、戦後をかろうじて生きてきた「ぼく」の過去と現在を浮き彫りにしている。

④　息をひそめるような現在の生活に満足しきれない思いと、それでもやはりこれまでの人生を肯定したい思いとの間で揺れ動く「ぼく」の心が、さまざまに変化する水のイメージをとおして、情緒的に表現されている。

⑤　生命の源としての母から安らぎを得たいという気持ちと、母子のきずなが「ぼく」の人生を束縛し、押し流してしまうことを恐れる気持ちとを、いずれも水に託して表すことで、母に対して抱く相反する心情を暗示している。

check!　**漢字**　語句　文学史

〈**啓示**〉

▼「啓」を用いるものを選びなさい。

①　ケイセツの功
②　相手の話をケイチョウする
③　フンケイの交わり
④　チョクジョウケイコウ
⑤　明治時代のケイモウ活動

答　⑤（蛍雪・傾聴・刎頸・直情径行・啓蒙）
※それぞれ意味を確認しておこう。

問3 傍線部C「無心に、純粋に、美しく、ただ許された水のなかを溯って行くにすぎない魚の姿勢が、ぼくに何かの啓示を与えながらひらめきつづけたのである」とあるが、「魚の姿勢」からどのような「啓示」を得たのか。その説明として最適なものを一つ選びなさい。

① 決められた水路のなかをひたすら子孫を残そうと泳ぐ鮒を見て、運命づけられた道をまっすぐに生きていくことが生あるもののつとめなのだと悟った。

② 淵から上流へ力強く跳ねる鮒を見て、その姿と動きのみごとさに、許された範囲のなかで本能のおもむくままに生きることこそが素晴らしいのだと悟った。

③ 細流という限られた条件のなかで生命力のままに跳躍する鮒を見て、たとえ困難な状況にあろうともひたむきに生きることこそが大切なのだと悟った。

④ 次々に上流へと跳ねる鮒の姿は力強いが、しょせんは狭い流れでのことであり、運命に逆らってみても定められたなかでしか生きることはできないのだと悟った。

⑤ 春の陽にきらめきながら上流に向かって跳ねる鮒を見て、その瞬時の輝きに魅せられ、生命は限りあるものだからこそ美しく尊いのだと悟った。

（センター試験・改）

check! 漢字　語句　文学史

〈情緒〉（問2④）

▼「緒」を用いるものを選びなさい。

① 前向きにゼンショする
② 文学全集ショシュウの作品
③ 書類にショメイする
④ ショギョウ無常
⑤ 新しい文化のタンショを開く

答 ⑤（善処・所収・署名・諸行・端緒）

【解答欄】

問1　（10字×2行の解答欄）　/10

問2　/10

問3　/10

合計点　/30

現代文読解基礎ドリル〈改訂版〉

著　　者　池尻俊也
発 行 者　山﨑良子
印刷・製本　日経印刷株式会社

発 行 所　駿台文庫株式会社
〒101－0062　東京都千代田区神田駿河台1－7－4
小畑ビル内
TEL. 編集 03（5259）3302
販売 03（5259）3301
《改④－208pp.》

落丁・乱丁がございましたら，送料小社負担にてお取替えいたします。

ISBN978－4－7961－1456－1　Printed in Japan

駿台文庫 web サイト
https://www.sundaibunko.jp

解答・解説

駿台受験シリーズ

現代文読解 基礎ドリル 改訂版

池尻俊也　著

目次

演習1　上田紀行『生きる意味』

正解　③

設　問：空欄補充問題

空欄部：それにもかかわらず、一九九五年の時点ではそういった指摘はまだまだ「X」として受け取られることが多かった。

◉**空欄部の直後が年長世代の具体的な発言になっているので、次の「論―例」関係に注目する。**

論＝それにもかかわらず、一九九五年の時点ではそういった指摘はまだまだ**「X」として受け取られる**ことが多かった。

例＝「こんなに豊かな社会なのに、いまの若者はどうしてあんなに元気がないんでしょうねえ」「いまの若者にはどうしてこんなに夢がないのかねえ」

論＝年長世代は**若者を奇異の目で見ていた**のだ。

◆右の関係から、「年長世代」の「若者」に対する「奇異の目」について述べている選択肢をさがせばよい。したがって、正解は③「現代若者論」となる。前後の内容に流されて、他の選択肢を選ばないように！

演習2　粟津則雄『世紀末文化私観』

正解　①

設　問：傍線部の内容説明問題

傍線部：だが、このことが、レコードとの関係を次第に稀薄なものにしていったように感じられる。

◉**傍線部の直後が具体例（「かつて」のレコード）になっているので、次の「論―例」関係に注目する。**

論＝このこと（**＝レコードの扱い方・音質の進歩**）が、レコードとの関係を次第に稀薄なものにしていったように感じられる。

例＝「かつて」のレコード

論＝かくして、われわれの耳は、おのずから、**受け身の、怠惰なもの**と化す

◆右の関係から**「レコードの扱い方・音質の進歩」**が、われわれの耳を「**受け身の、怠惰なものと化す**」ことを述べている選択肢をさがす。

① レコードの質的向上は、扱いの点でも音質の点でも飛躍的な恩恵をわれわれにもたらした反面、音楽を聴くという行為から主体性を失わせてしまった（**＝「受け身の、怠惰なもの」**）ということ。

② レコードが扱い方の点で進歩したこと（**「音質の進歩」への言及なし**）は、手軽に聴けるという音楽享受の新たな可能性に道を開いた反面、聴くことがなかば習慣化したために、その新鮮さが失われてきた（**「受け**

身の、怠惰なもの」になったのであって、**「新鮮さが失われてきた」わけではない）**ということ。

③ レコードの普及（**「扱い方・音質の進歩」への言及なし**）は、特権階級のみが享受することのできた音楽を身近なものにした反面、音楽を聴くという行為に対する執着心を失わせてわれわれを怠惰にしたということ。

④ レコードの進歩向上は、われわれを煩雑な操作から解放した（**「音質の進歩」への言及なし**）反面、よりよい音を獲得するために装置に工夫をする熱意を奪い、聴き手を受け身にしてしまった（**ここでの「受け身の、怠惰なもの」とは、「われわれの耳」つまり聞くという行為においてであって、「装置に工夫をする」ことにおいてではない**）ということ。

⑤ レコードが扱い方や音質の点で進歩したことは、聴き取りやすさの点で多大な恩恵をもたらした反面、繊細な音を聴き分ける耳の機能をおとろえさせてしまった（**耳が「受け身の、怠惰なもの」になったのであって、「耳の機能のおとろえ」について述べてはいない**）ということ。

演習3　内田樹『下流志向』

正解　⑤

設　問：空欄補充問題

空欄部：それが「お金の［X］」という特権的性格です。

◉空欄部の直前が〈四歳の子どもの買い物〉の具体例になっているので、次の「論―例」関係に注目する。

論＝それは「**お金には色がついていない**」ということです
例＝四歳の子どもの買い物
論＝それが「お金の［X］」という特権的性格です

◆右の関係から、「**お金には色がついていない**」と対応する⑤「透明性」が正解となる。空欄部の直前に「その人の年齢や識見や社会的能力などの属人的要素は基本的に誰もカウントしない。そこで使われるお金の多寡だけが問題で、誰がそれを使うかということには誰も顧慮しない」とあり、それを端的に述べているのが解答根拠となる「お金には色がついていない」ということである。要するに、お金を使う場合には「**年齢・識見・社会的能力**」や「**誰が**」「**使うか**」**ということは一切問題にならない**、ということである。

よくある誤答として①「一元性」があるが、これは「さまざまな現象が、一つの根本的原理によって成り立つ」という性質のことであって、「お金には色がついていない」ことと関係ない。②「可算性」（数えられる性質）⑥「偏在性」（「偏って在る」性質）も関係ない。

演習4　高階秀爾『記憶の遺産』

正解　①・⑧

設　問：空欄補充問題

傍線部：したがって次第にもとの地点から遠ざかり、［X］と［Y］をもたらすものと考えられていた。

◉次の「論と例」の関係に注目する。

論＝西欧においては、時間は直線的なものであり、したがって次第にもとの地点から遠ざかり、［X］と［Y］をもたらすものと考えられていた。

例＝・西欧美術の図像表現における大きな鎌を手にした老人の姿
・シェイクスピア『リュクリースの凌辱（りょうじょく）』『異釈報尺（いしゃくほうしゃく）』
・図版集『妬（ねた）み深い時の歯の破壊を免れたローマ彫刻百選』の扉頁

（つまり）

論＝「時」は危険な破壊者にほかならない。その「時」の容赦ない**破壊作用と忘却作用**に抵抗して記憶を永続させるために、堅牢な材料によるモニュメントが造られたのである。

◆以上から①**「忘却」**と⑧**「破壊」**が正解となる。

第2章　対比①

演習5　多和田葉子『身体・声・仮面』

正解　④

設　問：傍線部の内容説明問題

傍線部：世阿弥は、狂気を観阿弥とは違った形で捉えた。

◉「観阿弥」と「世阿弥」の対比に注目する。「観阿弥」については――、「世阿弥」については……を付して示す。

記憶と憑依（ひょうい）というふたつの要素は、能の発達史上、重要な役割を果たしてきた。観阿弥は『卒塔婆（そとば）小町』のように死者の霊に取り憑かれることで人が狂気に陥るという作品を書いた。（略）世阿弥の能では、女たちが子供や恋人を奪われ、この〈喪失〉が原因で狂気に陥る。死者に取り憑かれて気が狂うという話はなくなる。（略）世阿弥は死者たちに別の姿形を与えた。死者たちは、夢幻能では、身体を伴って舞台に現れることができるようになったのだ。

観阿弥　＝　狂気　←　死者の霊に取り憑かれる

⟷**（違った形）**

世阿弥　＝　狂気　←　子供・恋人の喪失　　死者＝身体を伴う

◆右の関係をふまえた④が正解となる。

なお、傍線部の主語は「世阿弥」なので、正解も「世阿弥」についての説明になっているはずである。

① 死者たちの霊が現世によみがえり、怨念に憑かれた霊（**これは「観阿弥」「世阿弥」いずれにも相当しない**）が夢幻の世界をひきずって舞台に現れるようになったこと

② 死者の霊に取り憑かれて、狂気に陥った人たち（＝**「観阿弥」**）の霊が現れるようになったこと

③ 死者の霊に憑依（＝**「観阿弥」**）されて死んだ女人の話が、怨霊の復讐譚として姿を変えて舞台に現れるようになったこと

④ 死者の霊が憑依して狂気に陥った話（＝**「観阿弥」**）が姿を消し、死者たちの霊が身体を与えられて舞台に現れる（＝**「世阿弥」**）ようになったこと

演習６

喜志哲雄『喜劇の手法』

正解 ③

設　問：傍線部について、「設定について無理をした」とはどういうことか説明する問題

傍線部：つまり『おかしな二人』とは、設定について無理をした結果、傑作になりそこねた喜劇なのだということになる。

◉**『おかしな二人』とそれ以外の喜劇の対比に注目する。『おかしな二人』については――、それ以外の喜劇については……を付して示す。また、対比関係を表す語は□で囲んで示す。（これより後の解説も同じ）**

現代のアメリカ有数の人気劇作家ニール・サイモン（一九二七〜）の『おかしな二人』は、観客を笑わせるための趣向が基本的にはひとつしか含まれていない喜劇――いわゆる「ワン・ジョーク・コメディ」の典型である。（略）

ただ、一幕物ならまだしも、**多幕物の喜劇**をただひとつの趣向を用いて成立させることには、実はかなりの無理がある。もちろん、たとえばシェイクスピアの『間違いの喜劇』は双生児という設定によって、またゴルドーニの『主人二人の召使アルレキーノ』は一人二役という設定によって成立している。（略）シェイクスピアの喜劇やゴルドーニの喜劇とサイモンの喜劇とのあいだには、重要な違いがある。すなわち、双生児や一人二役という設定は、当の人物だけでなく他者をも巻きこんで混乱を起こす。別の言い方をするなら、こういう設定は**人物の内面的なあり方**ではなくて、人物と状況との関係に関わっている。だからそれには、相当な長さをもった喜劇をもちこたえさせるだけの力がこもっている。ところがサイモンの作品の**基本的設定は、ふたりの中心人物の性格ないし性癖に依存しているに**すぎない。ふたりのあいだの《性格の不一致》は、いったん具体的に示されたら、それで終わりなのであり、**当人以外の人物を巻きこ**

んで混乱を次々に起こす力をもっていない。つまり『おかしな二人』とは、設定について無理をした結果、傑作になりそこねた喜劇なのだということになる。

『間違いの喜劇』・『主人二人の召使アルレキーノ』

双生児・一人二役という設定

⬇ 当の人物だけでなく他者をも巻きこんで混乱を起こす

⬇ 相当な長さをもちこたえさせるだけの力

『おかしな二人』（「多幕物の喜劇」）←こちらの内容を述べたものをさがす

ふたりの中心人物の性格・性癖に依存している設定

⬇ 当人以外の人物を巻きこんで混乱を次々に起こす力をもっていない

⬇ 設定について無理をした結果、傑作になりそこねた喜劇

◆右の関係をふまえた③が正解となる。

① 中心人物と外的状況との関係を描くことによって、相当な長さをもった喜劇をもちこたえさせようとしたこと。

② 中心人物だけでなく、他者をも巻きこんだ混乱を起こさせることで、一幕物の喜劇を成立させようとしたこと。

③ 中心人物の対照的な性格から生じる滑稽な現象を描くというひとつの趣向で、多幕物の喜劇を作ろうとしたこと。（**『おかしな二人』**）

④ 中心人物の性格を極端に滑稽なものにするというひとつの趣向を用いて、短い喜劇（**≠「多幕物の喜劇」**）に仕立て上げようとしたこと。

⑤ 中心人物の性格の不一致を、様々な趣向を用いて描くこと（**「趣向」は「ひとつしか含まれていない」**）で、多幕物の喜劇をもちこたえさせようとしたこと。

演習7　水村美苗『日本語が亡びるとき』

正解　②

設　問：「日本語でいう意味の『近代文学』」の特徴の内容説明問題

傍線部：実は、日本語でいう意味の「近代文学」は、日本近代文学の規範となった英文学やフランス文学には存在しない。

◉「日本の近代文学」と「英・仏の近代文学」の対比に注目する。「日本の近代文学」については——、「英・仏の近代文学」については……を付して示す。

実は、日本語でいう意味の「近代文学」は、日本近代文学の規範となった英文学やフランス文学には存在しない。英文学やフランス文学の歴史は、「古典文学」と「近代文学」とに分かれる。そして「古典文学」とは、昔ギリシャ語とラテン語で書かれた文学を指し、「近代文学」とは、もとは「口語俗語」であり、今は〈国語〉となった言葉で書かれた文学のすべてを指すのである。ということは、十七世紀に書かれた文学でも「近代文学」である。中世期、まだ「出版語」として確立されていない「口語俗語」で書かれた文学は初期近代とよばれることが多いが、そのあとは、十六世紀文学、十七世紀文学、十八世紀文学、十九世紀文学、二十世紀文学などとなるだけである。「西洋の衝撃」を受けなかった英文学やフランス文学は、「出版語」が確立してからは、まっすぐに通った一本の道を、数百年にわたって、過去から現在、現在から過去へと自在に行き来できる文学であり、ここから先が「近代文学」だという断絶はない。断絶があることによって、近代文学という概念が存在するのは、「西洋の衝撃」を受けた非西洋の国々の文学、そのなかでも、かつては別の文学の伝統をもっていた国々の文学においてのことなのである。

「西洋の衝撃」は、非西洋に文学の断絶——究極的には、文化の喪失そのものを強いる。（略）日本の文学は、「西洋の衝撃」によって、〈現実〉の見方、そして、言葉そのもののとらえ方に「曲折」を強いられた。

英・仏の近代文学

a：「口語俗語」（初期近代）⬇〈国語〉となった言葉で書かれた文学

b：「西洋の衝撃」を受けなかった文学 ⬇ 過去から現在、現在から過去へと自在に行き来できる文学

日本の近代文学 ←こちらの内容を述べたものをさがす

a：かつては（西洋と）別の文学の伝統をもっていた国々の文学

b：「西洋の衝撃」を受けた文学 ⬇文学の断絶・文化の喪失（〈現実〉の見方・言葉そのもののとらえ方に「曲折」）

◆右の関係をふまえた②が正解となる。

① × 英語やフランス語などの普遍語で書かれていたこと

② ○ 「西洋の衝撃」による断絶によって生まれたこと

③ × 外部からの直接的影響を受けなかったこと

④ × 古典語から「口語俗語」へと移行したこと

⑤ × 「口語俗語」で執筆・出版されたこと

⑥ × 十七世紀以降に書かれていたこと

演習8　山折哲雄『近代日本人の美意識』

正　解　④

設　問：傍線部の内容説明問題

傍線部：遊びは聖日から切り離され、ひとり歩きをして今日にいたったのである。

◉「遊び」と「聖日＝宗教」の対比に注目する。「遊び」については――、「聖日＝宗教」については……を付して示す。

一般に西欧の社会では、労働を中止する日すなわち休日のことを二様に表現するならわしがあった。ヴァケイション vacation とホリデイ holiday がそれである。前者の vacation はラテン語の vacare 'to leave (one's house) empty' に由来し、家のなかを空にして外に出ることを意味する。家のなかを空にして外をぶらぶら歩いていくことであるから、それはまさに「遊び」の原点を指しているといってもいい。その意味でヴァケイションという休日は、「遊び」そのものをあらわす休日であった。

これにたいして後者の holiday は、むしろ家のなかにとどまって共同体にとっての聖なる日 holiday を祝うことを意味した。ぶらぶら歩きどころか、家のなかに閉じこもって祈りと感謝の時間を過ごす一日であったといってよい。その点では、遊びごころとは対極に立つ禁欲の一日であったといわなければならない。

みてきたように、休日を意味する vacation と holiday は（略）家を離脱する行動パターンと家に残留する行動パターンという二つの型があったということに、ここでは注目しよう。さらにいえば休日というものが、遊びに向かう面と身を慎む面という、二つの正反対の顔をもっていたということである。

その休日のなかで遊びに向かう面がしだいに強調されて、今日のヨーロッパにおける余暇とかレジャーの過ごし方へと引きつがれていったのであろう。家を空にしてぶらぶら歩きをするヴァケイションの効用がもてはやされてきたのである。その結果、もう一方の身を慎んで聖なるものに対面しようとする態度が薄れていった。生活環境がすべて近代化の波に洗われていくなかで、聖なるものと俗なるものが区別され、それに応じてヴァケイションとホリデイが機能分化をとげてしまった。遊びは聖日から切り離され、ひとり歩きをして今日にいたったのである。

遊び（ヴァケイション vacation）

家のなかを空にして外に出る＝家を離脱する行動パターン

⬇

遊びに向かう面が強調

⬇

今日のヨーロッパにおける余暇とかレジャーの過ごし方 ← もてはやされてきた

⬌（切り離され）

聖日（ホリデイ holiday）

家のなかにとどまって共同体にとっての聖なる日を祝う・祈りと感謝の時間を過ごす＝家に残留する行動パターン

⬇

身を慎む面

身を慎んで聖なるものに対面しようとする態度 ← 薄れていった

◆右の関係をふまえた④が正解となる。

① 労働を中止し家を出てぶらぶら歩くヴァケイションは、本来は低俗なものであると考えられ軽視されてきた（**「ヴァケイション」＝「低俗」という内容は、本文中にない**）が、レジャーとして様々な遊びが作られると、聖日に匹敵する価値が認められるようになってきたこと。

② 西欧では本来、遊びは家の中に留まる宗教的な聖日においても行われるもの（**「遊び」と「聖日」が混同されている**）であったが、休日に家の外に出ることが多くなると、聖日の過ごし方としての遊びの意味（**「遊び」と「聖日」が混同されている**）がしだいに薄れていったこと。

③ 西欧において労働の中止はもっぱら身を慎む期間を意味し、遊びに向かう側面は本来なかった（**「労働を中断するとはいっても、そこに家を離脱する行動パターンと家に残留する行動パターンという二つの型があった」と矛盾**）のであるが、遊びが生活環境の近代化の中で休日の過ごし方として位置づけられるようになると、後にレジャーの考えと結びつくようになった（**「労働の中止」が「レジャーの考えと結びつ」いたわけではない**）こと。

④ 西欧における休日には家を出ること（＝**「遊び vacation」**）と家で身を慎むこと（＝**「聖日 holiday」**）との二つのパターンがあったが、ヴァケイションの効用がもてはやされると、聖なるものに対面しようとするホリデイの面が弱まり、家を出て遊ぶ側面が強まったこと。

⑤ 西欧においてもてはやされたヴァケイションの効用は、日本においても多くの人に受け入れられるようになったために、もはや西欧だけのものではなくなり、ホリデイとは異なる独自の機能を獲得（**傍線部は西欧社会における休日について述べたものであって、日本についての内容は関係ない**）していったこと。

第③章 リニア①

演習9　饗庭孝男『喚起する織物』

正解 ④

設　問：傍線部の内容説明問題

傍線部：時間はさながら空間化され、思い出の「風景」か絵のように、一つ一つが自立してたちあらわれてくると言ってよい。

◉**「空間化」という表現から次の論理関係に注目する。**

「時間」⬅（空間）化
「空間」

◆右の関係に注目すると、傍線部の内容を次のように整理できる。

このような認識は、人生を時間の相で見るよりも一日一日の区切りにより、それを一つの風景と見、予期できない事柄の描かれる絵とも考え、その重なりを人生とするものであり、それを書きとどめる時、時間はさながら空間化され、思い出の**「風景」か絵**のように、一つ一つが自立してたちあらわれてくると言ってよい。（略）彼は「私」の生活を基軸にしながら、**人生の時間を一日一日の区切りによって空間化し、そこに生起する出来事を絵のごとく、あるいは「風景」のごとく描く**ことによって、まがうことのない文学的リアリティをつくりあげたのである。

「時間」＝人生の時間
↓一日一日の区切りによって空間化
「空間」＝風景・絵（のごとく）

① 人生という漠々たるものを、そのまま言葉に記しとどめる **（≠空間化）** こと

② 現実に流れる時間が、そこに生起する出来事によって止まること

③ 人の生きる時間と場所が一つになって **（「一つになる」わけではない）** 人生の時空と認識すること

④ 人生を一日一日で区切って、その一日を一つの風景、一枚の絵と見る **（＝空間化）** こと

⑤ われわれがこの目に見える空間の中 **（ここでの「空間化」は「見える・見えない」という意味ではない）** で、人生という時間を過ごしていること

演習10　森博嗣『読書の価値』

正解　**問1＝⑤　問2＝④**

問1

設　問：空欄補充問題

傍線部：それは結局「視点」の X 能力なのだ。

文章が上手いというのは、つまりは、自分の書いた文章を客観的に読み直せるかどうか、であり、それは結局「視点」の X 能力なのだ。**自分以外の誰かになったつもりでそれが読める**、架空の人物の視点で文章を読める、ということである。

◉空欄部に続く内容に注目する。

自分の「視点」
↓
自分以外の誰か・架空の人物の「視点」

◆「視点」を「移動・移行」することだから「シフト」が正解となる。

問2

設　問：「難しさ」を具体的に説明する問題

傍線部：話す相手がその場にいない状況になると、途端に難しくなる

◉以下の変化に注目する。

相手が誰なのかわかっているうち
文章は極めて書きやすい（話が上手な人・話が面白い）
⬅
話す相手がその場にいない状況
途端に難しくなる
不特定多数の読者に対して文章を書く⬇**あらゆる理解と誤解を想定**して文章を書く

◆相手が「不特定多数」であること、「あらゆる理解と誤解を想定」する必要があることについて述べている選択肢をさがす。

① 話す相手の反応を見ることができないラジオやＴＶの放送には、誤解が付き物である ×
② 話す相手が不特定多数になるときは、プロとしての話し方の訓練を積むことが要求される ×
③ 話す相手の反応が見えない状況でも、プロであれば常に面白い話をすることが求められる ×
④ 話す相手が不特定多数になり、あらゆる理解と誤解を想定して言葉を選ぶことが必要となる ○
⑤ 話す相手が誰なのかわからなくなると、話が上手な人でも話の間が取れなくなってしまう ×

演習11　松井今朝子「『常識』のはなし」

正解　凄まじいテクノロジーの進歩

設　問：傍線部の「引き金となった」ことの抜き出し問題

傍線部：敬語の使い方に限らず、常識というものが揺らぎだしたのはいつ頃からなのだろうか。

◉**「引き金」という表現から次の論理関係に注目する。**

〔　？　〕
⬅（**引き金**）
傍線部「常識というものが揺らぎだした」

◉右の関係に注目すると、最終段落の次の展開が根拠となる。

凄まじいテクノロジーの進歩
⬅（**によって**）
今や同じ国に住んでいても、取り巻く環境は短いスパンで激変してしまう
⬅（**だからこそ**）
常識というものも同世代や身近な関係者の間でしか通用しなくなった
＝**傍線部「常識というものが揺らぎだした」**

◆以上から「**凄まじいテクノロジーの進歩**」が「引き金」となって環境の激変がもたらされ、「常識というもの」が「同世代や身近な関係者の間でしか通用しなくなった」、つまり「揺らぎだした」のである。

演習12　高橋英夫『友情の文学誌』

正解　A＝同質性　B＝第一印象　C＝異質性　D＝経験と判断

設　問：年齢・時間と友情の関係についての内容説明問題

傍線部：プラトン、アリストテレスとも、そのさいに年齢とか時間といった要素に言い及んではいなかったが、彼らの友情論の思索的背景にも、やはり年齢の問題はひそんでいた、と指摘したい。

◉ここでは年齢・時間による友情の変化について問われている。傍線部を含む段落の冒頭に注目すると「人は青春を脱け出し、人生経験を蓄積してゆくにつれて〜なってゆく」とある。ここから次の論理関係に注目する。

> 若年層の友情
> ・類似、相同、同質に惹かれるという傾向が著しい
> ・第一印象の占める割合がきわめて大である
>
> ⬇年齢・時間（青春を脱け出し、人生経験を蓄積）
>
> 大人の友情
> ・**同質性**ではなく差異や**異質性**を重んずる
> ・**第一印象**ではなく**経験と判断**を重んずる

人は年齢とか時間を重ねる中で　↑「大人」となる
友情について A や B ではなく↑右の「ではなく」の上に注目
C や D を重視↑右の「ではなく」の下に注目する。

演習13　井上靖「木の下蔭」

正解　④

設　問：傍線部の内容説明問題

傍線部：刺客が縦横に走っている五月闇の中から生まれた。

◉傍線部自体が具体例（引用）になっているので、次の「論―例」関係に注目する。

> 論＝五月だけの持つ**むんむんしたエネルギー**が感じられる
> 例＝刺客が縦横に走っている五月闇の中から生まれた

◆「**むんむんしたエネルギー**」に対応する選択肢をさがす。選択肢の細かな吟味は次の通り。

① 暗殺者が自在に走りまわっているような不吉な凶事をはらんだ美しい闇 ×
② 暗殺者が自在に走りまわっているような反体制的な生き方を肯定する不逞な闇 ×
③ 暗殺者が自在に走りまわっているような戦争の時代の混沌の深さを暗示する闇 ×
④ 暗殺者が自在に走りまわっているような過剰な生命の営みを感じさせる闇 ○

演習14　中野孝次『ブリューゲルへの旅』

正解　④

設　問：傍線部において筆者の表現しようとしている内容を説明する問題

傍線部：町を横に流れる真間川だけは変らぬように見えたが、その真間川さえいつか工場廃水で赤茶けた沈澱物を川底や杭にためている。

●傍線部自体が具体例（筆者の子供時代の具体的な描写）になっているので、次の「論―例」関係に注目する。

論＝すべてが、**変貌の大きなうねり**のなかにあった
例＝町を横に流れる真間川だけは変らぬように見えたが、その真間川さえいつか工場廃水で赤茶けた沈澱物を川底や杭にためている
論＝町がつねにそういう**変化変貌の過程**にあって、**変るということ**だけがたしかな現実のように感じられた

◆町が「変貌の大きなうねり」「変化変貌の過程」のなかにあったことを述べている選択肢をさがす。

① 近代化の波とともに、日本の風景が環境汚染（**「環境汚染」は「変化」の一要素であって、「変化変貌」そのものではない。**）にさらされつつあるという危機感。

② 近代化の波とともに、日本にもついに工業化の時代（**「工業化」は「変化」の一要素であって、「変化変貌」そのものではない。**）がやってきたという期待感。

③ 近代化の波とともに、日本もいやおうなしに工業化にさらされる（**「工業化」は「変化」の一要素であって、「変化変貌」そのものではない。**）という恐怖感。

④ 近代化の波とともに、日本の風景からかつての姿が失われていくこと（**＝「変化変貌」**）への悲哀。

⑤ 近代化の波とともに、日本も工業化なしでは今後はやっていけない（**「工業化」は「変化」の一要素であって、「変化変貌」そのものではない。**）という覚悟。

※②・③・⑤は「工業化」に限定し過ぎている。傍線部の近辺だけを読むのではなく、文章構造を十分に理解し、筆者が、少年時代の身の回りの様々な「変化変貌」について述べようとしていることを読み取る。また、傍線部の「工場排水で赤茶けた沈殿物」が「悲哀」と対応している。

演習15　柳澤桂子『生と死が創るもの』

正解　④

設問：空欄補充問題

空欄部：私が昼の意識を失ってぐっすりと眠っているときに、夜の意識である夢だけはさかんに活躍している。［X］さえ思われる。

◉引用されている短歌（＝「例」）とそれに対する筆者の思い（＝「論」）との関係を正確に理解する。

［論］＝夢のなかには～まったく何の脈絡もないことが突如としてあらわれることもある。夢判断の精神科医たちはそれにもっともらしい意味を創作していくのであるが、それにどれほどの意味があるのであろうか。

［例］＝夢のなか果つるともなく真っ黒な牛のまなこが広がりてゆく

［論］＝夢一面に広がった大きな牛の瞳。精神科医は私の異常な心理として説明するのではなかろうか。

［論］＝私が**昼の意識**を失ってぐっすりと眠っているときに、**夜の意識である夢**だけはさかんに活躍している。［X］さえ思われる。

［例］＝細長き管となりきり眠るとき夢は傍（かたえ）にきて横たわる

◆右の関係から、「私が**昼の意識**を失ってぐっすりと眠っているとき」＝「細長き管となりきり眠るとき」、「**夜の意識**である夢だけはさかんに活躍している」＝「夢は傍にきて横たわる」と対応する選択肢をさがす。つまり、「昼の意識」が眠っているときに「夜の意識」が活躍している、という内容になっているものである。「真っ黒な牛のまなこ」や「精神科医」「異常な心理」との関連性は根拠とならない。

① まるで大きく真っ黒な動物が私を圧するかのように ×
② まるで私の深層心理（**「精神科医」**）を夢で再現しているかのように ×
③ まるで私の異常な心理（**「精神科医」**）をやさしく慰めるかのように ×
④ まるで夢という別の人格（**＝「夜の意識」**）が私（**＝「昼の意識」**）の隣りに寝ているかのように ○
⑤ まるで昔、親しかった友達（**「夜の意識」と対応していない**）が夢で会いに来たかのように ×

演習16　三井秀樹『美のジャポニスム』

正　解　②

設　問：傍線部の内容説明問題

傍線部：生活に密着した知恵のごくありふれた常識

◉傍線部自体が、明治の美術教育の具体例になっているので、次の「論—例」関係に注目する。

論＝**生活美術**と言わしめた、装飾美術や工芸を絵画と分け隔てなく扱う**日本人の生活美学**

例＝明治の美術教育～生活に密着した知恵のごくありふれた常識の範囲

論＝木と紙からできた家で～**美を見いだそうとする姿勢**が**日本人の美意識**をつくりあげたこと

◆右の関係から「生活」のなかに「美を見いだそうとする」「日本人の美意識」について述べている選択肢をさがす。

①ごく普通の庶民によって生み出された生活様式

②普通の日常生活のなかで自然に育まれた生活美学

③日常生活のなかにのみ（**このような限定は述べられていない**）美を見いだそうとする工夫

④豊かな生活をおくるために誰もがもっていた知識

⑤欧米の高度な美術教育に裏打ちされた美的感覚

第５章　対比②

演習17　上倉庸敬「映像の光と影」

正　解　⑤

設　問：「あたらしい言葉」が求められた理由の説明問題

傍線部：逆にいえば、映画という、あたらしい表現が、あたらしい言葉を必要としていたともいえよう。

◉全体の対比関係を整理しておく。本文冒頭に「その光（＝映画の光）と影は日常の光と影ではない」とあるので、「日常の光と影」と「映画の光と影」の対比に注目する。前者については ―― 、後者については …… を付して示す。

映画が光と影の芸術だとは、よくいわれることである。しかし、その光と影は日常の光と影ではない。光をさえぎる物体の、光と反対側にできる、日常でいう影を、そのまま映画が用いることはない。野外でおこなわれるロケーション撮影の場合も、この事情は変わらない。映画の影は、ある影をつくろうと意図して光をあて、そうしたうえで初めて生まれるような、そんな影である。そこには、光のあたっていない影はない。スクリーンに映しだされた像が、たとえ真っ黒で、なんの光もあたっていないように見えたとしても、たいていは意図された光があたっている。映画の光と影は、つくられた光と影、それぞれが別個につくられた光と影である。映画の影が、どんな影であれ、かならず光を含んでいるとすれば、映画のつくりだす像を、まったく光の射さないこともある「影像」という言葉で、よびつづけることはむずかしかったろう。映像という、あたらしい言葉が映画と結びついたのも、理由のないことではない。逆にいえば、映画という、あたらしい表現が、あたらしい言葉を必要としていたともいえよう。映画のなかのものはすべて、つくられたものである。つくられたものを見せて、そこに見えないものを、たとえば人間の優しさを、映画は表現する。なにをいちばん見てもらいたいか、つぎはなにか。それを映像の光と影が示す。（略）光と影まで自在につくる映画の可能性をまえにすれば、たしかに影像よりは映像のほうがふさわしかったと思われる。

日常の光と影

a：**光をさえぎる物体**の、光と反対側にできる影

b：**光のあたっていない影・まったく光の射さないこともある**「影像」という言葉

映画の光と影

a：ある影をつくろうと**意図して光をあて**、そうしたうえで初めて生まれるような、そんな影

b：**かならず光を含んでいる**

まずは傍線部を含む一文全体を確認しよう。まず、傍線部の主語は「あたらしい表現」である。これは**映画**のことを指している。次に、「あたらしい言葉」とは、最後の一文を読めば「**映像**」だと理解できる。以上をふまえて、一文を確認すると次のようになる。

逆にいえば、**映画**という、あたらしい表現が、（**映像**という）あたらしい言葉を必要としていたともいえよう。

◉「映画」が「映像」というあたらしい言葉を必要とした理由

端的に言えば、最後の一文にある通り「**影像よりは映像のほうがふさわしかった**」からである。では、なぜ「影像」より「映像」のほうがふさわしいのか。先に確認した対比関係を確認するとよい。

日常の影

光をさえぎる物体の反対側にできる影＝光のあたっていない影

⬇「**まったく光の射さないこともある**」**影像という言葉**

映画の影

意図して光をあてて生まれる影＝**かならず光を含んでいる影**

⬇「**まったく光の射さないこともある**」**影像という言葉** ← **ふさわしくない**

◆右の対比関係から、**必ず光を含んでいる映画**の「**影や像**」に対して、「**まったく光の射さないこともある**」**影像という言葉はふさわしくなかった**ので、それ以外の言葉が表現するために、「映像」という新しい言葉が必要とされた、という内容を述べた選択肢を確認すれば、正解は⑤となる。

① 映画の影は、つくられた影であるため、自然に出来る影を意味する「影像」という語は使いにくかったから。

※「**人工の影か自然の影か**」**ではなく**、「**光を含むか含まないか**」**が解答要素**。

② 映画の像は、視覚メディアというあたらしい表現であるため、昔ながらの「影像」という語は使いにくかったから。

※「**あたらしい**」「**昔ながら**」**という新旧の問題ではない**。

③　映画の影は、絶対に光と相関するため、光とほとんど関わりのない「影像」という語は使いにくかったから。

※日常の影は「光をさえぎる物体の、光と反対側にできる」のだから、「光とほとんど関わりのない」は誤り。

④　映画の像は、わざと光をさえぎって出来る像（**「光をさえぎる物体の、光と反対側にできる」のは日常の影**）であり、自然な影を意味する「影像」という語は使いにくかったから。

※「わざと」「自然」という作為・不作為の問題でもない。

⑤　映画の影は、必ず光を含んでいるため、光を全く含まないこともある「影像」という語は使いにくかったから。

演習18　小林康夫『出来事としての文学』

正解　**問１＝③　問２＝④**

問１

設　問：傍線部に関する理由説明問題

傍線部：「始まりとは何か」という問いに答えることは難しい。

◉傍線部の直後に「違って」「ではない」「ではなく」といった対比関係とつながる表現がある。ここから「『始まりとは何か』という問い」と直後の「『人間とは何か』『魂とは何か』というような種類の問い」の対比に注目する。前者については——、後者については……を付して示す。

「始まりとは何か」という問いに答えることは難しい。だが、その困難は、たとえば「人間とは何か」「魂とは何か」というような種類の問いの困難とは違って、そこで問われている対象の謎めいた複雑性に帰せられるものではない。ある対象があって、それがわれわれの言語から限りなく逃げていくというのではなく、むしろ「……とは何か」というような問いが差し向けられるべき端的な対象がそこにはないということこそが、われわれの困難なのである。

実際、「……とは何か」と問うことができるような始まりがどこにあるだろうか。始まりとは、かならず何かの始まりである。その「何か」については「……とは何か」と問うことができるとしても、しかしその始まりについて、どうしてさらに「それは何か」と問うことができるだろう。むしろ始まりについて問うべきなのは、「何か」ではなく、「どこから」あるいは「どのように」ではないだろうか。それはどこから始まるのか。始まるとき、それはどのようにあるのか。

「人間とは何か」「魂とは何か」というような種類の問い

・そこで問われている対象の謎めいた複雑性に帰せられるもの
・ある対象があって、それがわれわれの言語から限りなく逃げていく

「始まりとは何か」という問い

・「……とは何か」というような問いが差し向けられるべき端的な対象がそこにはない
・「何か」ではなく「どこから」「どのように」

◆右の対比関係から、正解は③となる。

① 「始まりとは何か」という問いには、×問われている対象に謎めいた複雑性がある（**これは「人間」「魂」への問い**）から。

② 「始まりとは何か」という問いには、×問われている対象がわれわれの言語から限りなく逃げていく性質がある（**これは「人間」「魂」への問い**）から。

③ 「始まりとは何か」という問いには、○「……とは何か」というような問いが差し向けられるべき端的な対象がそこにはないから。

④ 「始まりとは何か」という問いには、×「……とは何か」と問うことはできても（**始まりについて問うのは「何か」ではなく「どこから」「どのように」**）「それは何か」と問うことができないから。

⑤ 「始まりとは何か」という問いには、×人間や魂についての問いと同じく（**「始まり」への問いと「人間」「魂」への問いとは「違う」ものである**）、対象を表象する側の人間の機能や操作が関係するから。

問2

設　問：傍線部とはどのようなものと筆者が考えているかを答える問題

傍線部：このような問いが可能であるということ自体が、始まりという概念が対象的な概念ではなく、機能的な、あるいは操作的な概念であることを、すでにはっきりと物語っている。

⬅ 傍線部を含む一文の対比関係を整理

始まりという概念　× 対象的な概念
⟷ ではなく
○ 機能的な、あるいは操作的な概念

◉右の対比関係から「対象的な概念」と「機能的・操作的な概念＝始まりという概念」の対比に注目する。前者については——、後者については……を付して示す。

たとえば、生命の個体発生の連続性のなかで、《人間》はどこから始まるのか（**選択肢⑤**）。始まったときの状態はどのようなものであるのか。このような問いが可能であるということ自体が、始まりという概念が対象的な概念ではなく、機能的な、あるいは操作的な概念であることを、すでにはっきりと物語っている。始まりは、対象の側にあるのではなく、むしろ対象を表象する人間の側にあるのであって、つまりわれわれが始まりを決定し、そうして対象を規定しているのである。

　あるいは、別の言葉で言うのなら、始まりは存在しているものとしてあるのではない。始まりは存在のカテゴリーには属さず、文化の厚みを通じて決定された区切りとして、つまり文化的な生産物（**選択肢①**）としてある。言語のすべての要素がそうであるのではないが、しかし言語においてしか可能ではな

いような、対象的な意味を持たず、純粋に操作的な区切りを強制するさまざまな位相語のなかでも、始まり**（選択肢②）**は、それと対をなす終わりと並んで、人間の文化のもっとも根源的なオブセッションであることは間違いない。始まりを決めること、終わりを決めること、そうして時間的な、あるいは空間的な区切りの線を引くこと、**それ（＝直前の「始まりを決める〜こと」）**は、内実のある個別的な決定があくまでもローカルなものに止まるのに反して、形式的**（選択肢③）**であるが故に一層、文化の全領域を貫く根源的な身振り**（選択肢②）**なのである。

◆右の対比関係から、④が正解となる。それ以外はすべて「機能的・操作的な概念＝始まりという概念」の説明になっている。

演習19　鷲田清一「臨床と言葉」

正解　①

設　問：空欄補充問題

空欄部：つまり、X という感触のほうが、Y ということ**よりも**意味が大きい。

← 空欄部を含む一文と直後の一文における「よりも」の繰り返しに注目

つまり、X という感触のほうが、Y ということ**よりも**意味が大きい。言っていることが認められたという**よりも**、言った言葉が、たとえまちがっていても、しかしとりあえずそのまま受け入れられた、それがそれとして肯定されたという感触が大切なのだとおもう。

⬅ **文構造の整理**

Y ということ＝言っていることが認められた
＞ よりも　　　　＞ よりも
X という感触＝言った言葉が、（略）とりあえずそのまま受け入れられた

◆右の関係から次のように考えると、正解は①となる。

X ＝ 言った言葉が、（略）とりあえずそのまま受け入れられた
Y ＝ 言っていること**（＝主張）**が認められた

① X 言葉を受けとってくれた　Y 主張（＝「言っていること」）を受け入れてくれた

② X 言葉を受けとってくれた　Y 気持ちを受け入れてくれた

③ X 主張を受け入れてくれた　Y 気持ちを受け入れてくれた

④ X 主張を受け入れてくれた　Y 言葉を受けとってくれた

⑤ X 否定的に受け入れられた　Y 主張（＝「言っていること」）を受けとってくれた

演習20　星野博美「迷信という抵抗」

正解　③

設　問：傍線部の理由説明問題

傍線部：しかし彼らの、時には滑稽にさえ映る真剣さが、現在東京で暮らす私には羨ましくも感じられる。

◉「彼ら」が「私」に「羨ましくも感じられる」理由を問われているので、「彼ら」と「私」との対比関係に注目する。前者については ——、後者については ⋯⋯ を付して示す。

彼らは器用だから体は街のスピードに合わせているけれど、心はそこまでの速度についていけない。迷信に固執することで、かろうじてバランスを保っているのかもしれない。

街が自然から逸脱すればするほど、彼らは風水や迷信に回帰する。彼らの迷信深さは、自然に戻りたいという心の叫びなのではないか、と私は思った。しかし彼らの、時には滑稽にさえ映る真剣さが、現在東京で暮らす私には羨ましくも感じられる。彼らの迷信深さが、尋常ではない速度で変わりゆく社会に対する無言の抵抗だとしたら、そんな抵抗力すら失い、迷信どころか何も信じられなくなってしまった私たちは、一体どこへ行ってしまうのだろう。自分たちの行き着く先が、私にはますます見えなくなるのだった。

彼ら＝香港の人たち

〈迷信深さ＝尋常ではない速度で変わりゆく**社会に対する無言の抵抗**

私＝日本人

〈尋常ではない速度で変わりゆく**社会への抵抗力すら失い**
迷信どころか**何も信じられなくなってしまった**

⬅

一体どこへ行ってしまうのだろう。
自分たちの行き着く先が、私にはますます見えなくなるのだった。

◆右の対比関係から、香港人は、変化する社会に対する無言の抵抗である迷信によって、心身のバランスをとっているのに対して、日本人はそういった抵抗力もなく、何も信じられなくなっているという筆者の考えが読み取れる。その内容について述べている③が正解となる。（③以外は「私」＝日本人への言及がない）

① 香港の人たちの生活の中で風水などの迷信や風習に回帰する姿は、都会を自然破壊から守りたいという真剣な心の叫びとして感じとれるから。

② 香港の人たちは今もなお迷信に固執しており、それが経済発展し近代化する社会への明確で意識的な抵抗や批判**（「無言の抵抗」であって「明確で意識的な抵抗」ではない）**となり得ていると感じるから。

③ 香港の人たちの迷信深さがめまぐるしく変化する社会へのある種の抵抗と映る一方で、私たち日本人は信頼感や拠り所を失ったと感じたから。

④ 香港の人たちのドライなものの考え方と迷信深さとが兼ね備わって、近代化する生活様式や合理性への抵抗となり得ていると感じているから。

第⑥章 推論・統合（具体と抽象）

演習21 伊藤剛『テヅカ・イズ・デッド――ひらかれたマンガ表現論へ』

正解 ②・⑤

設問：「現前性」の具体例を選択する問題

傍線部：さらにリアリティとは、「もっともらしさ」と「現前性」とに分けて考えることができる。

◉「現前性」の語に注目して、傍線部の言い換えを確認する。

さらにリアリティとは、「もっともらしさ」と「現前性」とに分けて考えることができる。作中世界の事件やものごとをいかにも「実際にありそうなこと」に感じさせるという意味の「もっともらしさ」と、**作中世界を、あたかも自分の目の前で起きているように感じさせたり、作品世界の出来事がありそうかありそうでないかにかかわらず、作品世界そのものがあたかも「ある」かのように錯覚させることである「現前性」**である。

「リアリティがある」という言い方がされる場面を思い起こしてもらえれば判るように、一般にリアリティとは「もっともらしさ」の意味で使われる。これに比べて**「現前性」は、普通は意識されない。これを提供するメカニズムは、受け手からは「見えない」ものになっている**からである。

何であれ「表現」が作中世界を受け手の前に**現前させる**ということは、**受け手がじゅうぶんに作中世界に「没入」していること**を意味する。そのために、さまざまな工夫がされ、表現上の技術は蓄積される。

傍線部：リアリティとは（略）「**現前性**」とに分けて考えることができる

⬇

解答根拠：「**普通は意識されない**」・「**見えない**」メカニズムによって、「**受け手**」が「**作中世界**」に「**没入**」していること

◆右の関係から、**「「見えない」メカニズムによって、「受け手」が無意識に「作中世界」に「没入」していること」**の具体例となっている選択肢をさがすと、②と⑤が正解となる。

① ハリウッドのSF映画に登場する宇宙船内部のメカニズムが、たいへん精巧にできていた（**これは感想を述べているのであって、「意識されない」「没入」の例になっていない**）。

② 自動車レースのテレビゲームをすると、ゲームに合わせて身体が左右に動いてしまう（「**意識されない**」「**没入**」）。

③ 推理小説の裁判シーンは、展開に少しでも嘘が入ると読者の気持ちが一気に冷めてしまう（**≠**「**没入**」）。

④ 京都が舞台であっても、必然性がないなら（「**必然性**」**の有無は無関係**）テレビドラマに有名な観光地は出てこないほうがよい。

⑤ 昨日観たホラー映画は、観客をハラハラさせる工夫を随所にこらしていて時のたつのを忘れた（「**意識されない**」「**没入**」）。

演習22　氣多雅子『ニヒリズムの思索』

正解　⑤

設　問：「相反的対立の形」の具体例を選択する問題

傍線部：だが現代に至って、伝統の対立の構図はこのような並列的な対比に納まり切らなくなって、一方で並列的対比を維持しつつ、他方で伝統的なものと伝統的でないものという相反的対立の形が前面に出てきているように見える。

◉**「伝統的なものと伝統的でないもの」に注目して、傍線部の言い換えを確認する。**

明治時代の日本人に共通の葛藤を形づくったのは、日本の精神伝統対西洋文明という構図であった。この構図は、複数の伝統の対立とせめぎ合いの中での伝統の自覚と守護、ないし伝統の否定と破壊というものが、ある集団のアイデンティティの成立と解体に関して要となるものであることを、教える。だが現代に至って、伝統の対立の構図はこのような並列的な対比に納まり切らなくなって、一方で並列的対比を維持しつつ、他方で伝統的なものと伝統的**でないもの**という相反的対立の形が前面に出てきているように見える。

（略）

伝統的なものと伝統的でないものとの対立の形は、**科学および科学技術の成果をめぐって特記すべきものとなった**と言ってよい。つまり、**科学技術によって生産された製品や建物や芸術作品などは伝統的でないもの、昔ながらの材料と技法で生産された製品や建物や芸術作品などは伝統的なもの、という対立の**構図が、我々の生活の中に深く根を下ろしているのである。

傍線部：**伝統的なものと伝統的でないもの**という相反的対立の形

⬅

解答根拠：**科学技術によって生産された製品や建物や芸術作品などは伝統的でないもの、昔ながらの材料と技法で生産された製品や建物や芸術作品などは伝統的なもの、という対立**

◆右の関係から、次の対比関係が確認できる。

伝統的なもの……昔ながらの材料と技法で生産された製品や建物や芸術作品など（科学・科学技術と無関係）

伝統的でないもの…科学技術によって生産された製品や建物や芸術作品など（科学・科学技術と関係）

◆以上の対比関係をふまえた選択肢をさがすと、正解は⑤となる。

① 「日本の伝統」と「西洋の伝統」（**「並列的な対比」であって「相反的対立」ではない**）

② 「並列的伝統」と「相反的伝統」（**本文で述べられているのは「並列的な対比」「相反的対立」。「伝統」に対して、「並列的」「相反的」の語は用いられていない**）

③ 「近代における個の自覚」と「芸術活動における独創性」（**どちらも「科学・科学技術」と無関係**）

④ 「科学」と「科学技術によって生産された製品」（**どちらも「科学・科学技術」と関係のある「伝統的でないもの」**）

⑤ 「現代の科学技術文明」と「ヨーロッパの思想伝統」（**「科学・科学技術」と関係のない「伝統的なもの」**）

演習23　岩井克人「資本主義と『人間』」

正解 ⑤

設　問：「情報そのもの」が「商品化」されることの具体的な説明を選択する問題

傍線部：ポスト産業資本主義——それは、加工食品や繊維製品や機械製品や化学製品のような実体的な工業生産物にかわって、技術、通信、文化、広告、教育、娯楽といったいわば**情報そのものを商品化**する新たな資本主義の形態であるという。

◉**傍線部の言い換えを確認する。**

だが、産業革命から二百五十年を経た今日、ポスト産業資本主義の名のもとに、旧来の産業資本主義の急速な変貌（へんぼう）が伝えられている。ポスト産業資本主義——それは、加工食品や繊維製品や機械製品や化学製品のような実体的な工業生産物にかわって、技術、通信、文化、広告、教育、娯楽といったいわば情報そのものを商品化する新たな資本主義の形態であるという。そして、このポスト産業資本主義といわれる事態①の喧騒（けんそう）のなかに、われわれは、ふたたび**ヴェニスの商人の影**（＝「ふたつの国のあいだの価格の**差異を媒介して利潤を生み出す**」）を見いだすのである。

なぜならば、**商品としての情報の価値**とは、まさに**差異そのものが生み出す価値**のことだからである。事実、すべての人間が共有している情報とは、その獲得のためにどれだけ労力②がかかったとしても、商品としては無価値である。逆に、ある**情報が商品として高価に売れる**のは、それを利用するひとが**他のひととは異なったことが出来るようになる**からであり、それはその情報の開発のためにどれほど多くの労働が投入③されたかには無関係なのである。

まさに、ここでも**差異が価格を作り出し、したがって、差異が利潤を生み出す**。それは、あのヴェニスの商人の資本主義とまったく同じ原理にほかならない。

傍線部：技術、通信、文化、広告、教育、娯楽といったいわば情報そのものを商品化する新たな資本主義の形態

↓

「情報そのもの」が「商品化」されること

↓

解答根拠：**商品としての情報の価値**とは、まさに**差異そのものが生み出す価値**のこと

情報が商品として高価に売れるのは、それを利用するひと**が他のひととは異なったことが出来るようになる**から

差異が価格を作り出し、したがって、差異が利潤を生み出す

◆右の関係から「情報そのもの」が「商品化」されるとは、情報の**「差異」が「価値」を生み出す**ことで「商品として〜売れる」ことを意味する。その内容をふまえた選択肢をさがせばよい。

① 多くの労力を必要とする工業生産物よりも、開発に多くの労力を前提としない特許や発明といった技術の方が、商品としての価値をもつようになること。**（労力の多少は価値と無関係）**

② 刻一刻と変動する株価などの情報を、誰もが同時に入手できるようになったことで、通信技術や通信機器が商品としての価値をもつようになること。**（「誰もが同時に入手できる」情報に「差異」は生じない）**

③ 広告媒体の多様化によって、工業生産物それ自体の創造性や卓越性を広告が正確にうつし出せるようになり、商品としての価値をもつようになること。**（価値は「広告」の正確さによって生じるのではない）**

④ 個人向けに開発された教材や教育プログラムが、情報通信網の発達により一般向けとして広く普及したために、商品としての価値をもつようになること。**（「一般向けとして広く普及した」情報に「差異」は生じない）**

⑤ 多チャンネル化した有料テレビ放送が提供する多種多様な娯楽のように、各人の好みに応じて視聴される番組が、商品としての価値をもつようになること。**（「各人の好みに応じて」楽しめる「多種多様な娯楽」にこそ「差異」が存在するのであり、ここから「価値」が生じて「商品化」されるのである）**

演習24

井手口彰典『童謡の百年』

正解 ②

設問：本文の内容から適切な概念図を選ぶ問題

◉グループA～Cについて、本文の内容（抽象）から概念図（具体）を選択する。まずは、グループA～Cについて確認する。

Ⅰ：グループA～Cの各内容

〈グループA〉
・「実用性」（第2段落）
・唱歌（とりわけ文部省唱歌）（第2段落）
・軍国主義的トーンの歌（第7段落）
・戦時童謡（第8段落）

〈グループB〉
・「芸術性」（第3段落）
・大正時代の童謡（第3段落）
・詩だけの童謡（第7段落）
・戦後に登場してきた『うたのおばさん』に代表される新しい「子どもの歌」（第8段落）

〈グループC〉
・「大衆性」（第4段落）
・「レコード童謡」（第4段落）
・テレビ・ラジオの番組主題歌やアニメソング、また一九六〇年代後半のちびっこソング（第8段落）

Ⅱ：グループA～Cの関係

ここで重要なのは、以上に見た「実用性」「芸術性」「大衆性」の三つが、**それぞれ自律的な（他と特段に深い関係を持たない）ベクトル**である、という点です。唱歌（実用性）とレコード童謡（大衆性）はどちらも大正童謡（芸術性）と対立しましたが、だからといって唱歌とレコード童謡が**互いに近しい関係にあったのかといえば決してそうではありません**。唱歌、大正童謡、レコード童謡は、それぞれが有する本質に従い、互いに異なるグループを形成していました。

Ⅰ：グループ毎の内容からの検討

図①・④については、「戦後の「子どもの歌」」がグループA（実用性）に、「戦時童謡」がグループB（芸術性）に分類されている点が不適。

図②・③については、問題ない。

Ⅱ：グループA～Cの関係からの検討

図①・③は「実用性」と「大衆性」がほとんど重なりあっている。これでは両者が「互いに近しい関係にあった」ことになってしまうので、不適。

図②・④は「実用性」「大衆性」「芸術性」が均等に配置されており、適切。

◆以上から②が正解となる。

評論　復習問題1

花田清輝『復興期の精神』

正解　問1＝ティコ・ブラーエ、二葉亭、ポー（各2点）
問2＝①（6点）　問3＝②・⑤（各3点）
問4＝③（6点）　問5＝④（6点）

復習のポイント

論理関係の総まとめ（対比・一体性・類似性）

◉「円の精神」と「楕円の精神」の対比に注目する。前者については――、後者については……を付して示す。

円は完全な図形であり、それ故に、天体は円を描いて回転するというプラトンの教義に反し、最初に、惑星の軌道は楕円を描くと予言したのは、デンマークの天文学者ティコ・ブラーエ（問1）であったが、それはかれが、×（スコラ哲学風の思弁と手をきり、単に実証的であり、科学的であったため）ではなかった。プラトンの円とおなじく、ティコの楕円もまた、やはり、それがみいだされたのは、×（頭上にひろがる望遠レンズのなかの宇宙において）ではなく、眼にはみえない、頭のなかの宇宙においてであった。それにも拘らず、特にティコが、円を排し、楕円をとりあげたのは、かれの眺めいった、その宇宙に、二つの焦点があったためであった。すくなくとも私は、ティコの予言の根拠を、×（かれの設計したウラニエンボルクの天文台に）ではなく、二つの焦点のある、かれの分裂した心に求める。転形期に生きたかれの心のなかでは、中世と近世とが、歴然と、二つの焦点としての役割をはたしており、空前の精密さをもって観測にしたがい、後にケプラーによって感謝されるほどの業績をのこしたかれは、また同時に、熱心な占星術の支持者でもあった。いかにかれが、星の人間にたいする影響力を深く信じていたかは、決闘によって自分の鼻の尖端を切り落とされたとき、その原因のすべてを星に帰し、いさぎよく諦めてしまったという、無邪気な挿話からでもうかがわれる。

円の跳梁するときもあれば、楕円の台頭するときもある。たとえば、コクトーは、――たしかコクトーであったと思うが、神戸の埠頭で、日本の子供が、きわめて無造作に、地上に完全な円を描くのをみて感動した。それはかれが、そのなにげない子供の一動作に、日本人全体のもつ芸術的天稟のいかなるものであるかをみたからであり、二つの焦点のない、その純粋な心の状態に、讃嘆の念を禁じ得なかったためであろう。かれの観察は、正しくもあれば、また、間違ってもいる。いかにも葛飾北斎は、定規もコンパスも手にとらず、神戸の子供よりも、もっと巧みに、完全な円を描いたでもあろう。しかし、我々は、――はたして我々もまた、我々の子供や、昔の芸術家のように、苦もなく、見事な円を描き得るであろうか。いまもなお、そういう純粋な心の状態にあるであろうか。我々の描く円は、ことごとく歪んでおり、そのぶざまな形に嫌気がさし、すでに我々は、円をかこうとする気持ちさえ失っているのではなかろうか。二葉亭の『其面影』の主人公は、苦しげに呟く。

君はよく僕の事を中途半端だといって攻撃しましたな。成程僕には昔から何だか中心点が二つあって、終始その二点の間を彷徨しているような気がしたです。だから事に当って何時も狐疑逡巡する、決着した所がない。

すなわち、これによってみても、我々の魂の分裂は、もはや我々の父の時代からのことであり、しかも私の歯痒くてたまらないことは、おそらく右の主人公が、初歩の幾何学すら知らないためであろうが、二つの焦点を、二つの中心として、とらえているということだ。かれの「狐疑逡巡」や、「決着した所がない」最大の原因は、まさしくここにある。何故にかれは、二点のあいだに、いたずらに視線をさまよわせ、煮えきらないままでいるのであろうか。円を描こうと思うからだ。むろん、一点を黙殺し、他の一点を中心として颯爽と円を描くよりも、いくらか「良心的」ではあるであろうが、それにしても、もどかしいかぎりではないか。何故に、決然と、その各々の点にピンを突き刺さないのであろうか。何故にそれらのピンに、一個の木綿の糸の輪をかけないのであろうか。

何故に鉛筆で、その糸の輪をつよく引きながら、ぐるりと回転させないのであろうか。つまるところ、何故に楕円を描かないのであろうか。『其面影』を書いた以上、二葉亭は、この楕円の画法を知っており、不完全ながら、とにかく楕円らしいものの図形を描きあげた（**問１**）が、我々の周囲には、二点の間を彷徨し、無為に毎日をすごしている連中か、二点のうち、一点だけはみないふりをし、相変わらず円ばかりを描いている、あつかましい連中かが、みあたるにすぎない。転形期における錯乱の痛烈な表現（**問４－④**）を、まだ誰ひとりあたえてはいないのだ。自分の魂の周辺が、いかなる曲線を描いているかを示すということは、それほど困難なことであろうか。

いうまでもなく楕円は、焦点の位置次第で、無限に円に近づくこともできれば、直線に近づくこともできようが、その形がいかに変化しようとも、依然として、楕円が楕円である限り、それは、醒めながら眠り、眠りながら醒め、泣きながら笑い、笑いながら泣き、信じながら疑い、疑いながら信ずることを意味する。これが曖昧であり、なにか有り得べからざるもののように思われ、しかも、みにくい印象を君にあたえるとすれば、それは君が、いまもなお、円の亡霊に憑かれているためであろう。焦点こそ二つあるが、楕円は、円とおなじく、一つの中心と、明確な輪郭をもつ堂々たる図形であり、円は、むしろ、楕円のなかのきわめて特殊のばあい、――すなわち、その短径と長径とがひとしいばあいにすぎず、楕円のほうが、円よりも、はるかに一般的な存在であるともいえる。ギリシア人は単純な調和を愛したから、円をうつくしいと感じたでもあろうが、矛盾しているにも拘らず調和している、楕円の複雑な調和のほうが、我々にとっては、いっそう、うつくしいはずではなかろうか。ポーは、その『楕円の肖像画』において、生きたまま死に、死んだまま生きている肖像画を示し、――まことに我が意を得たりというべきだが、それを楕円の額縁のなかにいれた（**問１**）。その楕円の額縁は、うつくしい金色で、ムーア風の細工がしてあり、燭台の灯に照され薄闇のなかで仄かな光を放っていた。

問１

設　問：楕円の精神をもつ人物の抜き出し問題

◆本文中で……を付された人物を選べばよい。

問２

設　問：指示内容説明問題（**適切でないもの**）

傍線部：それにも拘らず、特に**ティコ**が、円を排し、**楕円**をとりあげたのは、かれの眺めいった、その宇宙に、**二つの焦点があったため**であった。

◉**「ティコ」の「楕円」の精神における「二つの焦点」の内容として「適切でないもの」をさがせばよい。**

転形期に生きたかれの心のなかでは、**中世と近世**とが、歴然と、**二つの焦点**としての役割をはたしており、**空前の精密さをもって観測にしたがい、後にケプラーによって感謝されるほどの業績**をのこしたかれは、［また同時に］、**熱心な占星術の支持者**でもあった。

ティコ
- 中世・占星術
- ＋ また同時に
- 近世・後にケプラーによって感謝されるほどの業績＝天文学

◆右の関係から、「中世・占星術」と「近世・天文学」とが同時に存在していることに言及していない選択肢をさがすと、正解は①となる。

① 星が人間に影響力を持つ、占星術的な宇宙 ×（**「中世・占星術」のみ**）

② ○ 占星術と科学的天文学が、同時に存在するような精神の世界

③ 中世と近世とが二つの焦点となっている、かれの分裂した心
④ 眼にはみえない、頭のなかの宇宙（**第一段落の内容と合致：「ティコの楕円」「がみいだされたのは」「眼にはみえない、頭のなかの宇宙において」であった**）

問3

設　問：傍線部の内容説明問題

傍線部：それにも拘らず、特に**ティコ**が、円を排し、**楕円**をとりあげたのは、かれの眺めいった、その宇宙に、**二つの焦点があった**ためであった。

◆問2と同じ根拠。

① プラトンの円（＝「**円の精神**」）とティコの楕円
② ヨーロッパにおける中世と近世（「**中世**」と「**近世**」とが「**二つの焦点**」）
③ 哲学的思弁（「**哲学的思弁**」**は中世でも近世でもない**）と科学的観測
④ 純粋な心（＝「**円の精神**」）と分裂した心
⑤ 天文学と占星術（「**天文学**」**と**「**占星術**」**とが**「**二つの焦点**」）

問4

設　問：傍線部「円の亡霊に憑かれている」の内容説明問題

傍線部：これが曖昧であり、なにか有り得べからざるもののように思われ、しかも、みにくい印象を君にあたえるとすれば、それは君が、いまもなお、円の亡霊に憑かれているためであろう。

◉**傍線部を含む一文と直前の一文の構造を確認すると次のようになる。**

楕円＝醒めながら眠り、眠りながら醒め、泣きながら笑い、笑いながら泣き、信じながら疑い、疑いながら信ずること
⬆
これが曖昧であり、なにか有り得べからざるもののように思われ、しかも、みにくい印象を君にあたえるとすれば
⬆
それは君が、いまもなお、円の亡霊に憑かれているためであろう。

◆以上から、「**楕円の精神**」に「**みにくい印象**」をあたえる「**円の精神**」について述べている選択肢をさがすと、正解は③となる。

① 醒めながら眠り、眠りながら醒め、泣きながら笑い、笑いながら泣き（「**楕円の精神**」）、という錯乱状態にあること
② 楕円のほうが一般的であり、円は楕円のなかのきわめて特殊な場合にすぎない（**楕円を「一般的」としているので、「楕円の精神」と言える**）と信じ込んでいること
③ 中心が一つしかない円は、焦点が二つある楕円よりも、はるかに美しい図形である（**円を「楕円よりも、はるかに美しい」と述べているので、「円の精神」と言える**）と信じて疑わないこと
④ 転形期における錯乱に、痛烈な表現をあたえよう（「**楕円の精神**」）と無我夢中で努力していること

問5

設　問：傍線部「我が意を得たり」における筆者の気持ちを説明する問題

傍線部：**ポー**は、その『**楕円の肖像画**』において、生きたまま死に、死んだまま生きている肖像画を示し、――まことに我が意を得たりというべきだが、それを**楕円の額縁**のなかにいれた。

◉筆者が、ポーの『楕円の肖像画』を楕円の額縁に入れたことに対して、「我が意を得たり」という強い同調を示す語を用いている。ここでの関係性をまとめると次のようになる。

ポーの『楕円の肖像画』・楕円の額縁
≒　我が意を得たり→ 共通点：楕円の精神
筆　者

◆右の類似関係について述べている選択肢をさがすと、正解は④となる。

① 生きたまま死に、死んだまま生きている肖像画の、矛盾しつつ調和した美しさを文章で表現（**「文章」ではなく、「楕円の額縁」**）したポーの天才的才能に感服している

② 肖像画を、美しいムーア風の装飾をほどこされた楕円の額縁に入れたポーの斬新なアイデアに意表をつかれ（**≠「我が意を得たり」**）、その発想に感心している

③ ギリシア的な円の調和のとれた美しさが、もはや近代の矛盾にみちた複雑な美とかけ離れたものであること（**「楕円の額縁」つまり「楕円の精神」に触れていない**）を、ポーとともに嘆いている（**≠「我が意を得たり」**）

④ ポーが肖像画を楕円の額縁に入れたことで、ポーも自分と同じく（**論理関係【∴】**）楕円という図形の意味するものをよく理解している（**＝「楕円の精神」**）と知り、満足している

第７章 「論」と「例」③

演習25　長谷川まゆ帆「痩身願望」

正解　③

設　問：空欄補充問題

空欄部：こうした現象を第三者として見ていて驚かされるのは、身体が心や魂の動きから切り離されて［X］できるとみなされているそのことである。

◉空欄部の直後が具体例（ダイエット・痩身術）になっているので、次の「論―例」関係に注目する。

論 ＝身体が心や魂の動きから切り離されて［X］**できる**とみなされている
例 ＝現代のさまざまなダイエット法やあれこれの痩身術
論 ＝身体が外的にかつ普遍的な働きかけによって**加工しうる**のだという楽天的なまでの信念

◆「［X］できる」＝「加工しうる」という繰り返しから、③が正解となる。

演習26　渡辺裕『感性文化論〈終わり〉と〈はじまり〉の戦後昭和史』

正解　**問1＝③　問2＝⑤**

問1

設　問：傍線部の内容説明問題

傍線部：～英語がそのまま使われていることが多かったようである～ところが興味深いことに、～日本語の公募が行われ、山田秀夫なる人の出した「位置について、用意」という提案が採用されたというのである。

◉「論―例」関係を整理すると次のようになる。

例＝「位置について、用意」という日本語合図　＋　傍線部A

論＝**今われわれが一般的にもっている感覚**だと、**「国際化」**のためには、ローカルな**日本語を捨てて英語を採用するという方向をたどるのが自然**のように思われ、大正期にせっかく英語でやっていたのに、その後**なぜわざわざ邦語化したのか**、などと思ってしまいそうである。

◆右の内容をまとめる。

現在の一般的な感覚

日本語を捨てて英語を採用する方向　→　**自然**

一九二七年のプロジェクト

「オン・ユア・マーク、ゲット・セット」→邦語化「位置について、用意」

◆現在からすると一九二七年のプロジェクトが**「なぜわざわざ邦語化したのか」**と思う、つまり**不自然に感じる**ということである。正解は③。

① 公的な用語を一般の公募という形で決めた募集形式 ×
② 今まで使用していた英語の号令をわざわざ改めた手間 ×
③ 現代の国際化の感覚からは不自然と思われるような対応 ○
④ オペラ上演の言語選択の経緯と出発合図の邦語化との類似性 ×
⑤ 一九二七年当時の国際的と考える根っこの部分に見える誤り ×

※筆者は「なぜわざわざ邦語化したのか」と不自然に思っているだけであって、「誤り」とまで全否定はしていない。

問２

設　問：傍線部の理由説明問題

傍線部：大正期や昭和初期の文献には、原語上演より日本語上演の方が「本格的」である旨の記述がしばしばみられる。

◉「論―例」関係を整理すると次のようになる。

> 例＝オペラの「原語上演」と「日本語上演」をめぐる動き（傍線部B）
>
> 論＝**自国の言葉をベースにした文化をしっかり形作ってゆくことこそが、世界に出して恥ずかしくない、近代国家にふさわしい「国民文化」のあり方**だと考えられていた

◆右の「論」について触れている⑤が正解となる。

①　当時は原語上演における文化的コンテクストが一般に理解されていなかったから。

②　当時は西洋を排して日本固有の文化を形作る仕事が本格的と考えられていたから。

③　当時は「本格的」オペラと文化的コンテクストが不可分と考えられていたから。

④　当時は西洋化する日本文化に対する反動的な考えが広がりはじめた頃だったから。

⑤　当時は**自国語を基盤とした文化の確立**が近代国家に必要だと考えられていたから。

演習27　佐伯啓思『自由とは何か』

正　解　④

設　問：空欄補充問題

空欄部：往々にして、積極的自由の実現は、ある種の［X］を目指すという帰結を導きかねない。

◉空欄部の直後が具体例（ファシズム・社会主義の事例）になっているので、次の「論―例」関係に注目する。

> 論＝**積極的自由の実現**は、ある種の［X］**を目指す**
>
> 例＝ファシズム・社会主義
>
> 論＝**積極的自由の実現**は、こうして**全体主義へと転化**しかねない

> 「積極的自由の実現」
>
> ⬆（**目指す・転化**）
>
> ある種の［X］を目指す＝全体主義へと転化

◆右の関係から④が正解となる。空欄部直前の「積極的自由」という語のイメージや前段落の「民主主義」に引きずられないこと。

演習28　三浦雅士「日本にはまれな形而上学的小説家」

正解　問1＝⑤　問2＝①　問3＝④

◉まず、文章全体の構造を整理しておく。

論＝中島敦は日本人にはまれな［X］**学的な小説家**である。難解ではまったくないが、鋭く深い。

例＝長篇小説『北方行』：伝吉を［Y］に突き落としたのは小学校の教師であった。

論＝ここで語られているのは（略）**宇宙には意味がない**ということ、**世界は無意味である**ということ

例＝『北方行』における少年たちの描写

論＝あまりに**形而上学的な問題**であるとしている。中島敦もそう考えようとしたのである。だが、疑惑に蓋をすることはできなかった。

例＝『北方行』の執筆の背景

論＝ここに中島敦の文学の出自がある。（略）このあまりに**形而上学的な問題**が、さらにいっそう克明なかたちで取り上げられる

例＝中島敦の生涯

論＝短篇群はみな**宇宙には意味がない**ということ、**世界は無意味であるということ**を直接間接に問題にしている。

例＝中国古典の世界

論＝肝心の**形而上学の問題**が見過ごされてはならない

例＝植民地問題を描いた『光と風と夢』『南島譚』

論＝植民地問題を**形而上学の問題**として捉えた作家中島敦の魅力が明らかになるのはこれからだろう。

◉以上の構造から、「形而上学的な問題」と「宇宙には意味がない・世界は無意味である」という内容が繰り返されていることが理解できる。

問1

設　問：空欄補充問題

空欄部：中島敦は日本人にはまれな［X］学的な小説家である。

◆全体の構造で確認した⑤「形而上（学的）」が正解。空欄部の近辺の語に惑わされないこと。

問２

設　問：空欄補充問題

空欄部：伝吉を Y に突き落としたのは小学校の教師であった。

◉空欄部を含む一文が『北方行』の内容なので、空欄部の後ろの「論」に注目する。

> **例**＝長篇小説『北方行』：伝吉を Y に突き落としたのは小学校の教師であった。
>
> **論**＝ここで語られているのは（略）**宇宙には意味がない**ということ、**世界は無意味である**ということ

◆右の関係から**「宇宙には意味がない・世界は無意味である」**に対応する選択肢を確認すると①「ニヒリズム＝虚無主義」が正解となる。ちなみに「ニヒリズム」とは「伝統的な既成の秩序や価値を否定し、生存は**無意味**とする態度」（広辞苑より）のことである。他の選択肢の意味も辞書で確認しておこう。いずれの語にも**「宇宙には意味がない・世界は無意味である」**に相当する意味はない。

問３

設　問：傍線部の内容説明問題

傍線部：中島敦の魅力が明らかになるのはこれからだろう。

◉結びの一文に傍線部が付されているので、全体の構造を確認すればよい。すると「形而上学的な問題」と「宇宙には意味がない・世界は無意味である」に加えて、冒頭の「難解ではまったくないが、鋭く深い」が根拠となる。これらに言及している選択肢をさがすと、④が正解となる。

① 存在の無意味さという中国古典で論じられる問題を、漢学の素養を生かして描いている点。

② 植民地における現地人との権利関係という政治的な問題を、平易な文体で描いている点。

③ 地球の寒冷化や太陽の消滅という科学的な問題を、形而上学的な視点で描いている点。

④ **宇宙や世界の虚無性**という**形而上学的な問題**を、**優れた洞察力**（＝**「鋭く深い」**）で描いている点。

⑤ 幼年期における思い込みという心理学的な問題を、無意味な事象と切り捨てて描いている点。

演習29　大森荘蔵「存在と意味」

正　解　④

設　問：傍線部の理由説明問題

傍線部：しかし、この言語観は全く表面的で浅薄なものである、と私には思われる。

◉**「この言語観」（言語＝記号）と「筆者の言語観」の対比に注目する。**
前者については——、後者については……を付して示す。

「記号論」なるものが流行して、言語もまた一種の記号だとする考え方が以前に増して力を得てきているようにみえる。確かに、言語は実物の犬や家の記号であり、それによって実物の様子を表現するのだ、という言い方はいかにも自然であってわれわれはそれに誘引される。しかし、この言語観は全く表面的で浅薄なものである、と私には思われる。言葉は表面的には実物の記号や符丁のように見えるがそれは表面だけのことであって、見せかけに過ぎない。言葉は実物の記号として実物を表現するの**ではなく**、言葉は実物を制作するのである。（「家」の例）だから、言葉は表現するの**ではなくして**制作するのだ、と言いたいのである。

この言語観……「言語」＝実物を表現する記号

筆者の言語観…「言語」＝意味によって実物を制作

◆言語を「意味」によって「実物を制作する」ものと考えている筆者にとって、言語を**「実物を表現する」「記号」と考えている言語観**は、正しいものとは言えないので、「浅薄」という否定評価をしていることをふまえた選択肢をさがすと、④が正解となる。

① 「家」という言葉は（**「この言語観」の否定評価になっていない**）、大工が建築して、施主がそこにすむことで成立するという人間的なものであるのに、それを無機的な記号と捉えているから。

② 言語を一種の記号や符丁とみなす言語観は、その自然な言い方ゆえに、人の思考を表層的な水準にとどまらせるから。

③ 本来言葉というものは（**「この言語観」の否定評価になっていない**）、対象を記号として一義的に表現すると同時に、対象に意味を付与することで存在を実体化するものだから。

④ 言葉は実物を表現する**記号**であると考える**言語観**（**「この言語観」**）には、言葉が意味によって実物を制作するという視点（**「筆者の言語観」**）が**欠落している**から。

⑤ 言語が実物を制作するという言語感覚（**「この言語観」の否定評価になっていない**）には、本来の言語の働きが正確な事象の表現にあるという観点がないから。

演習30

大熊孝『増補　洪水と治水の河川史』

傍線部：「洪水」と「水害」は、ふつうには同じものと受けとられているが、両者はイコールではない。

設　問：「洪水」と「水害」の違いの説明問題

正　解　③

◉**「洪水」と「水害」の対比に注目する。前者については――、後者については……を付して示す。**

洪水は、厳密にいえば、河川にふだんの何十倍から何百倍もの「水が流れる」現象である。あふれるかあふれないかには関係しない。つまり洪水は、雨水や融雪水が地表面あるいは地下を流れて、それが川に出てきたものである。その意味では自然的要因の強い現象なのである。むろん、人為的要因の影響がまったくないかといえば、決してそうではない。（略）このように、洪水の形態は人間の自然への働きかけによって変化するのであるから、洪水を火山の噴火や地震と同じような純粋な自然現象とみなすわけにはゆかない。そうであっても、豪雨がないかぎり大きな洪水は発生しないし、豪雨自体は純粋な自然現象とみなしうる。

では、水害のほうはどうだろうか。水害もその原因まで遡ってゆけば、洪水と同じ自然現象に左右されている。しかし、洪水が発生し、それが川から氾濫したとしても、そこに人の営みがないかぎり「水害」とはいわないだろう。（略）水害は人とのかかわりをぬきにしては語れないのであって、その意味で、自然的現象というよりも社会的要因の強い現象なのである。

小出博は、「河川には自然史と社会史がある。洪水は河川の自然史のひと齣であり、水害は社会史のひと齣である」と述べているが、洪水と水害の違いを明快に表現したものといえよう。

洪水
・人間の自然への働きかけによって変化する**自然的要因の強い現象**（≠「純粋な自然現象」）
・河川の自然史のひと齣

↔

水害
・人とのかかわりをぬきにしては語れない（自然的現象というよりも）**社会的要因の強い現象**
・社会史のひと齣

① 洪水は豪雨によってもたらされる純粋な自然現象（**「純粋な自然現象とみなすわけにはゆかない」と矛盾**）であるが、水害は人の自然への働きかけが原因となって水が川から氾濫する社会的要因の強い現象である。

※**「水害」は河川が氾濫し、そこに「人の営み」があることを前提とする現象なのであって、「人の自然への働きかけ」によって「水が川から氾濫する」わけではない。**

② 洪水は自然的要因と人為的要因との複合（**「複合」に相当する論理関係はない**）によって水が川からあふれ出る現象であるが、水害は人為的要因によって洪水が人に被害をもたらす現象である。

※**①でも確認したが、「水害」は「人の営み」が被害を受ける現象を言うのであって、「人為的要因」によって「被害をもたらす」わけではない。**

③ 洪水は水が川に大量に流れる自然的要因の強い現象であるが、水害は洪水が川から氾濫し人の営みに影響を及ぼす社会的要因の強い現象である。

④ 洪水は原因にまで遡れば（**「原因にまで遡」らずとも、洪水は「自然的要因の強い現象」である**）水害と同じ自然現象であるが、水害は人間の自然への働きかけによって川から水のあふれる社会的要因の強い現象である。

⑤ 洪水は川からあふれ出た水が人の営みに被害をもたらす社会的要因の強い現象（**これは「水害」**）であるが、水害は川に水が大量に流れる自然的要因の強い現象（**これは「洪水」**）である。

演習31

齋藤亜矢「弥生人と絵文字」

正解　③

設問：傍線部の内容説明

傍線部：だから弥生人の絵を見て最初はギャップを感じた。

◉まず、「弥生人の絵」を見て「ギャップを感じた」とあるので、弥生人についての「イメージ」と彼らの「絵」の対比関係に注目する。「イメージ」については――、「絵」については……を付して示す。

弥生といえば、縄文に比べて飾り気のない、シンプルな土器というのが一般的な知識だ。岡本太郎の影響もあるが、芸術の文脈で語られるのは、弥生よりもだんぜん縄文。火焔(えん)型土器をはじめとする縄文土器の立体的で複雑に入りくんだ装飾に、顔やからだが極端にデフォルメされた土偶のインパクトも強い。

（略）

それに比べると弥生の土器は、アートよりデザインに近いかもしれない。表現のための形ではなく、使うための形。それも用の美を追求したミニマムなデザインという印象だ。

だから弥生人の絵を見て最初はギャップを感じた。実用的なものを好むクールなイメージとは異なり、親近感がわくような「ゆるい絵」なのだ。

⬅　対比関係を整理

〈「弥生人の絵」についての「ギャップ」〉

弥生人のイメージ…**実用的**なものを好むクールなイメージ

⟷（ギャップ）

弥生人の絵…親近感がわくような**「ゆるい絵」**

◉次に、「最初はギャップを感じた」とあるので、最終的に筆者の弥生人に対する理解がどうなったかも確認しておく。

かれらの絵を「ゆるい」と感じるのは、それが絵文字やマンガを思わせるからだろう。きわめて記号的な絵なのだ。「見たもの」を描く写実的な絵ではなく、「知っているもの」を描く記号的な絵。人間には、頭があって体があって、手が二本、足が二本、というような、頭のなかにある表象スキーマ（その対象についての一連の知識）を表している絵だ。

（略）

弥生人の絵は、できるだけ手数を少なく、最小限のタッチで「なにか」を表そうとしているように見える。それも、現代のわたしたちと同じようなやりかたで記号化しているのだ。（略）「なにか」を伝えるためには、記号的な絵の方がずっと効率がいい。土器や青銅器の曲面を削って描くのにも、その方が適している。

⬅　変化の関係を整理

〈**「弥生人の絵」に対する筆者の理解の変化**〉

親近感がわくような**「ゆるい絵」**

・かれらの**絵を「ゆるい」**と感じるのは、それが**絵文字やマンガを思わせるからだろう。**

・**きわめて記号的な絵**なのだ。

⬅

・**できるだけ手数を少なく、最小限のタッチ**で「なにか」を表そうとしている

・「なにか」を伝えるためには、記号的な絵の方がずっと**効率がいい。**

◆右の二つの関係から、**「実用的なものを好むクールなイメージ」**と**「ゆるい絵」**との**「ギャップ」**について述べており、最初は**「絵文字やマンガを思わせる」「記号的な」「ゆるい絵」**と思ったが、それが**「最小限の**

タッチ」で「効率がいい」絵であるという理解へと変化している選択肢をさがせば、正解は③となる。

なお、本設問では選択肢の基本構造が「弥生人の絵は、Ａと思っていた（認識していた）ので、Ｂだったが、Ｃとわかったこと」となっている。つまり、Ａが〈弥生人のイメージ〉、Ｂが〈弥生人の絵〉（これらが「最初」の「ギャップ」の内容）であり、Ｃが〈最終的な理解〉の内容となっている。このように、選択肢の構造をヒントに解いていく手順も参考にしてほしい。

① 弥生人の絵は、見る人の感情に訴える力があると認識していたので、／正確さに重きを置いて描いている点が不可解だったが、／それは弥生人特有の観察力によるものだとわかったこと。

② 弥生人の絵は、自分達の生活を正確に記録するために描かれていると思っていたので、／極端に省略した描き方に戸惑ったが、／それは見た者の想像力を喚起する効果があるとわかったこと。

③ 弥生人の絵はシンプルで、実用的なものであると思っていたので、／絵文字のようで遊び心が見られることに違和感を覚えたが、／実はそのほうが効率が良い描き方だとわかったこと。

④ 弥生人の絵は、実際の道具をもとにしてデザインとしての美しさを追求したもの（**「デザイン」と「実用的であること」は完全に一致しない**）だと思っていたので、／単調な描き方に終始していることを不思議に思ったが、／彼らにとっては美しさよりも簡便さのほうが大事なのだとわかったこと。

⑤ 弥生人の絵は、日常生活で使われる物を重視した現実的なものだと思っていたので、／想像上の物までもが描かれていることを意外に感じたが、／それも彼らにとっては、日常的なものだとわかったこと。

演習32　司馬遼太郎／キーン・ドナルド『日本人と日本文化』

正解　問１＝美学の英雄　問２＝放蕩息子に愛着をおぼえたりする

◉ **「政治」と「美学」の対比、そして「政治を重視した中国」と「美学を重視した日本」の対比にも注目する。「政治もしくは中国」については ―――、「美学もしくは日本」については ……… を付して示す。**

司馬　つまり、政治的正義**よりも**、美学の英雄のほうをむしろ好むところがあります。その人のおかげでひじょうに救われたという**よりも**、その人はたいへん教養があって、いいお茶室を建てたというほうが、カッコいいみたいなところがあるでしょう。

キーン　逆に言いますと、北条歴代の執権たちはひじょうに正直に政治をやって、日本という国のために努力したのに、ちっとも人気がないです。

司馬　そうなんです。殺風景ないわば野蛮人の感じが後世のわれわれにもあって、人気がない。なんだか義政のような放蕩息子に愛着をおぼえたりするのは、どういうわけでしょうね。じつはこれはキーンさんに聞いているわけですが。

キーン　日本人はいまでもそうですけれど、芸術家にたいしてひじょうに寛大ですね。日々の生活にいろいろ欠点があっても、芸術そのものがすぐれていたならばほかのことを許す。そういう面があるんじゃないですか。そこが中国ではちょっと違うような気がします。中国人だったら、杜甫はどうしてすぐれた詩人なのかと聞けば、国のために努力したとか、野蛮人が中国に入ったときに深く悩んだとか、そういうこと（＝**「政治」**）ばかりを言うのですが、日本人は、そういうことはまず言わない。藤原定家がどうして偉かったかと日本人に聞けば、それはやっぱり和歌がひじょうに優美だったとか、幽玄の味があったとか、そういうこと（＝**「美学」**）を言うでしょう。しかし藤原定家は、当時の戦争に関して、それは自分とまったく関係がない（略）中国人の考え方では、そういう態度はまったくいけないことです。いくら自分は貴族で、いくら自分が風流人だからといっても、自分の国の成敗は自分と深い関係があると、中国人なら思ったでしょうが、日本では、芸術さえよければ、そういうような無責任な態度を許すことができたのです。

〈日本における人物の好悪〉

政治的正義…その人のおかげでひじょうに救われた
ひじょうに正直に政治をやった北条歴代の執権たちが　⬆　殺風景ないわば野蛮人の感じ㊀

⟷

美学の英雄…その人はたいへん教養があって、いいお茶室を建てた
義政のような放蕩息子　⬆　愛着をおぼえ㊉

〈中国と日本の対比〉

中国
杜甫：国のために努力・野蛮人が中国に入ったときに深く悩んだ　⬆　すぐれた詩人㊉
戦争に関して、それは自分とまったく関係がないという態度　⬆　まったくいけないこと㊀

⟷

日本
藤原定家：和歌がひじょうに優美だった・幽玄の味があった　⬆　偉かった㊉
戦争に関して、それは自分とまったく関係がないという態度　⬆　芸術さえよければ許す㊉

問1

設　問：日本人の「定家」のとらえ方を問う内容説明問題

傍線部：藤原定家がどうして偉かったかと日本人に聞けば、それはやっぱり和歌がひじょうに優美だったとか、幽玄の味があったとか、そういうことを言うでしょう。

◉**「藤原定家」に対する「美学」的な肯定評価の語を探す。正解は冒頭の「美学の英雄」となる。なお、「すぐれた詩人」は間違い。これは中国の詩人「杜甫」に対する評価である。**

問2

設　問：傍線部の心情をどのようにたとえているかを答える問題

傍線部：日本では、芸術さえよければ、そういうような無責任な態度を許すことができたのです。

⬅　指示内容を確認

日本では、芸術さえよければ、そういうような無責任な態度（＝「**戦争に関して、それは自分とまったく関係がない**」、「**紅旗征戎は吾が事にあらず**」」という**態度＝政治的無責任**）を許すことができたのです。

◉**「芸術＝美学」**さえよければ、「**政治的に無責任な態度**」を許すことができる、という心情を述べた部分をさがす。「**藤原定家**」については該当する心情はない。そこで、足利義政に注目すればよい。彼もまた、政治的には無責任であったが（第2段落「政治的正義よりも、美学の英雄のほうをむしろ好む」や第1段落で、「キーンさん」が義政について「地獄で――ぼくはきっと地獄だろうと思いますが」と評価していることから推

論できる」）、美学の面ではすぐれた人物と記されている。すると「なんだか義政のような放蕩息子に愛着をおぼえたりする」に注目できる。「放蕩」とは「ほしいままにふるまうこと」（広辞苑より）であるから、好きな「美学」にのみのめりこんで、政治を顧みなかった点で当てはまるし、「愛着」も肯定的な心情であるから「許すことができた」に当てはまる。

第⑨章　一体性・類似性

演習33　滝沢健児「すまいの明暗」

正解　①

設　問：傍線部の内容説明問題

傍線部：それらが互いに補い合っている美しさが、この街のものである。

◉「それらが互いに補い合っている美しさ」とあるので、「それら」の指示内容の一体性を考える。傍線部の直前が「古さには、ある確かさと同時に何かしら淀みがあり、新しさには、不安と活気が同居している」とあるので、「古さ」と「新しさ」の一体性に注目する。「古さ」については――、「新しさ」については……を付して示す。

明るい薄茶色の石積みが美しい街並みは、落ち着いた風格を静かにただよわせていた。ただ、その静けさは古さが淀んでいる[だけではない]。脈うつ活気がかすかに伝わってくるのである。活気は古い街並み、道の方向に直角に位置する建築の内部空間のモダーンさ、その魅力からくるものであった。（略）古色蒼然とした街のたたずまいと、店内のフレッシュな意匠との[対比]が実にすばらしいのである。

やがて、対比のすばらしさの秘密は、何百年と動かないままの、分厚い壁にあることを知った。壁を境にして隣との内壁どうし、外壁との区別が明確にされ、内と外、それぞれが別のものとして存在できたから、対比が可能となったのである。外壁は、いつまでも変わらない中世都市そのままの姿で、その変わらせようとしない石積みの壁が、道という方向をもった奥行きある見せ方で、深々とした落ち着きをただよわせている。そして内壁は外の街並みとは独立して、生活に密着した内側の皮膚とでもいうのか、生活の変化、時代に応じた現代性を生かすことが可能となったのであろう。逆にこうした内壁の生かされ方があればこそ、外壁の古さが保たれたとでもいえそうである。古さと新しさ、外と内との見事なまでの対比関係、その鮮やかさであった。古さには、ある確かさと同時に何かしら淀みがあり、新しさには、不安と活気が同居している。それらが互いに補い合っている美しさが、この街のものである。

　厚い壁は動かないもの、どうしようもないほどの確かさをもった存在、そういう意識があって、外側と内側との区別が生まれ、外側には外側としての古さを保持する役割、内側には生活をかかえた内側の、それぞれの機能分担がなされたところに、壁の意味があったといえる。内側が内側として独立すれば、内側のみを生かすことの思い切りと利用が可能となり、時代との対応が容易になる。ここには微塵の曖昧さもなく、動かない存在をベースにした、物事への対し方のあることを知ったのである。

建物の外壁の古さ（街並み）
- いつまでも**変わらない**中世都市そのままの姿
  ⬅
- 古さが淀んでいる**静けさ**（淀み）・深々とした**落ち着き**（確かさ）
  ⬅
- 外側には外側としての**古さを保持**する役割
  ＋ **互いに補い合っている美しさ**

建築の内部の新しさ
- 生活の**変化**、時代に応じた現代性・**フレッシュ**な意匠
  ⬅
- **不安と活気**が同居
  ⬅
- **時代との対応**が容易

◆右にまとめた「古さ」と「新しさ」が「互いに補い合っている」ことを述べた選択肢をさがせば、①が正解となる。

① 石積みの建物の**街並み（＝外部）**がもつ古びた**奥行きのある静けさ**と、たえず**変化**し続ける**建物内部の新鮮さ**との調和（＝**「互いに補い合っている美しさ」**）。

② 歴史をしのばせる古い教会や石積みの建物の街並み**（＝外部）**がかもし出す、明るい色彩と重厚な風格との対比（**≠「互いに補い合っている美しさ」**）。

③ 中世都市そのままに停滞した古い街並みと、その歴史性・伝統性に秘められた新鮮な現代的感性（**「中世〜伝統性」＝外部、「新鮮な現代的感覚」＝内部**）との対比（**≠「互いに補い合っている美しさ」**）。

④ 内壁を時代に対応させることで保たれてきた外壁の普遍的な存在感と、古さゆえの停滞感との両面性。

※いずれも「建物外部の古さ」

⑤ 石積みの建物内部がもつ色彩の鮮やかさや活気と、常に変化し時代に即応しようとする現代性との調和。

※いずれも「建物内部の新しさ」

演習34　長尾真『「わかる」とは何か』

正　解　④

設　問：空欄補充問題

空欄部：このように X **とは対概念**となり、したがって**科学と技術も対概念**であり、コインの裏表の関係であると理解される。

◉空欄部を含む一文の内容から「科学」と「技術」の一体性に注目する。「科学」については――、「技術」については……を付して示す。

科学は自然の対象を観測し、そこに存在する構造や機能の法則性を明らかにする。ある対象領域に成り立つ法則を発見した、法則を確立したというのは、どのようにして保証するのだろうか。

ボールを投げると放物線をえがき、ある一定の距離に落ちる。ある物質と物質を混ぜて、ある一定の温度に保つと、反応してある物質ができる。こういった多くの実験から、そこにある種の規則性を認識し、そこから法則を確立していくわけであるが、その法則は実験によって確かめるというプロセスを絶対的に必要とする。しかも、誰がやっても同じ結果が得られるということでなければならない。

このように、科学は自然のなかに存在する対象を分析し、そこから法則を抽出し、対象を分析的に理解するというところに中心があった。こうして法則が確立されると、つぎの段階として、これらの法則の新しい組み合わせを試みることによって、それまで世界に存在しなかった新しいものをつくりだせる可能性があることに、人々は気づいたわけである。

法則を組み合わせて、実験をしてみて、もとの対象が復元できることを確かめるところまでは、科学の領域であろうが、法則をいろいろと新しく組み合わせて何か新しいものをつくっていくという つぎのステップ は、シンセシス、あるいは合成・創造の立場であり、それが現代における技術であるということができる。つまり、現代技術は科学の法則を意識的にあらゆる組み合わせで使ってみて、何か新しいものをつくりだしていこうとする明確な意図をもったものとなっていて、これが従来の技術とは明確に異なっているところである。

このように X とは対概念となり、したがって科学と技術も対概念であり、コインの裏表の関係であると理解される。そこで、これら全体は科学技術という一つの概念、一つの言葉としてとらえることができるだろう。

まとめると次のようになる。

> 科学
> 対象を**観測・分析**⬇**法則性・規則性**を抽出⬇対象を**分析的**に理解
> ⬇**実験・復元**
> ＋　**対概念**
> 技術
> 法則の新しい組み合わせ⬇**合成・創造**という**意図**

◆右の関係から、④が正解となる。

①　実験と復元（**いずれも科学**）
②　合成と創造（**いずれも技術**）
③　創造と意図（**いずれも技術**）
④　分析と合成
⑤　法則と分析（**いずれも科学**）

演習35　加藤尚武『脳死・クローン・遺伝子治療』

正解　②

設問：傍線部の内容説明問題

傍線部：これは「正義」や「善」や、「自由」と**並んで**、「自然」**もまた**究極の価値になるという意味でもあるだろう。

◉「〜と並んで…もまた」とあるので、類似・共通性に注目して考える。

Ⅰ〈何と何が「同じ」？〉

「正義」「善」「自由」
≒
「自然」

Ⅱ〈共通点は？〉

「「自然」もまた究極の価値になる」とあるので、「究極の価値」が共通点となる。では、「究極の価値」とはどのような価値なのか、本文を確認しておく。

これは「正義」や「善」や、「自由」と並んで、「自然」もまた究極の価値になるという意味でもあるだろう。
何のために「自由」を守るのかと訊かれても、答えられない。（略）
同様に**何のために「自然」を守るのかと訊かれても、答えられない。**（略）

◆右の内容から、「究極の価値」とは「**何のために守るのかと訊かれても、答えられない**」が、それでも守らなければならない、という意味での価値である。**理由などなくとも守らねばならない**のだから、まさに「究極の価値」と言えよう。以上をふまえて選択肢を考えてゆけば、選択肢②の「無条件に守るべきもの」が解答条件に当てはまる。

① 自然は、人間が人工的に作り出す理想の作品となるということ
② 自然は、人間にとって無条件に守るべきものの一つになるということ
③ 自然は、人間が一切手を加えてはいけない貴重なものとなるということ
④ 自然は、人類自体の存続よりも重要な価値を持つようになるということ
⑤ 自然は、「正義」や「善」や「自由」に置き換えられるものとなるということ

演習36　日高敏隆『世界を、こんなふうに見てごらん』

正解　④

設問：人間が「極小の自然」に関わる際の「問題」の具体的な内容説明問題

傍線部：人間というものは、大きな自然に対しても、極小の自然に対しても、結局**同じ問題**を抱えざるをえないのかもしれない。

◉**「同じ問題」とあるので、類似・共通性に注目して考える。**

Ⅰ　**〔何と何が「同じ」？〕**

〈人間の抱える問題〉
大きな自然
≒
極小の自然

Ⅱ　**〔共通点は？〕**

総合地球環境学研究所のときもよくアドバイスをしたのは、**環境（＝大きな自然）**を研究するとき、そこには必ず人間が関わることになる、どこまで手をつけたかを意識したうえで自然を見なくてはいけないということだ。

ああ、これは手つかずの自然だなんて、うっかり思ってはいけない。**人間が入ったらもはやそこは自然ではないのだから、人間が入っていないように考えてはいけない。**それを重々認識したほうがいいという話をたびたびした。

それは物理学における観察者と**観察される粒子の話（＝極小の自然）**と よく似ている。

粒子は観察されたとたん、それまでとふるまいが変わる。人間の関わり自体が、関わる現象を変化させる。

人間というものは、大きな自然に対しても、極小の自然に対しても、結局同じ問題を抱えざるをえないのかもしれない。

◆右の内容から、以下のような類似・共通性が確認できる。

大きな自然（環境）…人間が入ったらもはやそこは自然ではない
≒
極小の自然（粒子）…観察されたとたん、それまでとふるまいが変わる。**人間の関わり自体が、関わる現象を変化させる。**

以上から、「大きな自然（環境）」「極小の自然（粒子）」の共通点として「**人間の関わり自体が、関わる現象を変化させる**」という点が読み取れるので、それをふまえて選択肢を考えてゆけば、④「**観察者の関わりによって対象に変化が生じ**」が解答条件に当てはまる。

①　どんなに小さな自然でも、かつての熱帯と同様に、すでにイメージが変化してしまっていて、想像しかできないこと。

※**変化するのは眼に見える「現象」であって、「イメージ」ではない。**

②　物理学における観察者は、観察される粒子があまりに小さいものであるため、どこまで手をつけたか意識できないこと。

③　人間の関わり自体もまた、大きな視点から見れば、小さな自然現象であることからのがれられないこと。

※**ここでの「極小の自然」は「粒子」のことであって「人間の関わり」ではない。**

④　小さな粒子（＝**極小の自然**）を観察すると、観察者の関わりによって対象に変化が生じ、本来の状態を観察できないこと。

⑤　人間は、自分がつかまえて食うような小さな動物からも、常に影響を受けるということ。

※**人間の関わりが対象を変化させる点が解答根拠なのであって、人間が影響を受けることは関係ない。**

演習37　竹内啓『近代合理主義の光と影』

正解　④

設　問：空欄補充問題

空欄部：「合理主義」ということは、広い意味では、近代のいわば [X] であったのであって、それは宗教的信仰が、七・八世紀から十五世紀ころまでの中世の [X] であったのに対応しているのである。

◉空欄部の直前が日本の江戸時代と中国清の時代の具体例になっているので、次の「論―例」関係に注目する。

論＝**「合理主義」という概念**を理解すれば、それは西欧のみならず、**近代において栄えた世界各国においても共通に見られたもの**

例＝わが国の江戸時代・中国の清帝国

論＝**「合理主義」ということ**は、広い意味では、**近代のいわば** [X] であったのであって、それは宗教的信仰が七・八世紀から十五世紀ころまでの中世の [X] であったのに対応しているのである。

◆「世界各国においても共通に見られたもの」に対応する選択肢をさがす。したがって、④「世界精神」が正解となる。直前の具体例に引きずられて③「東洋精神」や⑤「批判精神」を選んではいけない。なお、後ろの空欄であるが、中世という時代の特徴の一つに、世界観が様々な宗教に支配されていた点が挙げられる。この支配からの脱却の過程（これを「世俗化」という）こそが近代化の道である。

演習38　斎藤次郎『「子ども」の消滅』

正解　問1＝②　問2＝④　問3＝⑤

◉まず、文章全体の構造を整理しておく。

論＝**代行文化**固有の心理的な特徴

例＝ゲームソフトのヒーローと子ども

論＝「[X]」とは、自分のなすべきことの一部あるいは大部分を他者に委ね、自己疎外を許すこと

日常生活における代行文化（直接的な関係、具体的な現実感の切り捨て）

⬅その結果

論＝子どもとおとなの文化行動の流儀にあまり大きなへだたりが見られなくなった

例＝コミュニケーション手段としての電話の浸透が、子ども同士の**つきあいの** [Y] **を弱めてしまったこと**

論＝明らかに電話による**間接的語法の一般化**であろう

例＝おとな社会の例

論＝**自分と相手との距離の感覚**が、そのような言い回しを必然化する**相手との距離をはかり、関係を調整すること**の方を大切にしなければならなくなった

◆**以上の構造から、「代行文化」が日常生活に浸透した結果、「子どもとおとなの文化行動」において「相手との距離をはかり、関係を調整する」「感覚」が重要になってきたことが理解できる。**

問1

設　問：空欄補充問題

空欄部：「X」とは、自分のなすべきことの一部あるいは大部分を他者に委ね、自己疎外を許すことであり、好むと好まざるとにかかわらず、自分自身の抽象化をなしくずし的に受け入れることだ。

◉**空欄部の直前が具体例になっているので、その前の「論」を確認すると、冒頭の一文**「象徴として、もっといえば比喩として成功や死を体験するというのは、代行文化固有の心理的な特徴であるに違いない」に注目できる。この一文と、空欄部直後の「自分のなすべきことの一部あるいは大部分を**他者に委ね**、自己疎外を許すこと」との対応を考えれば、②「代行」が正解となる。

問2

設　問：傍線部について筆者はどのような事例をあげて説明しているか

↑内容説明問題

傍線部：子どもとおとなの文化行動の流儀にあまり大きなへだたりが見られなくなった

◉**傍線部の直後が「電話の浸透による子ども同士のつきあいの例」になっているので、その後の「論」の内容に注目する。**

◆解答要素は、「**代行文化**」によって、「**子どもとおとなの文化行動**」において「**相手との距離をはかり、関係を調整する**」「**感覚**」が重要になってきたこと（＝「**間接的語法の一般化**」）であるから、それらの内容を含む選択肢をさがしてゆくと④が正解となる。

①～おとなたちが用件だけをわかりやすく簡潔に伝えるよう心がけているように、子どもたちも、友だちと直接会話する場合自分の言いたい要点だけをかいつまんで話す（**「間接的語法」は、「わかりやすく簡潔に伝える」「要点だけをかいつまんで話す」ことではない**）ようになったこと。

②～おとなたちが様々な要件を電話による間接的な会話ですまそうとするように、子どもたちも、直接顔と顔を合わせて会話をするのではなく、機械を介しての間接的な会話ですまそう（**「相手との距離をはかり、関係を調整する」「感覚」について触れていない**）とすること。

③～おとなたちが行動のすべてを他人に委ねて自己疎外を許してきたように、子どもたちも、直接的な関係や具体的な日常生活での行動を、他人の意向や都合に全面的に任せる（**「間接的語法」は、「相手との距離をはかり、関係を調整する」ことであって、「すべてを他人に委ねて」「全面的に任せる」ことではない**）ようになったこと。

④～おとなたちがひとを誘うとき、まず相手の意向や都合を確かめるように、子どもたちも、目の前の友だちに対して、自分と相手との距離を考えた間接的語法の言い回しをするようになったこと。

⑤～おとなたちが相手の表情や背景が見えない場合、直接的な声のかけ方はしないように、子どもたちも、電話で話をするとき、いつもの直接的で濃密な言い方を避け丁寧な言い回しをする（**「間接的語法」は、「丁寧な言い回しをすること」ではない。また、「いつもの～濃密な言い方」という内容も、本文にない**）こと。

問3

設　問：空欄補充問題

空欄部：たとえば、コミュニケーション手段としての電話の浸透が、子ども同士のつきあいの[Y]を弱めてしまったことなども、その例であろう。

◉空欄部自体が具体例になっているので、直後の「論」を確認すると、「間接的語法の一般化」が「弱めてしまった」ものが解答要素となるから、それと対応する選択肢をさがしてゆくと⑤が正解となる。「間接的語法」が「一般化」したために、それと反対の「直接性」が弱まったということである。

演習39　高橋郁男「時の肖像　ゆらぐ景観」

正解　第二段落＝鞆の浦　第三段落＝景観に　第四段落＝フラン

設　問：段落分け問題

◉次の「例―論」関係に注目する。

[例]＝鞆の浦に関するエピソード
[論]＝景観を失うことは、長い時が育んだ人々の暮らしを失うこと

[例]＝京都・平等院鳳凰堂でのエピソード
[論]＝良い景観を保つためには、その景観に人工的なものをできる限り付け加えないように心がける時代が来ている

[例]＝イタリアにおける裁判の例
[論]＝良い景観とは、未来においても価値を生み続ける貴重な資産でもある

[例]＝アラン・コルバン『風景と人間』の引用
[論]＝この評価は時と共に変わりうるが、古来の良い景観の多くは静かで穏やかな存在に見える

演習40 小嶋博巳「流行りと仕来り」

正解 **問1**＝ローカル　**問2**＝④

問1

設問：空欄補充問題

空欄部：ハヤリは、なによりも同時代人という集団のもつ X な文化なのである。

問1：空欄部の前の段落が具体例 → 「論―例」関係に注目

論＝ハヤリとシキタリの共通点の一つは、どちらも普遍性を欠いた、その意味で**ローカル**で特殊な文化だという点である。
例
論＝ハヤリは、なによりも同時代人という集団のもつ X な文化

問2

設問：傍線部の説明問題

傍線部：ハヤリとシキタリのもう一つの共通点は、どちらも実利性や合理性では説明のできない行動様式を正当化することである。

問2：傍線部の直後が具体例 → 「論―例」関係に注目

論＝実利性や合理性では説明のできない行動様式を正当化する
例＝餅
論＝現実に社会のなかでこの行動様式を保持し、継承させているのは、**シキタリであること、つまり昔からそうして来たのだ、というただ一つの理由**

◆「シキタリであること、つまり昔からそうして来たのだ、というただ一つの理由」について述べている選択肢をさがす。

① 正月に餅を食べるのは、健康増進によいからだ。×
② 正月に餅を食べるのは、この時期に餅以外の食品が手に入らないからだ。×
③ 正月に餅を食べるのは、餅には白という色や丸という形などに稲作農業を象徴する意味があるからだ。×
④ 正月に餅を食べるのは、昔からそうしてきたからだ。○
⑤ 正月に餅を食べるのは、「仕来り」に従うことで集団のアイデンティティが守れるからだ。×

演習41 神原正明「デザインの思想」

正解 ④

設問：傍線部の内容を選択する問題

傍線部：それらはおしなべて実体への反逆であり、中身で勝負ならぬ外見で勝負ということになる。

デザイン ⟷ 実体

◉「デザイン」と「実体」の対比に注目する。「デザイン」については——、「実体」については……を付して示す。

デザインはラテン語の「計画、設計する」(designare) から派生し、「意匠」「計画」を意味する。(略)

モノでも素材でもなく、考え方そのもの、つまりデザインは思想なのである。

素描が作品を生みだす母体となったように、デザインも製品を生みだす母体となる。素描がやがて上から塗り込められることになる下書きだとすれば、デザインは逆に上からおおわれるパッケージだと言ってもよい。モノを包装することは、あらゆる意味でデザインの本質である。現代はしばしば製品の質や味よりもむしろデザインを買っている場合が多いが、それは中身を包むヴェールの役割を果たすことで、本体を無化してしまう。

包装は過剰になればなるほど、よりよく見せるための方便としてそれは機能する。資本主義社会においては欠かすことのできない思想がデザインに集結する。(略)それらはおしなべて実体への反逆であり、中身で勝負ならぬ外見で勝負ということになる。

デザインは装飾とは反発し合いながら、装飾が内包する効果を求める。ここで興味深いのは、デザインはもともとは構想を練ること、もとの骨組みを考えることであるはずなのに、いつのまにかパッケージという役割に変換されているということだ。しかし、実はここにこそデザインの思想があるようだ。パッケージをつくることは実は骨組みを考えることなのである。私たちは自分というものがあって、それをおおうものとして家や衣服があると考える。これらは自分をよく見せるための道具にすぎないとさえ思う。(略)

機能は同じなのに、デザインがちがうだけで、人は簡単に購入を決意する。生活の必需品を優先させる「用」の美は貧しい時代のストイックな禁欲主義に裏打ちされたものに見えてくる。かつて機能主義は「形態は機能に従う」と言ったが、機能は早々進展し続けるものではない。モノをつくり続け売り続けるためには、すでに開発されている機能を段階を追って小出しにするか、デザインを一新するかである。ものが有り余る時代、確かに形態はデザインに従っている。しかも機能は不要になれば捨てられるが、デザインは残り続ける可能性を秘めている。もし小さくなった服が機能しなくなったとしても残されるとすれば、それはデザインのせいだ。それが思い出に残るモノだったとすれば、デザインは思い出そのものだと言ってもよい。デザインとは思い出をつくることだった。

① 形態や外見
② 包装や装飾
③ 記憶や思想
④ 機能や質
⑤ 計画や構想

演習42　小林康夫『青の美術史』

正解　**問1**＝④　**問2**＝感情　**問3**＝（私の）色調のあら～まれてくる

◉「セザンヌ」と「マチス」の対比に注目する。前者については ―― 、後者については …… を付して示す。

すなわち、二十世紀はセザンヌとともに始まる。だが、同時に、二十世紀はセザンヌの世紀ではなく、あくまでもマチスの世紀だと思うのです。（略）セザンヌが「感覚」と言ったところを、マチスは「感情」と言い換えたと言ってもいいでしょうか。色彩は、そこでは完全に「表現」と結びつきます。色彩を組織する秩序は、もはやセザンヌのように最終的に「自然」の側にある**のではなく**、画家の精神の側にあることになります。そのことを、マチスは、端的に次のように言っています。――「私には盲従的に自然を写し取ることはできない。自然を解釈し、それを絵の精神に服属させるようにせざるをえないのである。私の色調のあらゆる関係が見出されたとき、そこから生きた色彩の和音、音楽の作曲の場合と同じような調和が生まれてくるに相違ない」。

（略）いずれにせよ、もしセザンヌの探求が「自然」と「芸術家」とのあいだのぎりぎりの分水嶺のような稜線上の果てしない困難の仕事であったとすると、マチスがそれを思い切って芸術家の表現の側に踏み出す方向へと翻訳し直したことは確かでしょう。マチスによるセザンヌの翻訳――それは、絵画を、色彩の組織による画家の「感情」の表現の場へと差し向けることになるのです。

だが、そのような「表現」への転回は、なにもマチスだけに起こったのではない。それこそは、印象派による絵画の革命の一般的な帰結ともいうべき転回であって、むしろセザンヌの探求の方が同じ山脈のなかの独立峰として考えられるべきかもしれません。今世紀の絵画はまずは色彩の爆発、その祭典としてスタートするのです。

（略）それは明らかに、色彩にその固有の［X］を認める方向でした。マチスの言葉からも明らかなように、色彩は事物やデッサンに従属する**のではなく**、色彩間の関係の組織を通して、音楽のように直接に「［Y］」を伝達するとされるのです。ここで「音楽」とのアナロジーは決定的です。問題は、これこれの色がこれこれの象徴的な価値を持っているということではありません。すべては関係のうちにある。その「関係」から「ハーモニー」が生まれてくることが重要なのです。

問1

設　問：空欄補充問題

空欄部：そして、それは明らかに、色彩にその固有の［X］を認める方向でした。

◉空欄部と直後の一文を確認する。

色彩にその固有の［X］を認める方向でした。

＝

色彩
- ×　事物やデッサンに**従属する**
- ⟷（ではなく）
- ○　色彩間の関係の組織を通して、音楽のように直接に「［Y］」を伝達する

◆右の対比関係から、「従属する」とは反対の意味となる④「自律性」が正解となる。

問2

設　問：空欄補充問題

空欄部：マチスの言葉からも明らかなように、色彩は事物やデッサンに従属するのではなく、色彩間の関係の組織を通して、音楽のように直接に「［Y］」を伝達するとされるのです。

◉空欄部を含む一文全体を確認する。

マチスの言葉からも明らかなように、色彩は事物やデッサンに従属するのではなく、**色彩間の関係の組織を通して**、音楽のように直接に「[Y]」**を伝達する**とされるのです。

◉「**マチス**」**が**「**色彩**」**を通して**「**伝達**」**しようとしたものをさがせばよい。なお、空欄に付されている「　」もヒントとなる。したがって、**「**マチス**」**が**「**色彩**」**を通して**「**伝達**」**しようとしたもので、さらに**「　」**が付されている語をさがせばよい。すると、第一段落の次の部分が根拠となる。**

言い換えれば、**セザンヌ**の探求そのものが受け継がれたわけではないのだが、かれが絵画にもたらした**色彩の組織**、空間の構成はキュビズムやフォーヴィズムを生み出す直接的な源泉になっている。セザンヌが「感覚」と言ったところを、**マチスは**「**感情**」**と言い換えた**と言ってもいいでしょうか。

◆以上から「感情」が正解となる。

問3

設　問：傍線部と同じ内容を抜き出す問題

傍線部：その「関係」から「ハーモニー」が生まれてくることが重要なのです。

◉**設問に**「**マチスは直接にどのように述べているか**」**とあるので、マチスの引用部分をさがせばよい。**

「私には盲従的に自然を写し取ることはできない。自然を解釈し、それを絵の精神に服属させるようにせざるをえないのである。**私の色調のあらゆる**[**関係**]**が見出されたとき、そこから生きた色彩の**[**和音**]（＝「**ハーモニー**」）、**音楽の作曲の場合と同じような調和が**[**生まれてくる**]に相違ない」

◆以上から「**（私の）色調のあら〜まれてくる**」が正解となる。

演習43　江藤淳『文学と私・戦後と私』

正解　**問1**＝②　**問2**＝③　**問3**＝⑤

問1

設　問：傍線部の内容説明問題

傍線部：フィッツジェラルドは日本で読んだときよりさらに遠く見えるのである。

◉**傍線部を含む一文の対比関係を確認する。**

> フィッツジェラルドを**日本で**読んだ
> ⟷ よりさらに遠く見える
> フィッツジェラルドを**米国で**読んだ

◆ここでは、「日本―米国」という**空間**が問題になっている。「日本語―英語」という**言語**が問題になっているわけではないことに注意。

① 日本で翻訳（**＝日本語**）を読んでいたときの理解に比べて、英語で読んでみると理解が不十分でさらに遠いものに思えた（**「日本語―英語」という言語の問題ではない**）

② 作家の本国へ行ったこと（**「日本―米国」という空間の問題**）で、自分が作家を理解していないことがますます明らかになり遠いものに思えた

③ 英語が堪能である（**言語の問題**）がゆえに作品が奥深いものであることに気づいて（**このような気づきはない**）究め難く見え、かえって遠いものに思えた

④ 日本で初めて読んだときの強い印象に比べて、改めて読んでみると曖昧な読後感しかなく**（本文になし）**遠いものに思えた**（「初めて―改めて（二回目）」という回数の問題ではない）**

問2

設　問：傍線部における筆者の考えを説明する問題

傍線部：英詩がわかったつもりでいても、それは結局返り点と送り仮名つきで漢詩を読むのと同じような知的な理解で、本当の詩の味わい方とはほど遠いのではないか。

◉傍線部を含む一文の対比関係を整理すると以下のようになる。

筆者の英詩に対する理解

○知的な理解＝返り点と送り仮名つきで漢詩を読むのと同じ ➡ **「知性・理性」**

⟷（ほど遠い）

×本当の詩の味わい方＝自分の血に響く感覚的な美として味わえる ➡ **「感覚・感性」**

◆筆者の英詩の理解が、あくまで「知性・理性」のレベルであって、「本当の詩の味わい方」つまり「感覚・感性」のレベルにまでは程遠いものであることを述べた選択肢をさがすと③が正解となる。

① 知性を発揮**（「知性」では「本当の詩の味わい方」にならない）**しなければ読み味わうことができない。

② 経験**（「本当の詩の味わい方」に必要なのは「感覚的な美として味わえる」ことであって、「経験」ではない）**を積まなければ読み味わうことができない。

③ 外国人**（「英詩」に対しては、日本人である筆者は「外国人」）**には本質的に読み味わうことができない**（筆者が、英詩を「知性・理性」のレベルでは理解できても、「感覚・感性」による「本当の詩の味わい方」ができない、という内容と合致）**

④ 生々しく接することはできても**（「生々しく接すること」は「感覚的な美として味わえる」理解であり、筆者には「できない」）**理解はできない**（筆者は「知的な理解」はできている）**

問3

設　問：空欄補充問題

空欄部：私はいつの間にかその一節を音読していたが、そうするうちに私の内部にはある言いあらわしがたい充実した［X］がわきあがって来た。

◉空欄部の直後を確認する。

つまり私は世阿弥の言葉を**よく理解することができた**のである。

問2において、筆者は英詩に対しては「知的な理解」（知性・理性による理解）はできても、「本当の詩の味わい」（感覚・感性による理解）はできなかったことを確認した。ところが、『風姿花伝』については、「［X］がわきあがって来た」ことによって「よく理解することができた」とされている。以上の内容をまとめると次のようになる。

英詩 …「感覚・感性」による理解ができない ⬇ ×「本当の詩の味わい方」

⟷

『風姿花伝』…「X がわきあがって来た」⬇「よく理解することができた」

◆日本語で書かれた「風姿花伝」を「X がわきあがって来た」、つまり**感覚・感性**によって「よく理解することができた（＝「本当の詩の味わい方」）」という展開から、X には「**感覚・感性**」の同義語が入ることになる。したがって、正解は⑤となる。

演習44　山崎正和『柔らかい個人主義の誕生』

正解　問1＝④　問2＝②　問3＝①

◉**「近代の大衆」「選ばれた少数者＝近代のエリート」「現代の大衆・消費者」の対比に注目する。「近代の大衆」については ——、「近代のエリート」については ……、「現代の大衆・消費者」については 〰 を付して示す。**

現代の消費者は、おびただしい商品の山をまえにして、たえず自分の欲望そのものの内容を問いただされ、しばしば、じつは自分がその答えを十分には知らない、という事実を自覚させられている。（略）

なぜなら、ほぼ半世紀まえ、『大衆の反逆』を痛烈に非難したオルテガ・イ・ガセットによれば、（近代の）大衆とは、共通の欲望にもとづく「標準的な生活」を求めるものであり、「すでにある自己」に安んじて、その保持のみに腐心するものにほかならなかったからである。すなわち、彼の見た大衆とは、第一に、多数の他人と同一の欲望を共有する人間であり、第二には、多数者と一致しているがゆえに、そういう自己の欲望に傲慢な確信を持ちうる人間であった。いいかえれば、彼らは、自分の欲望が普遍的で正当な要求であることを確信しており、だからこそ、「すでにある自己」に安住して、それに「より高い課題」を課す必要を感じない人間であった。しかし、現代の大衆は、すでにその「標準的な生活」への欲望をほぼ満たされており、満たされた分だけ、他人と共通の欲望を強く感じる機会を失っている。それどころか、彼らはその消費生活を通じて、日々に他人のまえで個性的であることを要求され、刻々に、「すでにある自己」とは違うものになることを要求されているのである。

一方、この現代の大衆は、オルテガのいう「選ばれた少数者」とも違って、けっして自分の欲望を自分から否定し、より高い理想をめざして生きる克己的な人間でもない。彼ら（現代の大衆）は、その点でもいわば謙虚な人間だともいえるのであって、何が高い課題であり、何が普遍的な理想であるかについても、自分がたしかに知っているとは感じていない。

じつをいえば、オルテガの「選ばれた少数者」は、彼の時代の大衆を裏返した存在にすぎないのであり、（近代の）大衆が自己の不変の欲望を信じていたのにたいして、彼ら（近代のエリート）はそれを否定する点で変ることなき自己を信じたのであった。だが、今日の新しい大衆は、自分の欲望が日々に変化するものであることを学んでおり、あえて否定するまでもなく、たえず思いがけなく、「すでにある自己」を裏切るものであることを感じている。彼らにとって、自己とは、ただ頑迷に保持するべき存在（＝「近代の大衆」）でもなく、克己的に否定するべき存在（＝「近代のエリート」）でもなく、むしろ、みずからが日々に発見して行くべき柔軟な存在になった、といえるだろう。もちろん、彼らもときには克己的に行動することはあろうが、それは、彼らが傲慢に自己の理想を確信しているからではなく、反対に、主張すべき自己の欲望に確信が持てないからにちがいないのである。

このような変化は、おそらくはまず、これまでの大衆とエリートの対立の構図を変え、ひいては、伝統的な個人主義の思想にも根本的な変更をせまることになるのは、明らかであろう。なぜなら、従来、大衆とは本質的に均質的な存在であり、また、自己保存の本能に生きる存在であるのにたいして、（近代の）エリートとは本質的に個別的であり、自己変革の意志と不安に生きるものだ、というのがわれわれの常識であった。そして、かつての個人主義はこうしたエリートの生活原理にほかならず、その中心的な意味は、あくまでも均質性への反抗と生成発展の変化にある、というのが伝統的な解釈だったからである。

◉右の関係をまとめると以下のようになる。

近代の大衆

a 欲望…多数の他人と同一・共有

b 人間像…自己の欲望に傲慢な確信を持ちうる人間・自己の不変の欲望を信じる人間

c 自己 ⬆ 頑迷に保持するべき存在・自己保存の本能に生きる存在

d 本質的に均質的な存在

近代のエリート

a 欲望…自分から否定

b 人間像…自分の欲望を自分から否定し、より高い理想をめざして生きる克己的な人間・それ（自己の不変の欲望）を否定する点で変ることなき自己を信じた

c 自己 ⬆ 克己的に否定するべき存在

d 本質的に個別的・均質性への反抗と生成発展の変化

現代の大衆

a 欲望…その答えを十分には知らない・他人と共通の欲望を強く感じる機会を失っている・日々に変化するもの

b 人間像…消費生活を通じて、日々に他人のまえで個性的であること・「すでにある自己」とは違うものになることを要求されている・高い課題、普遍的な理想についても、自分がたしかに知っているとは感じていない

c 自己 ⬆「すでにある自己」とは違うものになることを要求・みずからが日々に発見して行くべき柔軟な存在

◉さらにまとめると以下のようになる。

「近代の大衆」＝自己の欲望を確信し、自己保存に生きる均質的な存在（要するに、自分の欲望のために生きる人間）

「近代のエリート」＝自己の欲望や自己自身を否定して克己的に生きる個別的な存在（要するに、自分の理想のために生きる人間）

「現代の大衆」＝欲望が日々に変化して確信が持てず、刻々と変化していく自己を発見する柔軟な存在（要するに、自分の欲望や自分自身が確信できず、日々変化してゆく人間）

問1

設　問：傍線部の内容説明問題

傍線部：彼らは、その点でもいわば謙虚な人間だともいえる

◉傍線部を含む前後の対比関係を確認する。

一方、この現代の大衆は、オルテガのいう「選ばれた少数者」とも違って、けっして自分の欲望を自分から否定し、より高い理想をめざして生きる克己的な人間でもない。彼ら（現代の大衆）は、その点でもいわば謙虚な人間だともいえる[A]のであって、何が高い課題であり、何が普遍的な理想であるかについても、自分がたしかに知っているとは感じていない。

近代のエリート
自分の欲望⬆否定
より高い理想⬆めざして生きる克己的な人間

現代の大衆
自分の欲望⬆確信がもてない＝［答えを十分には知らない／日々に変化するもの］
高い課題・普遍的な理想⬆たしかに知っているとは感じていない＝「謙虚」

◆右の対比関係から、ここでの「謙虚」が「課題・理想」とは何かを「たしかに知っているとは感じていない」という意味であることが理解できる。その点をふまえて選択肢を確認する。

① × 克己的な生き方を示して周囲を圧迫しない（**「周囲を圧迫しない」ことが「謙虚」というわけではない**）点

② × 自分の欲望を否定できる禁欲的な点（**＝「近代のエリート」**）

③ × 高い理想を周囲に説くことをしない控えめな点（**「エリート」にとっての「理想」はあくまで自己自身のものであって、「周囲に説く」ものではなかった。したがって「理想を周囲に説くことをしない」点を「謙虚」としているわけではない**）

④ ○ 高い理想を求めず克己的な生き方をしない点

⑤ × 欲望を否定する生き方（**＝「近代のエリート」**）を周囲に秘密にしている点

問2

設　問：傍線部の内容説明問題

傍線部：大衆が自己の不変の欲望を信じていた

◉傍線部を含む一文を確認する。

じつをいえば、オルテガの「選ばれた少数者」は、**彼の時代の大衆**を裏返した存在にすぎないのであり、**大衆が**B自己の不変の欲望を信じていたのにたいして、彼らはそれを否定する点で変ることなき自己を信じたのであった。

◉「近代の大衆」の「欲望」について述べた選択肢をさがす。

① 自分一人で絶えず求め続ける欲望（**「近代の大衆」の「欲望」は、「多数の他人と同一の欲望」**）

② 他人の欲望と一致し正当だと確信する欲望（**第二段落の内容そのまま**）

③ 時代を経ても変わらない欲望（**「自己の不変の欲望」とは、欲望が自己の中で変化しないという意味であって、自己の欲望が時代を超越して変わらないという意味ではない**）

④ 人生設計を変更しないでもすむ欲望（**「人生設計」は無関係**）

⑤ 理想を求め、克己的であろうとする（**＝「近代のエリート」**）欲望

問3

設　問：傍線部の内容説明問題

傍線部：このような変化は、おそらくはまず、これまでの大衆とエリートの対立の構図を変え、ひいては、伝統的な個人主義の思想にも根本的な変更をせまることになるのは、明らかであろう。

◉「近代の大衆」から「現代の大衆」への「変化」に注目する。

近代の大衆 ⬅（変化）⬆ 現代の大衆

この変化について述べている選択肢をさがす。なお、「現代のエリート」に相当する内容は本文中にないので、「エリート」について述べた選択肢は間違い。

① 「すでにある自己」に安住していた大衆（**＝「近代の大衆」**）が、欲望によってたえず思いがけない自己を発見（**＝「現代の大衆」**）するようになったこと

② 共通の欲望に基づく均質な大衆（**＝「近代の大衆」**）が、「高い課題」に向かって克己的な努力をするようになった（**＝「近代のエリート」**）こと

③ かつては選ばれた少数者だったエリートが、傲慢な理想を捨て標準的な生活を目指すようになったこと

④ 他人とは違うことを目指していたかつてのエリートが、自己変革の意志と不安に生きるようになったこと

⑤ 自己の欲望に確信をもてなかった大衆（**＝「現代の大衆」**）が、それを普遍的で正当なものとみなす（**＝「近代の大衆」**）ようになったこと

演習45

酒井潔『自我の哲学史』

正解 問1＝⑤ 問2＝②

問1

設　問：傍線部の理由説明問題

傍線部：癒す側もいてはじめて癒しということが成り立つはずなのに、そんな当然のように、癒される側に自分を置いている。

◉以下の「変化」に注目する。

従来の癒し
i　具体的で特定の対象に相関したもの
ii　身体の病や傷

⬇

今日の癒し
i　「何となく癒されたい」という癒し願望
ii　心の癒し、メンタル・ヘルス

① 精神的な打撃が強すぎて崩壊を待つしかないから
② カウンセラーとしての優秀な人材は少数であるから
③ もはや絶体絶命の絶望的な事態に至っているから
④ 他人のことにまで関与するのはよくないことだから
⑤ 願望の原因が観念的（**＝「心」「メンタル」**）でしかも漠然としている（**＝「何となく癒されたい」**）から

問2

設　問：傍線部の内容説明問題

傍線部：しかし日本の「癒されたい現象」には微妙に異なったものが看取される。

◉「異なった」から以下の対比関係に注目する。

欧米人＝自我への執着、愛着が強い

⟷

日本＝自我そのものを忘れたい、自我の頸木（くびき）から逃れたい、自我にとらわれたくない

① 個人的な愛着が強くて（**＝欧米人**）、自己を客観的に見つめるのが苦痛である
② 強い自分を取り戻すより、そういう自分に執着したくない（**＝「自我そのものを忘れたい、自我の頸木から逃れたい、自我にとらわれたくない」**）と思っている
③ 暗示にかかりやすくて（**本文になし**）、悩まなくてもいいのに影響されて悩んでいる
④ プライバシーを尊重して、自立した自分（**＝西洋**）でありたいと考えている
⑤ 金銭（**「金銭」は無関係**）をかけてまで、精神的な悩みを解決しようとはしない

演習46　松木武彦『美の考古学』

正解　②

設問：傍線部の内容説明

傍線部：前方後円墳が日本列島の民族形成にはたした役割は大きい。

I：傍線部を含む一文全体を確認（指示語）

都出氏のこの見解は、前方後円墳の社会的・政治的な役割を重視する立場からのものだが、知や感覚を共有することが民族という集団の本質だとすれば、そのような認知的な役割においても、前方後円墳が日本列島の民族形成にはたした役割は大きい。

> 前方後円墳
> そのような認知的な役割＝知や感覚を共有すること
> ➡はたした役割

◆**「前方後円墳」**→**「知や感覚の共有」**という関係になっている選択肢をさがすと、①・②が残る。

③「知や感覚の共有」→「前方後円墳」と因果関係が逆転している。

④「外国を訪れたとき～よそよそしさを共有」と共有の対象が間違っている。

⑤「人びとが知や感覚を共有できるよう（＝目的）～前方後円墳が築かれて（＝手段）」と「目的と手段」の関係になっている。「原因―結果」と「目的―手段」を混同しないこと。

II：①・②の違いに注目

① 細かいところまで同じ要素をもつ。前方後円墳が築かれることで、人びとの思考や世界観が共有され、**人工物の世界に地域の特色をもたせる役割をはたす**ことができるようになった。

② 細かいところまで同じ要素をもつ。前方後円墳が築かれることで、知や感覚が共有されて一体感をもつことができるようになり、**同じ情報が広くいきわたった**。

↑

①「地域の特色」は、第4段落冒頭「前方後円墳の出現を画期として古墳時代にはいるまでは、人びとが作り出す人工物の世界が、地域によってさまざまな特色をもっていた」とあり、**前方後円墳の出現以前**の内容である。よって不適。

②「同じ情報」は、傍線部直後の土器に関する内容と合致している。

演習47　桑子敏雄『生命と風景の哲学』

正解　問1＝③　問2＝①

問1

設問：傍線部において筆者が言おうとしている内容を説明する問題

傍線部：人間が存在するときに、そして、自己が存在するということを了解するときに、その了解の契機となっているということである。

◉「契機」を中心に前後の関係に注目する。

> 「（人生のなかで風景と）出会う」という出来事
>
> ↑**契機**
>
> 人間が存在するときに、そして、自己が存在するということを了解するときに、
>
> 人間という存在を理解する＝その了解

◆右の関係から**「風景との出会い」→「人間存在の理解」**という内容になっている③が正解となる。

※「風景との出会い」に触れているのは②・③のみ。

※②は「出来事」→「風景との出会い」という関係になっている。

② ×出来事が一つもなければ、風景と出会うこともできないということ。

③ ○風景との出会いがなければ、○人間は存在することができないということ。

問2

設問：傍線部の内容説明問題

傍線部：わたしたち人間は、人間としての身体をもって世界を知覚している。身体は、三次元の空間的存在であり、身体そのものは、さらにより大きな空間のうちにある。したがって、身体とは、二重の意味で空間的存在である。

◉「二重の意味」の内容に注目する。

> 空間的存在その①：身体は、**三次元の空間的存在**
>
> **＋（二重の意味）**
>
> 空間的存在その②：身体そのものは、**さらにより大きな空間のうちに**ある

◆右の関係を述べている①が正解となる。

① 身体は○三次元の存在であるが、○それ自体が空間の中にあるということ。

演習48　近藤譲「『書くこと』の衰退」

正　解　④

設　問：傍線部の内容説明問題

傍線部：作曲家が提示した楽譜は、演奏者によって演奏されて、音楽としての実体を得る。

◉ **「〜楽譜は、演奏者によって演奏されて、音楽としての実体を得る」という文構造から、次のような関係に注目する。**

> 作曲家が提示した楽譜
> ⬇演奏者によって演奏されて
> 音楽としての実体
> ＝**「言い換えれば」**
> 作曲家が提示するもの＝音楽作品の「テクスト」
> ⬇演奏者は、その「テクスト」を解釈して音響化する
> その音楽作品を実現

◆右の論理関係を整理すると次のようになる。

> 楽譜・音楽作品のテクスト＝A
> ⬇演奏者によって演奏・音響化＝B
> 音楽としての実体・実現　＝C

① 紙の上に書かれた楽譜としての音楽（＝A）は、実際に演奏者によって演奏されることで（＝B）、はじめて自立し完結した「テクスト」として存在する（**「テクスト」は、「演奏・音響化」しなくても存在する**）ようになる。

② 音楽作品は、様々な演奏者によって色々な解釈をほどこされることで、はじめて（**「楽譜・テクスト」は「演奏・音響化」されればよいのであって、「様々な演奏者」「色々な解釈」という条件はない**）作曲家の特定の作品として存在するようになる。

③ 一般になじみにくい近代西洋音楽の作品（**このような決めつけはない**）は、実際に演奏され音響構成体となることで、はじめて幅広い聴衆層に受けいれられる存在となる。

④ 楽譜の存在（＝A）がそのまま音楽というわけではなく、音楽は演奏され感覚に訴えるものとなることで（＝B「**音響化**」）、はじめて実現された音楽として存在する（＝C）ようになる。

⑤ 作曲家が提示した楽譜を演奏者ができるだけ忠実に演奏すること（**「楽譜・テクスト」は「演奏・音響化」されればよいのであって、「忠実に」という条件はない**）で、はじめて音楽は筆記的特性に富んだ「テクスト」として存在（**「テクスト」は、「演奏・音響化」しなくても存在する**）するようになる。

評論　復習問題2　香西秀信『論より詭弁　反論理的思考のすすめ』

正解
問1＝④（7点）　**問2**＝②（8点）　**問3**＝⑤（7点）
問4＝崇高・真剣（真摯）・a・b・利益誘導・a・説得力・損壊（各1点）

復習のポイント

論理関係の総まとめ
（「論」と「例」の関係・対比関係・具体例選択・変化の関係）

問1

設　問：傍線部の内容説明問題
傍線部：論証において厚みが果たす役割は、科学的証明と論証との違いをはっきりと表している。

◉傍線部自体が「引用」つまり「例」となっているので、前後の「論」と「例」の関係に注目する。

論＝**「論証の厚み」**
例＝「論証において厚みが果たす役割は、科学的証明と論証との違いをはっきりと表している」
例＝例えば
（こうした場合）
論＝**論証にある程度の「厚み」**をもたせなくてはならない。本当は一つで十分かもしれない**根拠を複数併せあげ**、その蓄積による印象で、一つの根拠では得られない説得力を獲得する

【対比構造】
論　証＝根拠を**複数**併せあげる

科学的証明＝正確で簡潔な証明が**一つ**あれば十分（傍線部Aの直後）

◆以上のように、**「複数」⟷「一つ」という対比関係**になっている選択肢をさがすと、正解は④となる。

① 科学的証明においては短い方がエレガントと見なされ優位であるとされるが、論証においては長い方が優位とされる。

② 科学的証明においては読者が存在しないので証明は一つでいいが、論証は読者が存在するため、複数の根拠が必要である。

③ 科学的証明においては論文の字数制限があるため証明は一つしかあげられないが、論証には字数制限はないので複数の根拠をあげてよい。

④ 科学的証明においては正確で簡潔な証明が一つあれば十分であるが、論証では説得力を増すために根拠が複数あった方がよいことがある。

⑤ 科学的証明においては正しい証明は一つしか存在しえない（**「正確で簡潔な証明が一つあれば十分」なのであって、正しい証明が「一つしか存在しえない」わけではない**）ので複数あげるのは間違いだが、論証には複数の根拠が存在するので、その複数の根拠をあげるべきである。

問２

設　問：「ｂの型の議論」の具体的説明を選択する問題

傍線部：レトリックでは、ａの型の議論を「定義（類）からの議論」、ｂの型の議論を「因果関係からの議論」と呼ぶ。

◉**具体的な説明を選ぶ問題なので、既に学習した通り、傍線部のより詳しい言い換えをさがしてゆけばよい。なお、傍線部の次の段落が具体例になっていることにも気づけば、次のような関係が理解できる。**

論＝ｂの型の議論を「**因果関係**からの議論」と呼ぶ。
例＝捕鯨の例
論＝ｂのような**プラグマティックな考え**はむしろ排斥しなければならないからだ。

◆以上の関係から、**「因果関係」と「プラグマティックな考え＝実利的・実際的な考え」**、つまり一定の**実際的な利益**という観点からの内容に言及している選択肢をさがすと、正解は②となる。

①　自然保護運動は、地球上に住む全人類の義務と言える行為なので、たとえ特定の国に膨大な負担が発生しても広く行われるべきだ。（**「特定の国」の「膨大な負担」を想定している点で、「実利的・実際的」とは言い難い。これでは「特定の国」にとっては「実利的」とは言い難い**）

②　たとえ医師免許をもっていない自称「医師」であっても、確実に病気を治療するのなら、医療活動をするのになんの問題もない。（**「確実に病気を治療する」という「実利的」な「結果」から判断している**）

③　自分の失敗は、環境や他人といった外的要因のみならず、自分自身にも要因のあることがおおいので、常に自分の振る舞いを反省するのがよい。（**「外的要因」＋「内的要因」という内容が解答根拠からずれているし、「実利的」とは言い難い**）

④　投資行為においては、論理的な思考よりも感覚的なひらめきが大切であり、金融情勢の変化やその要因など考える必要は微塵もない。（**「論理的な思考」とは、まさに「因果関係」を考えることであり、「要因など考える必要は～ない」という内容も「因果関係」を否定している**）

⑤　若いうちは、自分の信じた道を突き進むことが大切であり、結果的に得るものがなくとも（**「実利的」とは言い難い**）自分が満足できればそれでよい。

問３

設　問：空欄補充問題

空欄部：［Ｘ］論に立つａからすれば、ｂのようなプラグマティックな考えはむしろ排斥しなければならないからだ。わかりやすくするために、ｂから始めよう。ｂの議論では、首相が靖国神社を参拝することが［Ｘ］的に正しいのかどうかは、まったく問題にしていない。逆に、ａの議論は、首相の靖国参拝は憲法に違反するから行ってはならないという［Ｘ］論（原則論）である。

◉**空欄部を含む段落の内容をまとめると以下のようになる。**

i [X]論に立つaからすれば ↓ aの議論＝**【「定義（類）からの議論」】**

ii bの議論では、首相が靖国神社を参拝することが[X]的に正しいのかどうかは、まったく問題にしていない。

iii aの議論は、首相の靖国参拝は憲法に違反するから行ってはならないという[X]論**（原則論）**である。

◆[X]に入るのは**【aの議論＝「定義（類）からの議論」】【原則】**の語に対応するものである。よって、「定義（～とは…である）」「原則」に近い⑤「本質」が正解となる。

問4

設　問：傍線部の理由説明問題

傍線部：もし、一人の論者が、本当にaもbも説得的だと思って並べたのであれば、そのときは彼の思想のどこかが壊れていると思って間違いない。

◉まず、傍線部に至る筆者の論理展開を整理しておく。

[論]＝論者の思想の不統一

[例]＝奉仕活動の例

[論]＝**aの議論にbが加われば、それはaの議論の説得力を損壊させるだけの結果となる。**誰も、aの議論が、真摯な態度で語られたものだとは信じない。

[例]—[論]＝一人の生身の人間として考えれば、aを本気で真剣に思っている人間が、方便とはいえ、bのような利益誘導の意見を口にするだろうか。それを口にした時点で、もはやaは本気でも真剣でもなくなりはしないか。

[例]—[論]＝エゴイストを説得したいのであればbの議論だけでやればよい。そうすれば、少なくとも語り手の誠実さは保たれる。もし、一人の論者が、本当にaもbも説得的だと思って並べたのであれば、そのときは彼の思想のどこかが壊れていると思って間違いない。

◉以上の内容から、「aの議論にbが加われば、それはaの議論の説得力を損壊させるだけの結果となる」ので、「aとbの議論が両立しうるとは考えていない」という判断に至ることが理解できる。図式化すると次のようになる。

aの議論
⬅ bの議論が加わる
aの議論の説得力 ⬆ 損壊

◆右の変化の関係を軸に、解答条件に合う本文中の語をさがせばよい。

aの議論＝□□なことを□□な態度で語る[a]の議論

bの議論＝[b]の議論のような□□□□の意見が加わること

aの議論の説得力←損壊＝[a]の議論の[説得力]が[損壊]する結果になると考えているから。

◆残りの部分については、傍線部の直前を確認すればよい。

aを本気で**[真][剣]**に思っている人間が、方便とはいえ、bのような**[利][益][誘][導]の意見**を口にするだろうか。それを口にした時点で、もはやaは本気でも真剣でもなくなりはしないか。「現代社会に生きる者の義務」などと**[崇][高]なこと**を語りながら、その舌の根も乾かぬうちに、ニヤッと笑い、指で丸をつくり、「奉仕活動に参加するとええことありまっせ！」とささやく。こんな人間の言うことを、一体誰が本気で聞くだろうか。

なお、「真剣」とほぼ同じ意味の「真摯」でもよい。しかしながら、aに「本気」は不適当である。「本気な態度」とは言わない。「本気の態度」が正しい日本語である。

第13章　心情読解

演習49　安岡章太郎「サアカスの馬」

正解　問1＝②　問2＝⑤

問1

設問：空欄補充問題

空欄部：学校ではときどき生徒を郊外へつれて行き、そこで木の根を掘ったり、モッコをかついだりすることを教えられたが、そんなときでも僕は、[X]赤土の上に腰を下ろして頬杖（ほおづえ）をつきながら、とおくを流れている大きな川の背にチカチカと日を反射させている有様を、いつまでもながめているといった風であった。

問2

設問：「そうだった」の説明問題

傍線部：靖国神社の見せ物小屋のまわりをブラつくことにしてもそうだった。

◉問1空欄部直前「そんなときでも」、問2傍線部直前「ブラつくことにしても」とあるので、一連の「僕」の内面・心情を確認しておく。

実際、僕は**何ごとによらず、ただ眺めていることが好きだった**のである。（略）学校ではときどき生徒を郊外へつれて行き、そこで木の根を掘ったり、モッコをかついだりすることを教えられたが、**そんなときでも僕は**、[X]赤土の上に腰を下ろして頬杖をつきながら、とおくを流れている大きな川の背にチカチカと日を反射させている有様を、**いつまでもながめているといった風**であった。「おい、ヤスオカ！」と名前を呼ばれて、清川先生から、「お前は一体、そんなところで何をしているのだ。みんなが一生懸命はたらいているときに自分一人が休んでいて、それでいいのか」と、そんなふうに言われても**僕は何も答えることがない。別に見ようと思って何かを見ていたわけでも、休もうと思って休んでいたわけでもない**のだから。「…………」しかたなしに、だまっていると、清川先生の唇は三角形に曲り、眼がイラ立たしそうに光って、分厚い手のひらが音を立てながら僕の頬っぺたに飛んでくる。……

靖国神社の見せ物小屋のまわりをブラつくことにしてもそうだった。(略)

僕は**何ということもなしに**境内をあちらこちら人波にもまれながら歩いていた。

……だからその日、**僕がサアカスの小屋へ入って行ったのも**別段、**何の理由もなかった**のだ。僕はムシロ敷きの床の上に、汚れた湿っぽい座ぶとんをしいて、熊のスモウや少女の綱わたりなど同じようなことが果てしもなく続く芸当を、**ぼんやり眺めていた。**

Ⅰ 普段(「何ごとによらず」)…「ただ眺めていることが好きだった」

Ⅱ 学校での郊外活動(「そんなときでも僕は」)
…いつまでもながめているといった風
⬅ 清川先生の説教
僕は何も答えることがない。別に見ようと思って何かを見ていたわけでも、休もうと思って休んでいたわけでもない

Ⅲ 靖国神社の見せ物小屋のまわりをブラつくこと…何ということもなしに〜歩いていた

Ⅳ サアカスの小屋へ入って行った…何の理由もなかった・ぼんやり眺めていた

◆右の内容から、「僕」が**「何ということもなしに・何の理由もなく」「ただ眺めていることが好き」**な少年だと理解できる。この点を根拠に考えてゆけばよい。

問1

◉空欄部を含む一文を確認すると以下のようになっている。

学校ではときどき生徒を郊外へつれて行き、そこで木の根を掘ったり、モッコをかついだりすることを教えられたが、そんなときでも僕は、[X]赤土の上に腰を下ろして頬杖をつきながら、とおくを流れている大きな川の背にチカチカと日を反射させている有様を、**いつまでもながめていると**いった風であった。

◆先に確認した通り、「僕」が**「何ということもなしに・何の理由もなく」「ただ眺めていることが好き」**な少年であることをふまえれば、空欄Xには**「何ということもなしに・何の理由もなく」**に対応する語が入る。したがって②「われしらず(無意識のうちに行うさま)」が正解となる。

問2

◉傍線部を含む一文を確認すると以下のようになっている。

靖国神社の見せ物小屋のまわりをブラつくことにしてもそうだった。

◆こちらも、「僕」が**「何ということもなしに・何の理由もなく」「ただ眺めていることが好き」**な少年であることをふまえれば、正解は⑤となる。

① お化けの見せ物や格闘技の試合に少し興味があってのことだった。×
② 気のきいた連中との付き合いがなかったためだった。×
③ ちょっとブラついてみようと思ってのことだった。×
④ 担任の清川先生から逃れるためだった。×
⑤ とりたてて述べるような理由は何もなかった。○

演習50

江國香織「晴れた空の下で」

正解 問1＝散歩から戻 問2＝⑤

問1

設 問：作品の後半の始まりを指摘する問題

◉「散歩」から帰ると「婆さん」の不在に気づくという展開に気づかせる設問。

前半「飯すんだら**散歩**にでもいくか。土手の桜がちょうど見頃じゃろう」
婆さんは、ころころと嬉しそうに声をたてて笑う。

⬇

後半 **散歩**から戻ると、妙子さんが卓袱台を拭いていた。
ひょいと顎で婆さんを促そうとすると、**そこには誰もいなかった**。

※本設問の意図は「婆さん」の不在に気づかせることにある。後半部に「『婆さんはどこかな』声にだして言いながら、わしはふいにくっきり思いだす。**あれはもう死んだのだ**。去年の夏、カゼをこじらせて**死んだのだ**。」とあることから、「婆さん」が既に亡くなっているという事実をふまえて、問2を考える。

問2

設 問：心情説明問題

傍線部：妙子さんはほんの束の間同情的な顔になり、それからことさらにあかるい声で、「それよりお味、薄すぎませんでした」と訊く。

◉「妙子さん」の心情・内面について整理する。

行 動：ほんの束の間同情的な顔 ⬇ ことさらにあかるい声で「それよりお味、薄すぎませんでした」と訊く

➡

心 情：「同情」⬇「あかるい声」に対応する心情

➡

理 由：「いや、すまないね、すっかりかたづけさしちゃって。いいんだよ、今これがやるから」
ひょいと顎で婆さんを促そうとすると、そこには誰もいなかった。

◆以上から、「舅」が**亡き妻を生きていると勘違いしていることに**気づいた「妙子さん」が**「同情」**し、それから**「あかるい声」**を出した、という展開を踏まえた選択肢をさがすと、⑤が正解となる。ちなみに小説問題の選択肢を考えるときには、**心情表現を優先的にさがす**とよい。ここでは、「同情」と「あかるい声」に対応する心情からさがすと解きやすくなる。

① 自分の妻と次男の嫁との区別もつかない（「**妙子さん**」と「**婆さん**」**を混同しているわけではない**）舅に対し、哀れみを感じ、絶望的な状況から眼をそらそうとしている。

② 亡くなった妻の幻覚に悩まされている（**「婆さん」が生きていると勘違いしているのであって、「幻覚に悩まされている」わけではない**）舅に対し、姑の代わりにけなげに立ち働いて元気づけようとしている。（**「同情」への言及がない**）

③ 食事の後片づけを忘れた言い訳に亡妻を持ちだす（**「婆さん」が生きていると勘違いしているのであって、言い訳の口実の「婆さん」を持ちだしたわけではない**）舅に対し、あきれながらも（**≠「同情」**）陽気にふるまおうとしている。

④ 一人暮らしで衰えの見えてきた（**「婆さん」への勘違いに言及していない**）舅に対して、思いやりの気持ちを抱いて精一杯尽くそうとしている。

⑤ 亡き妻が生きていると錯覚している舅に対して、気の毒（**＝「同情」**）に思いながらも、なんとか励まそう（**→「あかるい声」**）としている。

演習51　加賀乙彦「雨の庭」

正解　③

設　問：「彼」の視点を通じた「父」の心情説明問題

傍線部：そんな一同の動きに終始無縁でいたのは父である。

◉まず、傍線部の指示語「そんな一同の動き」について確認する。

［彼と弟］酔って馬鹿陽気に笑いこけた→［母］笑っていたのに～声をあげて泣きはじめた→［子供たち］立ちすくんだ→（一同）妙に白けた宴→［妻］移り住む先のアパートの美質を～語り始めた→**（一同）再びさんざめいた**

◉次に、「父」の心情や様子を確認しておく。

父はみんなの会話からは全く取残され、**一人黙々と料理をつついていた**が、やがて縁側に立ち水虫の足裏の皮をむしり始めた。そんな父を弟がおひゃらかしたけれど父は**動じなかった**。耳が遠いからな、きこえんのだよと彼が大声で言っても父は**振向きもしなかった**。

その時父が何を考えていたかを彼はおぼろげに分るような気がする。**父の七十年の全生涯はこの一軒の家で過されたのだ。それが今確実に消えようとしている、その気持**を表現するとしたら**黙り込む以外にない**のかも知れない。

◆以上の内容をまとめると次のようになる。

一同　さんざめいた（※「さんざめく」＝「にぎやかに、浮き浮きと声を立てて騒ぎたてる」）

⟷ 終始無縁

父　黙り込む以外にない ⬆ 全生涯を過ごした家が確実に消えようとしている

◆**全生涯を過ごした家が確実に消えようとしている父**は、家族一同の賑わい（「さんざめいた」）に対して、「終始無縁」のまま**「黙り込む以外に」**なかったという内容の選択肢をさがすと③が正解となる。具体的な解答要素は以下の通り。

心情：「黙り込む以外にない」（「さんざめいた」と正反対の態度）

➡

理由：全生涯を過ごした家の消失

① 父は、七十年の歳月を過ごした家が自分の人生に結びついているので、引越しせず居続けたいと願っている。**（このような「願い」は読み取れない）**

② 父は、自分の家への愛着が家族の誰よりも深いことに気づき**（このような「気づき」は読み取れない）**、陽気なパーティーの開催に違和感を抱いている。**（「父」が「黙り込む以外にない」状態になった理由は「家の消失」であって、「パーティーの開催」ではない）**

③ 父は、七十年間を過ごした家がなくなると自分が生きてきたことの証（あかし）も失われる**（＝全生涯を過ごした家が確実に消えようとしている）**かのように思い、心が沈んでいる。**（「黙り込む以外にない」状態と対応しており、一同の「さんざめいた」様子と対照的に描かれている）**

④ 父は、手放す家のことを考えると感傷的になり**（「感傷的」にあたる心情は読み取れない）**、にぎやかな息子夫婦や孫たちの振る舞いを苦々しく思っている。**（「父」が「黙り込む以外にない」状態になった理由は「家の消失」であって、「息子夫婦や孫たちの振る舞い」ではない）**

⑤ 父は、自分の生涯と切り離せない家への思いが深く、その気持ちを家族に話しても理解されないと悲しんでいる。**（「父」が「黙り込む以外にない」状態になった理由は「家の消失」であって、自分の気持ちを家族に理解されないことではない）**

演習52　野呂邦暢「白桃」

正解　⑤

設問：「社長」に対する主人の心情説明問題

傍線部：要するにわたしのいいたいことはだ、社長ともあろう方がこんなけちなペテンをなさるとは残念なんだ。

◉**本文は「兄弟」の視点から描かれているので、「主人」の内面・心情についての直接的な描写は存在しない。このような場合、「主人」のセリフに注目すればよい。**

「見な、**わしはやすやすとごまかされるそこいらのちんぴらとは違うんだよ。**」

「篩にかけてみたらおどろいたよ。屑米と糠がたっぷり混ぜてあるんだ。いいかね、おやじさんに頼んだのは鮨につかう上等の米だよ。これがつかえるかい。**あんまりみくびってもらいたくないもんだ。そうとも、昔は社長のお世話になったさ。だけどご恩返しはしたつもりだ。酒代だってだいぶたまっているが、一度も催促なんかしやしない。**要するにわたしのいいたいことはだ、**社長ともあろう方がこんなけちなペテンをなさるとは残念なんだ。**こう申しあげてくれ。鮨につかえる上米ならいつでもしかるべき値段で引き取らせてもらいます、とね」

「うるさい、**貴様にわしの気持ちがわかるもんか**、うちの酒がまずかったらさっさと出てゆけ」

◆解答根拠は以下の通り。

発言：**要するにわたしのいいたいことはだ、社長ともあろう方がこんなけちなペテンをなさるとは残念なんだ。**

➡ **心情**：「残念」

 **理由**：**「お世話になった」「社長」が、自分を「みくびって」「けちなペテン」をはたらいた**

① かつては社長との間も対等（**≠リード文「かつて父の使用人であった酒場の主人」**）で、互いに信頼し合う関係が成り立っていたにもかかわらず、一方的にそれを壊すような行動をとられたことに対し、言いようのない寂しさと悲しみを感じている。

② 昔は人を使うほどの地位にあった者が今では平気で人をだますようになってしまったということが、生きていくために手段を選ばなくなった今の自分の生活ぶりに重なり（**主人のセリフにこのような内容はない**）、そのことをつらいと思っている。

③ 以前は真っ正直な人間（**主人のセリフにこのような内容はない**）で自分を助けてくれたりもしたのだがと、社長の変わりようを嘆き、改心してほしいと願っている。

④ 今はこちらが何かと世話をしてやっていて（**主人が酒代を催促しないのは「ご恩返し」なのであって「世話をしてやってい」るわけではない**）感謝されてもいいくらい（**主人のセリフにこのような内容はない**）なのに、恩を忘れ自分をだまそうとする相手に、驚きあきれている。

⑤ 見えすいた手段（**＝「けちなペテン」**）で自分をだまそうとした社長に対して、以前はこんなことをする人ではなかったというやりきれない思い（**＝「社長ともあろう方がこんなけちなペテンをなさるとは残念なんだ」**）と同時に、それほど自分を低く見ているのかと怒り（**＝「あんまりみくびってもらいたくないもんだ」**）を感じている。

演習53　三浦哲郎「まばたき」

正解　問1＝③　問2＝⑤

問1

設　問：「彼」の心情説明問題

傍線部：彼は、戸口でちょっと躊躇ったが、無人にも等しい病室の素っ気なさが彼を大胆にした。彼は、旧友の枕許までいくと、
「じゃ、お先にな。ねばれるだけ、ねばれよ。相撲の選手だったころみたいにな。」
と盆のような顔を見下ろしていった。

◉傍線部とその直後を整理すると次のようになる。

行動・発言：**旧友の枕許までいく「じゃ、お先にな。ねばれるだけ、ねばれよ。相撲の選手だったころみたいにな。」**

⬆

心　情：**大胆（な気持ち）にした**

⬆

原　因：**無人にも等しい病室の素っ気なさ**

◆右の関係から③が正解となる。

---

① あれこれ話しかけてくる細君に注意を払わなくてもいいので気持ちが楽になり（**「彼」が「大胆」になったのは「無人にも等しい病室の素っ気なさ」によるのであって、細君は無関係**）、寝台の上で微動だにしない旧友の姿を勇気をもって（**「じゃ、お先にな。ねばれるだけ、ねばれよ。相撲の選手だったころみたいにな。」というセリフに「勇気」に相当する心情は見いだせない。**）見極められるようになった。

② 生きている人間の気配さえ消えた病室の中で二人きりになってみると、知らず知らずのうちにお互いが若かった頃のことが思い出され、少年の頃の遠慮のない率直な気持ち（**「大胆」になったのであって、「少年の頃の遠慮のない率直な気持ち」になったわけではない**）になった。

③ 静まりかえった病室（**＝「無人にも等しい病室の素っ気なさ」**）の中で二人きりになったとき、はじめて、直に旧友と向き合い、誰にもはばからずに（**＝「大胆」**）語りかけることができるようになった（**＝「じゃ、お先にな。ねばれるだけ、ねばれよ。相撲の選手だったころみたいにな。」**）。

④ 生きているのかどうかも分からない旧友（**旧友は意識がないのであって、死んでいるわけではない**）が病室の中にぽつんと取り残されている姿を目の当たりにして、人間のはかない運命をたじろがずに受け入れられるようになった。

⑤ 意識を失って昏睡している旧友が横たわる病室の静けさに触れ、思い切って最期の別れ（**「じゃ、お先にな。ねばれるだけ、ねばれよ。相撲の選手だったころみたいにな。」という言葉は「最期」＝「死」と無関係**）を言っておかなければならないのではないかという切迫した気持ち（**≠「大胆」**）になった。

問2

設　問：「彼」が「目をそら」した理由を説明する問題

傍線部：彼は、そういってわざとらしく笑い崩れる細君から目をそらすと、急ぎ足で玄関へ歩いた。

◉傍線部を整理すると次のようになる。

行動：わざとらしく笑い崩れる細君から目をそらすと、急ぎ足で玄関へ歩いた

➡

心情：見たくない（↓「目をそらす」）・そこに居たくない（↓「急ぎ足」）

➡

原因：細君の様子

◆「細君の様子」を「見たくない・（そこに）居たくない」としている選択肢をさがすと、正解は⑤となる。

① 自分の夫が死の危機に瀕（ひん）しているというのに、下手な冗談を言いながら大口で笑っている細君が不謹慎に思え、細君に抗議の意思（「彼」は**「細君を見たくない・そこに居たくない」のであって、「抗議」しているわけではない**）を伝えたかったから。

② なかば諦めながらも精一杯の愛想をふりまく細君を見ていると、彼女の役に立つどころか、励ましの言葉さえ十分にかけてやれない自分が情けなくなってきた（**傍線部の行動は「細君の様子」を原因としているのであって、「彼」自身を原因とするものではない**）から。

③ 医者からも見放され絶望の淵（ふち）に立たされているのに、まばたきをウインクなどと言って、逆にこちらを笑わせようとする細君の心遣いに胸を打たれた（「彼」は**「細君を見たくない・そこに居たくない」のであって、「胸を打たれた」つまり、感動したわけではない**）から。

④ 入院が長びきそうな病人を抱えて生活していく苦労を思いやると同情を禁じ得ないが、自分もいつ同じ立場になるかわからないのだという不安（「彼」は**「細君を見たくない・そこに居たくない」のであって、「不安」になったわけではない**）にかられたから。

⑤ 全身にやつれが目立ち、どこか品位を失いつつある細君がつくり笑いする姿に、つらい人生の一断面を見るような思いがし、切なさにいたたまれなくなった（**＝「細君を見たくない・そこに居たくない」**）から。

第14章 象徴性

演習54 椎名麟三「ある不幸な報告書」

正解 ③

設　問：空欄補充問題

空欄部：時計は、相変らずコチコチと音をたてていた。彼は、その音が好きだった。その音には、何か X が感じられた。

◉**岩吉が「自分が大人になるまで待つより仕方がないと考え」ながら、「置時計を、本箱代りの蜜柑箱の上に置いた」とあることから、「時計」に注目できればよい。**

具体	＝時計（の音）
➡ 抽象	＝自分が大人になるまで待つより仕方がない・その音が好きだった

◆右の関係を整理すれば、「時計」は**「自分が大人になるまで」の時間**を象徴しているのであり、しかも**「その音が好き」**な岩吉は、その時間が確実に進んでいることに対して**肯定的な感情**を抱いていることが理解できる。これらをふまえれば、③が正解となる。

---

① 淡い予感（**③に比べて肯定的な感情が明示されていない**）

② はかない未来（**「はかない」は否定的**）

③ 遠い期待（**「遠い」が「自分が大人になるまで」の時間に、「期待」が岩吉の肯定的な感情に対応している**）

④ 新しい旅立ち（**「旅立ち」では「自分が大人になるまで待つ」に対応しない。これだと岩吉はすぐに「大人になる」＝「旅立つ」ことになる**）

⑤ はるかな世界（**③に比べて肯定的な感情が明示されていない**）

演習55

谷崎潤一郎「細雪」

正解 ③

設　問：空欄補充問題

傍線部：彼女のそう云う心の中には、自分の生れた上方こそは、日本で鯛の最も美味な地方、――従って日本の中でも［X］と云う誇りが潜んでいるのであったが、同様に彼女は、花では何が一番好きかと問われれば、躊躇（ちゅうちょ）なく桜と答えるのであった。

◉「彼女のそう云う心」の指示内容を確認すると、「鯛こそは最も日本的なる魚」「鯛を好かない日本人は日本人らしくない」とある。ここから、次の象徴性を理解できればよい。

［具体］＝鯛

［抽象］＝日本的なもの・日本らしさ

すると、空欄部を含む一文が次のように理解できる。

上方（関西地方）…日本で鯛の最も美味な地方
⬅ 従って
日本の中でも［X］と云う誇り

◆右の関係を整理すれば、幸子にとって「日本的なもの・日本らしさ」の象徴である「鯛」が「最も美味」ということは、「上方」つまり現在の関西地方こそが「日本的なもの・日本らしさ」に富んでいる、ということを意味する。その意味づけをふまえれば、③が正解となる。

① 最も鯛の美味な地方である ×（**これでは直前の内容の繰り返しであって「従って」と対応しない**）

② 最も魚介類の美味な地方である ×（**「魚介類の美味」であることが「日本的なもの・日本らしさ」ではない**）

③ 最も豊かな地方である ○（**「日本的なもの・日本らしさ」が豊かという意味になっている**）

④ 最も先進的な地方である ×（**先進性は「日本的なもの・日本らしさ」ではない。空欄部の直後で幸子が「桜」を挙げている点からも理解できる。先進性の象徴として「鯛・桜」というのはおかしい**）

演習56　井上荒野「キュウリいろいろ」

正解　③

設問：傍線部の理由説明問題

傍線部：帰りの牛がないけれど、べつに帰らなくたっていいわよねえ、と思う。馬に乗ってきて、そのままずっとわたしのそばにいればいい。

写真の俊介が苦笑したように見えた。

◉**タイトルと関連する「キュウリの馬」と「茄子の牛」に注目できればよい。**

足の速い馬は仏様がこちらへ来るときに、足の遅い牛は仏様が向こうへ戻るときに乗っていただくのだという。

（略）

郁子はビールを飲み干すと、息子の写真を見、それから夫の写真を見た。**キュウリの馬**は、それぞれにちゃんと一頭ずつ作ったのだった。**帰りの牛がないけれど、べつに帰らなくたっていいわよねえ**、と思う。馬に乗ってきて、そのままずっとわたしのそばにいればいい。

◆右の内容から、次の象徴性を理解できればよい。

具体＝キュウリの馬（足の速い馬は仏様がこちらへ来るときに乗っていただく）
➡
抽象＝亡くなった夫と息子に**はやくこちらへ来てほしい**という思い

具体＝茄子の牛（足の遅い牛は仏様が向こうへ戻るときに乗っていただく）
➡
抽象＝あの世へ**帰る**牛

◆**主人公の郁子**が「キュウリの馬は、それぞれにちゃんと一頭ずつ作った」が「帰りの牛」を作っていないことから、亡くなった夫と息子が「**馬に乗ってきて**」（**キュウリの馬**）「**そのままずっとわたしのそばにいればいい**」（**帰りの牛がいない**）**という心情**を述べている③が正解となる。

①　キュウリで馬を作る自分に共感しなかった夫を今も憎らしく思っているが、そんな自分のことを、夫は嫌な気持ちを抑えて笑って許してくれるだろうと想像しているから。

②　自分が憎まれ口を利いても、たいていはただ黙り込むだけだったことに、夫は後ろめたさを感じながら今も笑って聞き流そうとしているだろうと想像しているから。

③　かつては息子の元へ行きたいと言い（＝**本文7行目「一緒に連れていってほしかった」**）、今は息子も夫も自分のそばにいてほしいと言う、身勝手な自分のことを、夫はあきれつつ受け入れて笑ってくれるだろうと想像しているから。

④　亡くなった息子だけでなく夫の分までキュウリで馬を作っている自分のことを、以前からかったときと同じように、夫は今も皮肉交じりに笑っているだろうと想像しているから。

⑤　ゆったりとした表情を浮かべた夫の写真を見て、夫に甘え続けていたことに今さら気づいた自分の頼りなさを、夫は困ったように笑っているだろうと想像しているから。

演習57　安岡章太郎「サアカスの馬」

正解　①

設　問：理由説明問題

傍線部：……そんなことを考えていると僕は、だまってときどき自分のつながれた栗の木の梢(こずえ)の葉を、首をあげて食いちぎったりしているその馬が、やっぱり、

（まアいいや、どうだって）と、つぶやいているような気がした。

◉**「（まアいいや、どうだって）」というつぶやきが、これよりも前に書かれている「僕」のつぶやきと同じであることに注目すれば、次の象徴性を理解できる。**

具体	＝馬
➡	
抽象	＝「僕」自身の境遇

◆右の関係から、**「僕」が自分自身の境遇を「馬」に重ねている**ことが理解できる。整理すると次のようになる。

「僕」

i［服装検査］清川先生の冷い眼つき⬇ただ心の中をカラッポにしたくなって、眼をそらせながら、（まアいいや、どうだって）と、つぶやいてみる

ii［教室］先生の指名に答えられず、廊下に立たされる（「教室にいては邪魔だというわけか」）⬇窓の外に眼をやって、やっぱり、（まアいいや、どうだって）と、つぶやいていた。

≒

「馬」

［「僕」の想像］僕のように怠けて何も出来ないものだから、曲馬団の親方にひどく殴られた⬇殺しもできないで毎年つれてきては、お客の目につかない裏の方へつないで置く⬇その馬が、やっぱり、（まアいいや、どうだって）と、つぶやいているような気がした。

◆要するに、先生から冷たい扱いを受け、教室から出されたりしている「僕」は、同じようにお客の目につかない裏の方へつながれている**「馬」に自分を重ねて、あれこれ想像している**のである。だから、自分と「馬」が同じ言葉を「つぶやいているような気がした」のである。その点をふまえれば、正解は①となる。

① 客の目につかない裏の方でつながれている馬と、教室から外に出されて一人廊下に立っている自分とが境遇として重なるように思えたから。

② 馬の姿から、その境遇を的確に理解することができ、さらに、馬のしぐさから気持ちまでも正確に読み取れるようになったから。**（「馬」の「境遇・気持ち」を「的確・正確」に理解しているわけではない。あくまで**

想像しているだけである）

③　馬をひどく殴る親方の心理がよく分かり（「僕」**が自分を重ねている**のは「馬」であって「親方」ではない）、一方、馬も自らの行く末に何の希望も抱いていない（「僕」**はこのように絶望しているわけではない**）様に思えたから。

④　親方が馬を殴るという仕打ちは、自分が担任から受けている身体的苦痛（「僕」**は先生から殴られているわけではない**）と酷似していてまったく他人事ではないと思ったから。

⑤　サアカス団から逃げようと思っても逃げられない馬と、学校から逃げることのできない自分（「僕」**は学校から逃げようとしているわけではない**）とが、まったく同じ境遇に思われたから。

※なお、この出典は演習49と重なっているが、どちらも良問であったので採用した。

演習58　三浦綾子「青い棘」

正解　蛙の声（よくある誤答：緋紗子）

設問：抜き出し問題

空欄部：「命は取りとめた……」

康郎はふっと　X　を思った。

◉**まず「命は取りとめた……」という言葉に注目する。この点で、よくある誤答「緋紗子」は成立しない。緋紗子は乗っていた船が機雷に触れたために命を落としたのだから、「命は取りとめた……」と対応しない。ここでは、前半の「蛙の声」の繰り返しに注目できたかどうかがポイントであった。**

康郎は少しチップをはずんで車を出た。そして、はっと息をのんだ。**蛙の声**が、丘のすぐ下の田んぼから、湧き上がるように聞こえて来た。康郎はふっと斎藤茂吉の短歌を思い出した。

死に近き母に添寝のしんしんと遠田の**かはづ天に聞ゆる**

有名な茂吉の歌集『赤光』の中にある歌である。

（わが家には、**死に近い者**はいないが……）

今夜の**蛙は**、**天を圧するような大合唱**であった。と、不意にばたりと**蛙の声**が途絶えた。が、次の瞬間、再び**蛙の声**があたりを圧した。

◉**ここから、次の象徴性を理解できる。**

具体 = 蛙の声（繰り返し）
➡
抽象 = 死に近き（死への近づき）

帰宅時：**「蛙の声」**⬆（わが家には、**死に近い者**はいないが……）

⬅

夕起子との会話：**「命は取りとめた……」**⬇康郎はふっと X を思った。

◆「子宮外妊娠」で急きょ手術を受けた「なぎさ」は、一時的に危険な状態であったと理解できる。つまり、死の可能性もあったわけである。だから夕起子は「命は取りとめたそうです」と言ったのである。我々の日常生活において「命を取りとめた」という表現はめったに用いない。むしろ、重大な危機に瀕したとき、その言葉が出てくるのである。したがって、【なぎさの緊急手術→命は取りとめた＝死へ近づいたが回避できた→「蛙の声」を思った】というつながりから、「蛙の声」が正解となる。

正解

問1＝降り積もっている憔悴の影
ひどい疲れと、未来に対する徒労感（5点×2）

問2＝①（10点）　**問3**＝③（10点）

復習のポイント

Ⅰ　**心情とその変化の理解**

Ⅱ　**象徴性の理解**

問1

設問：波線部の原因の抜き出し問題

波線部：ぼくそのものへの養老であったかもしれなかったのだ。

◉**波線部の直後に「なぜなら」とあるので、それ以降の内容を確認すると次のようになる。**

ぼくそのものへの養老であったかもしれなかったのだ

➡なぜなら

ぼくは、ときおり自身を**よほどの老齢でもあるように錯覚**してしまっていることがあって

➡

ああそうだったのか、疲れているんだな、といった妙な安堵

以上から、**「疲れ」→「老齢でもあるように錯覚」→「ぼくそのものへの養老」**という展開が理解できる。ちなみに「養老」とは読んで字のごとく「老を養う」こと、つまり老人をいたわり養うことである。「ぼく」自身が「老

齢」と感じたから、「ぼくそのものへの養老」と思い至ったわけである。

あとは、設問条件にある通り、「疲れ」に相当する内容を「傍線部より前の部分」から探し出す。**第二段落「憔悴」「疲れ」「徒労感」**の語が見つかれば、字数に合うように抜き出せばよい。

なお、この問題は問2・3へのヒントとなる設問であった。「ぼく」が、「水」のほとりで「鮒」に「生きるための活力」を与えられる前提として、「疲れ」を確認するという意図が隠されている。本設問のように、他と違う線が付されていたり、他の設問箇所と順番が前後する場合、その後の設問のヒントになっている可能性が高いということを頭に入れておいてほしい。

問2

設　問：傍線部の水にかかわる表現の説明問題

傍線部：それでも生きている限りは、A自身のなかへ灌漑（かんがい）できる何かが欲しかったし、できれば活力を与え得る、なにかの事象と接したかった。しかしぼくはB淡々と水のような生き方を重ねてきただけで、たまに河のほとりに立つときだけ、樹々や草木の華やかな饒舌（じょうぜつ）を楽しんだのである。そしてそれで結構幸福だったのだ。

◉設問に「水にかかわる表現」とあるので、「水」の象徴性に注目すればよい。

具体＝水

➡

抽象＝ⓐ：灌漑**（田畑に水を引いて土地を潤すこと）**できる何か・活力を与えうる事象

ⓑ：淡々とした生き方

◆右の関係をふまえて、「水」をⓐ活力を与えるものⓑ淡々とした生き方の象徴として解釈している選択肢①が正解となる。

① 単調な日常に自らを縛ろうとする心**（＝「淡々とした生き方」）**と、そのなかに潤いを求めようとする心**（＝「灌漑・活力」）**とを、ともに水によって表現することで、「ぼく」の生きかたを印象づけると同時に、「ぼく」の心に変化が生じる水辺の描写**（問3の解説を参照）**を導くものとなっている。

② 何事もなく過ごしてきた平凡な毎日を水の流れにたとえる一方で、妹の病気をきっかけに生じた心のかわきも水によって表現**（「水」は「心のかわき」の象徴ではない）**し、「ぼく」が人生に対してとってきた冷ややかな態度が、最後に変化することを予感させている。

③ 復員してきた時に感じた「ぼく」の心を圧迫する存在としての水**（「ぼく」の心を圧迫したのは「鬱蒼と繁り合っている樹々」）**と、心に染み込んで癒やしをもたらす存在としての水という二つのイメージによって、戦後をかろうじて生きてきた「ぼく」の過去と現在を浮き彫りにしている。

④ 息をひそめるような現在の生活に満足しきれない思い**（「水」は「現在の生活に満足しきれない思い」の象徴ではない）**と、それでもやはりこれまでの人生を肯定したい思いとの間で揺れ動く「ぼく」の心が、さまざまに変化する水のイメージ**（「水のイメージ」が変化しているわけではない。問3で確認するが、変化するのは「ぼく」の心情・内面である）**をとおして、情緒的に表現されている。

⑤ 生命の源としての母から安らぎを得たいという気持ちと、母子のきずなが「ぼく」の人生を束縛し、押し流してしまうことを恐れる気持ちとを、いずれも水に託して表すこと**（「水」と「母」は無関係）**で、母に対して抱く相反する心情を暗示している。

問3

設　問：「魚の姿勢」から得た「啓示」の内容説明問題

傍線部：無心に、純粋に、美しく、ただ許された水のなかを溯って行くにすぎない魚の姿勢が、ぼくに何かの啓示を与えながらひらめきつづけたのである。

◉設問に「『魚の姿勢』からどのような『啓示』を得たのか」とあるので、「魚」の象徴性に注目すればよい。

ぼくはその日、ポプラのあるあたりまで出てみようかと思いながら、駅を出て右へ畑中の小径（こみち）をたどり、堤防へ向かってしばらく歩いていたのだが、途中で、ふと、傍らの細流に白く閃（ひらめ）くものをかんじて足をとめた。そこは堤防下の沼へ流れ込んでいる細流が、ひとところ小さな淀（よど）みを作っていて、その淀みへ案外水量のある流れが落ち込んでいる。ぼくが足をとめ、その淵（ふち）に視線を投げたとき、**三寸に満たない真鮒**が一尾、ヒラリと、みごとな姿勢で、淵から、上の流れへ跳ね込んだのだった。つづいてそれを追うようにまた一尾、水を跳ねて流れに躍りこむと、流れに身をくるめかせて素速く上流へ溯（さかのぼ）っていった。ぼくの眼（め）を掠めた白いものは、淵から躍りあがる、**乗っ込みの鮒の鱗（うろこ）のきらめき**であったのだ。

ぼくはしばらくのあいだ、道のほとりにしゃがみ込み、淵から瀬へ溯って行く真鮒にみとれていた。かれらは**素朴な産卵の意志**だけに燃えて、淵から瀬へ、さらに溯って身を横にせねば進めないような田ん圃（ぼ）の中にまで達する。かれらは小さな魚体を駆って、**未来になんの疑いも恐れもなく**、**ただこの駘蕩（たいとう）とした春昼を喜びながら溯って行く**のだ。ぼくの眼の前で、かれらは二尾、三尾と、いじらしい跳躍をつづけて細流を溯ったが、しばらくすると、一群の行動が終わったのか、あとはねむたい陽（ひ）ざしのなかへ、落ち込む水音だけがきこえていた。

ぼくは、ふたたび堤防へ向いて歩みながら、**ごく爽（さわ）やかな感動**を覚えていた。**ぼくのなかに住みついてきた溯り鮒の意志**をかんじた。無心に、純粋に、美しく、ただ許された水のなかを溯って行くにすぎない魚の姿勢が、ぼくに何かの啓示を与えながらひらめきつづけたのである。それは**ぼくが**、**持ち得ているようで**、**その実少しも持ち得ていなかった**、**生きるための活力の尊さ**を教えた。春の日の道の片ほとりの、なんでもない自然のできごとでしかなかったのに、ぼくは**ひどく胸のふくらむ想い**がして、微風のなかを、いつにない元気な歩調で歩いた。**自身の生きている世界が、どのような暗さに満ちていてもかまわない、自身のひとすじの道だけを、信じ溯って行くことだ。**そうしてたぶんそのときに、ぼくが道で行き迷うときの口ぐせであった、あの童謡のようなもの「ヒラリヒラリと越えたいな」という奇妙な語句が生まれたのではなかったろうか。人間を支えているものは意外にささやかな生命感だけなのだ、という気が、そのときぼくにしていたのである――。

> 具体＝魚（真鮒）
>
> ➡
>
> 抽象＝生きるための活力の尊さ（「未来になんの疑いも恐れもなく」「自身のひとすじの道だけを、信じ溯って行く」）

◆右の関係から、「魚（真鮒）」から得た「啓示」が**「生きるための活力（の尊さ）」**であることが理解できる。また、この「啓示」によって**「ぼく」の心情・内面に変化が生じていることに**も注目しておきたい。

変化前

ああそうだったのか、**疲れているんだな**、といった妙な安堵をかんじ、**この悪い歳月の流れ**を、どこかで喰いとめねばならないのだ、と、しみじみ思った

↓

「魚」の「啓示」:「生きるための活力（の尊さ）」

変化後

ひどく胸のふくらむ想いがして、微風のなかを、**いつにない元気な歩調**で歩いた。自身の生きている世界が、どのような暗さに満ちていてもかまわない、**自身のひとすじの道だけを、信じ溯って行くことだ**。

要するに、「疲れてい」た「ぼく」が、真鮒の姿から「**生きるための活力**」を与えられて、元気で前向きになった、ということである。いわゆる、生き物による癒しという性質のものである。

以上をふまえた③が正解となる。

① 決められた水路のなかをひたすら子孫を残そうと泳ぐ鮒を見て、運命づけられた道をまっすぐに生きていくことが生あるもののつとめ（**一見、本文の描写と対応しているように思えるが、肝心の「活力」にふれていない。また、「魚」が「生あるもののつとめ」の象徴ではない**）なのだと悟った。

② 淵から上流へ力強く跳ねる鮒を見て、その姿と動きのみごとさに、許された範囲のなかで本能のおもむくままに生きることこそが素晴らしい（**「魚」は「活力」の象徴であって、「本能のおもむくままに生きること」の象徴ではない**）のだと悟った。

③ 細流という限られた条件のなかで生命力のままに跳躍する鮒（**＝「生きるための活力」**）を見て、たとえ困難な状況にあろうともひたむきに生きることこそが大切なのだと悟った。

④ 次々に上流へと跳ねる鮒の姿は力強いが、しょせんは狭い流れでのことであり、運命に逆らってみても定められたなかでしか生きることはできない（**≠「自身の生きている世界が、どのような暗さに満ちていてもかまわない、自身のひとすじの道だけを、信じ溯って行くこと」**）のだと悟った。

⑤ 春の陽にきらめきながら上流に向かって跳ねる鮒を見て、その瞬時の輝きに魅せられ、生命は限りあるものだからこそ美しく尊い（**「魚」は「活力」の象徴であって、このような生命の有限性の象徴ではない**）のだと悟った。

改④20230406